SAS를 이용한

통계학의 이해

오혜영 지음

KyoWooSa 敎友社

머리말

오늘날 통계학은 과학의 모든 분야뿐 아니라 인문학, 사회과학 분야에서도 많이 이용되고 있으며 더욱 증가하는 추세에 있다. 실제로 많은 학생들은 여러 분야에서 통계학의 기본 개념과 원리를 접할 기회가 생기고 이를 다루어야 할 필요가 있다.

이 책에서는 많은 통계적 기법이나 통계적 추론의 수학적인 이론 소개보다는 기본적인 통계적 개념을 명확하고 알기 쉽게 예제를 통하여 소개하였다. 또 소개된 개념을 바탕으로 적절한 통계적 방법들을 자료에 적용하는데 도움을 주도록 하였다. 이 논의는 비록 몇몇 대수적 단계가 추가되어 있지만 주로 직관적 사고에 의존하고 있다.

이 책은 SAS의 기본적인 설명을 소개하고 있으며 각 장마다 SAS를 이용하여 실습할 수 있도록 했다. SAS의 통계 분석 기능을 통하여 각 장의 기본적인 통계적 개념을 보다 쉽고 깊이 이해하고 받아들일 수 있도록 했다. 또한 SAS를 배우는 부담을 느끼지 않도록 하기 위해서 이 책을 읽고 이해하는데 필요한 내용만을 소개하여 쉽게 만들려고 노력하였다.

이 책은 다음과 같이 구성되었다.

1장, 2장은 통계적 분석을 위하여 SAS의 소개를 다루고 있으며, 3장, 4장은 통계학에 대한 기본적인 이해와 자료를 정리하고 요약하는 기술통계학에 대해 다루었고, 5장, 7장, 8장은 통계학의 기초가 되는 확률이론과 기본적인 확률분포를 설명하였다. 6장에서는 두 변수 사이에 관계가 있는지를 알아보는 상관분석과 두 변수 사이의 관계식에 대한 추론을 다루는 회귀분석을 소개하였다. 9장에서는 5장, 7장, 8장에서 다룬 확률분포를 바탕으로 한 표본분포를 알아보았고, 10장, 11장에서는 통계적 추론 중 가장 기본이 되는 추정과 검정을 다루었다. 각 장의 마지막에는 연습문제를 수록하여 그 장의 내용을 반복하여 연습하도록 하였고, 홀수문제에 대한 정답을 실었다.

몇 년간 강의한 경험을 바탕으로 학생들이 쉽게 이해할 수 있는 좋은 책을 만들려고 최대한 노력했지만 아직도 부족한 점이 있다고 생각한다. 앞으로 계속 보완할 것을 약속하며 여러분의 많은 조언과 지도편달을 바란다. 끝으로 이 책이 나오기까지 많은 격려와 조언을 준 허민 교수와 교우사 사장님을 비롯한 편집부 여러분께 감사드린다.

저자

차 례

제 4 장 대표값과 산포도 / 61

제 5 장 확률과 확률분포 / 97

제 6 장 상관분석 및 회귀분석 / 135

제 7 장 이산확률분포 / 159

제 8 장 연속확률분포 / 177

제 9 장 표본분포 / 203

제 10 장 추 정 / 229

제 11 장 검정 / 255

제 12 장 두 모집단의 비교 / 277

CHAPTER

1 SAS 소개

본장의 개요

SAS 시스템은 자료를 분석하는 소프트웨어시스템이다. SAS는 1966년 미국의 North Carolina대학의 한 대학원생에 의해 개발된 통계분석 프로그램이다.

SAS사(Institute)의 궁극적인 목표는 자료 분석학자에게 자료 분석의 모든 조건을 충족시키는 시스템을 제공해 주는 것이다.

SAS는 Statistical Analysis System의 첫 자를 따서 불려진 것처럼 초기에는 통계자료의 분석을 목적으로 사용되었다. 그러나 오늘날 SAS는 많은 발전을 거쳐 통계분석 뿐 아니라 자료 관리 및 검색, 프로그래밍, 보고서 작성, 그래픽, 경영분석, 기상분석, 재무분석 등 다양한 기능을 갖춘 통합응용패키지로 발전하여 전략적 응용시스템(Strategic Application System)을 가리키는 의미로 사용되고 있다.

이 책에서는 SAS의 기본적인 사용 방법과 기초 문법을 WINDOW용 버전(8.2)을 중심으로 간략하게 설명하고자 한다. 그리고 SAS 프로그램을 작성하고 수행 결과를 분석하는 SAS 실습을 통해서 기초통계학의 기본 개념과 여러 통계적 기법을 소개하려고 한다.

1.1 SAS의 시작과 종료

1.1.1 SAS의 시작

SAS를 시작하는 방법에는 여러 가지가 있다.

(1) [시작] 메뉴를 이용하여 SAS 시작하기
작업표시줄에서 [시작] 버튼을 선택하고 [프로그램]-[The SAS System]-[The SAS System for Windows v8.2]을 선택한다.

(2) 단축 아이콘을 이용하여 SAS 시작하기
바탕 화면에 단축 아이콘이 만들어져 있는 경우는 아이콘을 더블클릭한다.

위와 같은 방법으로 SAS 프로그램을 실행하면 초기화면이 나타난다.

SAS를 실행시키면 초기화면에는 탐색기창, 프로그램 편집기창, 로그창이 나타난다. 통계 자료 분석을 하여 결과를 출력하기까지의 모든 작업은 주로 프로그램 편집기창, 출력창, 로그창을 중심으로 이루어진다.

그러므로 여기서는 SAS의 세 가지 작업창을 중심으로 부분적 명칭과 기능에 대하여 간단하게 살펴보겠다.

▶ 프로그램 편집기창

프로그램 편집기창은 확장편집기 창이라고도 하는데 SAS 프로그램을 작성하거나 이미 작성되어 있는 SAS 프로그램을 불러들여 다시 편집하는 작업, 또는 작성된 SAS 프로그램을 실행하는 작업을 할 수 있다.

▶ 출력창

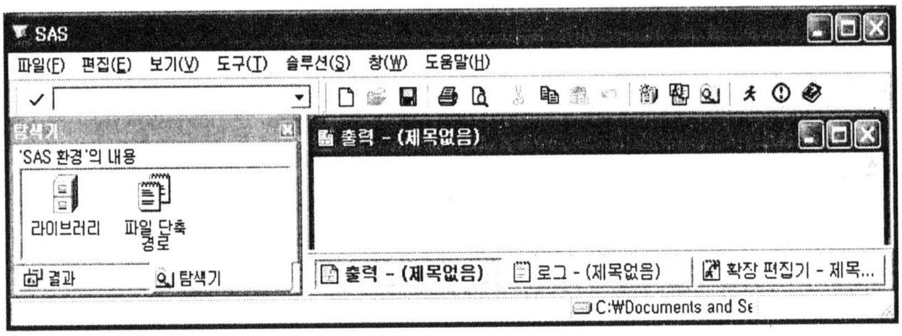

출력창은 SAS 프로그램의 수행 결과를 나타내는 창으로 출력된 결과를 다른 파일에 저장하든가 또는 인쇄하도록 명령할 수 있는 창이다.

▶ 로그창

로그창은 SAS 프로그램의 수행 상황을 보여주는 창이다. 작성된 SAS 프로그램에 오류가 있으면 오류 메시지에 오류의 이유가 명시된다.

▶ 메뉴 표시줄과 도구 모음줄

메뉴 표시줄은 SAS에서 사용 가능한 주메뉴를 나타내고, 특정 메뉴 창을 선택하면 다른 부메뉴들이 나타난다. SAS의 여러 가지 환경 설정, 파일의 관리 등을 할 수 있는 모든 기능을 담고 있다.

도구 모음줄은 SAS의 명령어나 메뉴항 중 빈도가 높은 기능을 작업의 유형별로 분류하여 아이콘화한 것으로 SAS 작업을 보다 쉽고 빠르게 할 수 있다.

1.1.2 SAS의 종료

다음과 같은 방법을 이용하여 SAS를 종료할 수 있다.

(1) 메뉴를 이용하여 종료하기
   [파일] 메뉴에서 [종료]를 선택한다.

(2) 종료 단추를 이용하여 종료하기
   종료단추 ⊠를 클릭한다.

1.2 SAS 명령어

SAS 명령어는 SAS 프로그램을 작성하고 저장하기, 실행하기 등의 SAS 프로그램을 사용하는데 필요한 명령어를 말한다. 명령어 상자나 명령어 줄에서 명령어를 입력한다. SAS 명령어는 프로그램의 수행 관련 명령어, 기본 명령어, 파일 관리 명령어로 나눌 수 있다.

◈ 프로그램의 수행 관련 명령어

명 령 어	기 능 키	설 명
PGM	F5	• 프로그램 편집기 창으로 커서가 이동한다.
LOG	F6	• 로그창으로 커서가 이동한다.
OUTPUT	F7	• 출력창으로 커서가 이동한다.
SUBMIT	F8	• 프로그램을 실행한다.
RECALL	F4	• 실행된 프로그램을 다시 불러온다.
Command bar	F11	• 커서를 명령어 상자로 옮겨준다.
KEYS	F9	• 단축키들의 설명창을 보여준다.

◈ 기본 명령어

명 령 어	기 능
BYE 또는 ENDSAS	• SAS를 종료한다.
CLEAR	• 현재 활성창의 화면을 지운다.
END	• 현재 활성창을 닫는다. (단, 프로그램 편집기창, 로그창, 출력창 등은 제외)
ZOOM	• 활성창을 화면에 확대한다.
ZOOM OFF	• 창의 크기를 원래 크기대로 한다.
X	• SAS에서 DOS로 환경을 옮긴다.
HELP	• 도움말

◈ 파일 관리 명령어

명 령 어	기 능
FILE	• 활성창의 내용을 저장한다.
INCLUDE “파일명”	• 외부 파일 “파일명”을 불러온다.
PRINT	• 창의 내용을 인쇄한다.

1.3 SAS 언어

SAS 언어는 다른 프로그래밍 언어와 마찬가지로 그 자체의 문법 체계를 가지고 있다. SAS를 이용하여 통계 분석을 하기 위해서는 먼저 DATA를 입력하여 SAS 자료 세트를 만든다. DATA의 입력이 완료된 후 통계 처리 PROCEDURE를 실행한다.

SAS 명령문은 중심어(keyword), 이름(name) 등으로 구성되며 이를 살펴보면 다음과 같다.

• 중심어

SAS 명령문의 종류를 나타내기 위하여 규정된 단어로서 DATA, PUT, INPUT, PROC, RUN 등이 있다. 특별한 사유가 없는 한 중심어를 대문자로 나타낸다.

• 이름

변수, 자료 세트, 프로시저, 포맷 또는 옵션 등 SAS 프로그램에 나타낼 수 있는 모든 종류의 이름을 뜻한다. 첫 문자는 A부터 Z까지의 영문자 또는 _(밑줄)을 사용하며 두 번째 문자부터는 영문자 또는 0부터 9까지의 숫자 사용이 가능하나 특수문자와 중심어는 포함시킬 수 없다. 이름은 8자 이내로 구성되어 있다.

1.4 SAS 명령문의 작성규칙

1. SAS 명령문은 중심어로 시작하고 반드시 ;(세미콜론)으로 끝난다.
2. SAS 명령문은 아무 열(column)에서나 시작할 수 있고 끝낼 수 있다.
3. 한 SAS 명령문은 여러 줄에 걸쳐 작성할 수 있으며, 여러 명령문들을 한 줄에 작성할 수 있다.
4. 프로그램 소스(source)에는 대문자, 소문자 구별없이 사용할 수 있다.
5. 필요에 의해 주석을 사용할 수 있다. (/*주석*/, *주석;)

CHAPTER

2 SAS 자료 세트의 생성

본장의 개요

이번 장에서는 모든 자료를 처리하는데 있어 가장 기본이 되는 자료 세트를 생성시키는 과정에 대하여 공부하고자 한다. 또한 이미 만들어진 자료 세트를 결합하여 활용하는 방법에 대해서도 알아본다.

1절에서는 CARDS 문장, INFILE 문장을 이용하여 SAS 자료 세트를 생성하는 방법을 알아보고 2절에서는 SET 문장, MERGE 문장을 이용하여 자료 세트를 활용하는 방법에 대해 공부한다.

3절에서는 DATA 단계에서 생성된 자료 세트를 처리하고 분석하기 위하여 PROC 단계가 소개된다.

2.1 SAS 자료 세트의 생성

SAS 프로그램을 이용하여 자료를 분석, 처리하기 위해서는 반드시 하나 이상의 자료 세트를 생성시켜야 한다. 이것을 DATA 단계라고 한다. 자료의 입력을 통하여 자료 세트를 생성하는 단계인 DATA 단계는 DATA 문장으로 시작하여 RUN 문장으로 끝난다.

2.1.1 DATA 문장

DATA 문장은 DATA 단계의 시작을 알리는 문장으로 반드시 DATA 문장으로 시작한다.

DATA 문장의 형식은 다음과 같다.

형식

```
DATA  자료 세트명;
         ⋮
RUN;
```

예제 1 이 예제는 DATA 문장을 이용하여 "test", "test1"이라는 자료 세트를 생성한 프로그램이다.

```
DATA  test;
      INPUT id point;
      CARDS;
      701    80
      702    85
      703    98
RUN;
PROC PRINT; RUN;
```

```
DATA  test1;
      INPUT id point;
      CARDS;
      704    90
      705    91
RUN;
PROC PRINT; RUN;
```

결과

Obs	id	point
1	701	80
2	702	85
3	703	98

Obs	id	point
1	704	90
2	705	91

풀이 이 예제는 2개의 변수 id, point를 읽어 “test”와 “test1”라는 자료 세트를 생성한 예제이다.

2.1.2 INPUT 문장

INPUT 문은 해당되는 각 변수값에 자료를 기억시키기 위해서 변수명을 지정하는 기능을 한다. INPUT 문에서 문자 변수명 뒤에는 반드시 $를 표시하고 한 줄에 여러 개의 자료를 입력할 때는 포인터(@@)를 사용한다. 연속적인 변수명을 갖는 경우에는 하이픈(-)을 이용한다. 예를 들어,

```
INPUT A1-A5;
```

은 변수명이 A1, A2, A3, A4, A5가 사용되었다는 것을 뜻한다.

INPUT 문장의 형식은 다음과 같다.

형식

```
DATA  자료 세트명;
      INPUT 변수명;
      CARDS;
      원시자료
RUN;
```

변수를 지정하는 방식에는 자유포맷과 지정포맷이 있다. “자유포맷(free format)”은 자료와 자료 사이에 하나 이상의 공백을 주어 입력하는 형식이고, “지정포맷(fixed format)”은 변수 다음에 해당 자료값이 차지하는 열의 위치를 명시하는 방법이다.

예제 2 이 예제는 자료를 자유포맷 형식으로 할당하여 “sample”이라는 자료 세트를 생성하는 프로그램이다.

```
DATA  sample;
      INPUT id name $ point;
      CARDS;
      101  choi  70
      102  lee   95
      103  park  90
RUN;
PROC PRINT; RUN;
```

결과

Obs	id	name	point
1	101	choi	70
2	102	lee	95
3	103	park	90

풀이 이 프로그램을 실행시킨 결과 id, name, point 변수에 숫자형 자료와 문자형 자료가 저장된 것을 확인할 수 있다.

예제 3 이 예제는 자료를 지정포맷 형식으로 할당하여 "score"라는 자료 세트를 생성하는 프로그램이다.

```
DATA  score;
      INPUT id 1-3 gender 4 eng 5-7 math 8-10 dept $11-15;
      CARDS;
1011092087compu
1022085075stat
1032075093math
RUN;
PROC PRINT; RUN;
```

지정포맷 형식으로 자료를 입력할 때는 반드시 첫 번째 행부터 입력해야 한다.

결과

Obs	id	gender	eng	math	dept
1	101	1	92	87	compu
1	102	2	85	75	stat
2	103	2	75	93	math

풀이 첫 번째부터 세 번째 칸을 id로, 네 번째 칸에는 성을, 다섯 번째에서 일곱 번째 칸을 eng값으로, 여덟 번째에서 열 번째를 math 값으로, 열한 번째에서 열다섯 번째를 dept값으로 읽는다.

2.1.3 CARDS 문장

CARDS 문은 자료의 크기가 크지 않아서 직접 자료를 프로그램 내에 입력하여 분석하고자 할 때 사용하는 문장이다. 형식은 다음과 같다.

형식

```
DATA  자료 세트명;
      INPUT 변수명;
      CARDS;
RUN;
```

CARDS 문은 자료들이 입력될 때 자료 라인의 시작을 알리는 기능을 하는데 자료를 입력할 때 자료와 자료 사이에는 빈칸으로 구별한다.

자료를 입력한 후 세미콜론(;) 또는 RUN을 이용하여 자료의 입력의 끝을 나타낸다.

예제 4 이 예제는 포인터(@@)를 사용하여 옆으로 가면서 변수가 입력된 순서대로 자료값을 순서대로 읽고 있다.

```
DATA  ex;
      INPUT age name $ @@;
      CARDS;
      23 kim 25 lee 27 oh 48 choi
RUN;
PROC PRINT; RUN;
```

결과

Obs	age	name
1	23	kim
2	25	lee
3	27	oh
4	48	choi

2.1.4 INFILE 문

외부에서 만들어진 파일을 SAS 자료 세트로 변환시키기 위하여 DATA 문과 INPUT 문 사이에 INFILE 문을 사용한다. 자료 파일을 작성한 후에는 반드시 ASCII 파일 형태로 저장해야 한다.

형식

```
DATA  자료 세트명;
      INFILE "경로 및 파일명";
      INPUT 변수명;
```

많이 사용하는 선택문에는 다음과 같은 것이 있다.

- FIRSTOBS=linenumber
  자료 파일로부터 읽어들이기 시작하는 줄수를 나타낸다.
- LINESIZE=linesize
  linesize는 한 줄에서 자료로 읽을 열의 수를 나타낸다. 예를 들어 'LINESIZE=72'라고 하면 한 줄이 모두 72열로 이루어져 있다는 뜻이고 각 라인의 뒷부분은 읽지 않아도 된다는 뜻이다.
- OBS=linenumber
  자료 파일에서 몇째 줄까지 읽을지를 지정한다.

〈예 1〉
```
INFILE "C:\saswork\example.dat";
FIRSTOBS=2 OBS=100;
```

C 드라이브 saswork 폴더에서 example.dat 텍스트 파일을 읽을 때 첫 행은 건너뛰고 2행부터 시작해서 100개의 관측값을 읽으라는 예이다.

〈예 2〉 자료 "example.dat"의 내용을 "C:\"에 다음과 같이 입력하고 저장하자.

```
07101    choi    70
07102    lee     95
07103    park    90
```

외부의 ASCII 파일을 이용하여 자료 세트를 형성하고 프로그램을 다음과 같이 만들 수 있다.

```
DATA sample2;
     INFILE "C:\example.dat";
     INPUT id name $ point;
RUN;
PROC PRINT;
RUN;
```

2.2 SAS 자료 세트의 활용

2.1절에서는 자료를 분석하기 위한 첫 단계로 자료 세트를 생성시키는 방법에 대해서 살펴보았다. 이번 절에서는 이미 생성된 자료 세트를 이용하여 분석에 필요한 여러 작업을 위해 자료 세트를 변형하는 방법에 대해 알아보려고 한다. 즉, 여러 가지 명령문을 이용하여 자료 세트를 활용하는 방법을 공부하게 된다.

2.2.1 SET 문장

기존의 자료 세트로부터 새로운 자료 세트를 만들고자 할 때, 분석에 필요한 자료만을 선택, 처리하여 SAS 자료로 읽어들이고자 할 때 SET문장을 이용한다.

또 두 개 이상의 자료 세트를 세로 방향으로 결합하여 새로운 자료 세트를 만들 수 있다.

형식

```
DATA  새로운 자료 세트명;
      SET  기존 자료 세트명;
```

세로 결합을 위한 형식

```
DATA  자료 세트명;
      SET  자료 세트1 자료 세트2;
```

예를 들어, "sample"이라는 자료 세트를 이용하여 "newsamp"를 만들려고 할 때 아래와 같은 SET문을 이용한다.

```
DATA  newsamp;
      SET  sample;
```

예제 1의 "test"와 "test1"이라는 자료 세트를 세로 방향으로 결합시키는 SAS 프로그램의 결과는 다음과 같다.

```
DATA  temp;
      SET test test1;
RUN;
PROC PRINT; RUN;
```

결과

Obs	id	point
1	701	80
2	702	85
3	703	98
4	704	90
5	705	91

2.2.2 KEEP 문장

KEEP 문은 자료 세트에 포함된 변수의 선택을 제어하는 문장으로 일부 변수만을 선택하여 "newsamp"를 만드는 역할을 한다. KEEP 문은 다음과 같이 두 가지 형식을 이용한다.

형식

```
• KEEP  변수명 1, 변수명 2, …, 변수명 n;
• DATA  자료 세트명(KEEP=변수명 1, 변수명 2, …,변수명 n);
```

예제 5 이 예제는 "sample"이라는 자료 세트에서 id와 name만을 선택하는 프로그램이다.

〈방법 1〉

```
DATA  newsamp;
      SET sample;
      KEEP id, name;
RUN;
PROC PRINT; RUN;
```

〈방법 2〉

```
DATA  newsamp(KEEP=id name);
      SET sample;
RUN;
PROC PRINT; RUN;
```

결과

Obs	id	name
1	101	choi
2	102	lee
3	103	park

풀이 이 예제에서 나타낸 방법은 모두 "sample" 자료 세트에서 id와 name 변수를 취하고 나머지 변수를 뺀 상태를 나타낸다.

2.2.3 DROP 문장

DROP 문은 KEEP 문과는 반대되는 역할을 하는 문장으로 불필요한 변수를 자료 세트에서 제외시키는 역할을 한다.

DROP 문은 다음과 같이 두 가지 형식으로 사용가능하다.

형식

```
• DROP  변수명 1, 변수명 2, …, 변수명 n;
• DATA  자료 세트명(DROP=변수명 1, …, 변수명 n);
```

예제 6 이 예제는 "one"이라는 자료 세트에서 변수 x를 제외시키는 프로그램을 나타낸다.

```
DATA  one(DROP=x);
      INPUT id math eng x;
      CARDS;
      701  98  75  56
      702  56  68  79
      703  58  96  47
RUN;
PROC PRINT DATA=one;
RUN;
```

결과

Obs	id	math	eng
1	701	98	75
2	702	56	68
3	703	58	96

풀이 결과는 "one"이라는 자료 세트에서 변수 x가 제외된 것을 나타내고 있다.

2.2.4 MERGE 문장

SET 문은 두 개 이상의 자료 세트를 세로 방향으로 결합할 때 사용하는데 반해 MERGE 문은 두 자료 세트를 가로 방향으로 결합할 때 사용한다.

형식

```
DATA   자료 세트명;
MERGE  자료 세트 1, 자료 세트 2, …, 자료 세트 n;
```

예제 7 이 예제는 자료 세트 “aaa”와 “bbb”를 합쳐 새로운 자료 세트 “ccc”를 만드는 예제이다.

```
DATA  aaa;
        INPUT id x y;
        CARDS;
        701  5  10
        702  7  26
RUN;
PROC PRINT; RUN;
```

```
DATA  bbb;
        INPUT id z;
        CARDS;
        701  30
        702  40
RUN;
PROC PRINT; RUN;
```

```
DATA  ccc;
        MERGE aaa bbb;
RUN;
PROC PRINT; RUN;
```

결과

Obs	id	x	y	z
1	701	5	10	30
2	702	7	26	40

풀이 이 결과는 세 개의 자료 세트 “aaa”, “bbb”, “ccc”가 만들어졌음을 보여준다. “aaa”와 “bbb”가 합쳐져 새로운 자료 세트 “ccc”가 만들어진 예제이다.

2.2.5 IF 문장

IF 문은 어떤 조건에 맞는 자료를 따로 관리하거나 제외시키고자 하는 경우에 사용된다.

형식

· IF 조건식 **THEN** 표현식;

조건식이 참이면 표현식을 실행한다. 이 형식에서는 THEN 문장 없이도 IF문이 가능하다.

· IF 조건식 1 **THEN** 표현식 1; ELSE IF 조건식 2 THEN 표현식 2;

조건식 1이 참이면 표현식 1을 실행하고 조건식 1이 거짓이고 조건식 2가 참이면 표현식 2를 실행한다.

예제 8 이 예제는 IF-THEN/ELSE문장을 사용한 프로그램이다.

```
DATA  gradeif;
      SET one;
      point=(math+eng)/2;
      IF point>=90 THEN grade="A";
      ELSE IF point>=80 THEN grade="B";
      ELSE IF point>=70 THEN grade="C";
      ELSE IF point>=60 THEN grade="D";
      ELSE grade="F";
RUN;
PROC PRINT DATA=gradeif; RUN;
```

결과

Obs	id	math	eng	point	grade
1	701	98	75	86.5	B
2	702	56	68	62.0	D
3	703	58	96	77.0	C

풀이 이 프로그램은 "one"이라는 자료 세트에서 point값을 구한 후 그 값이 90점 이상이면 grade를 A로, 80점대면 B로, 70점대면 C로, 60점대면 D로, 그 이하의 점수면 F로 그 값을 저장하여 "gradeif"라는 자료 세트를 생성하고 있다.

2.2.6 DO 문장

어떤 여러 개의 문장들을 반복적으로 실행하고자 할 때 사용하는 명령문으로 DO 명령문이 있다. DO-END 명령문 중간에 OUTPUT 문장을 삽입하여 반복문을 출력할 수 있다.

형식

```
DATA  자료 세트명;
      DO 변수명=초기값 TO 최종값 [BY 증분];
          ⋮
      [OUTPUT;]
      END;
RUN;
```

예제 9 이 예제는 1에서 10까지의 합을 구하는 프로그램이다. DO 문장을 이용하여 각 단계마다 n과 sum을 출력하고 있다.

```
DATA  hap;
      sum=0;
      DO n=1 TO 10 BY 1;
      sum=sum+n;
      OUTPUT;
      END;
RUN;
PROC PRINT; RUN;
```

결과

Obs	sum	n
1	1	1
2	3	2

3	6	3
4	10	4
5	15	5
6	21	6
7	28	7
8	36	8
9	45	9
10	55	10

풀이 이 프로그램은 n이 1에서 10까지 변할 때의 합을 출력하고 있다.

2.2.7 OUTPUT 문장

DATA 단계에서 사용하는 OUTPUT 문장은 현재 생성되는 자료를 출력하는 자료 세트명을 지정하는 역할을 한다. 또 주어진 자료 세트를 이용하여 OUTPUT 문장이 지정하는 이름을 분할하여 새로운 자료 세트를 만들고자 할 때 사용한다.

형식

```
OUTPUT [자료 세트명];
```

예제 10 이 예제는 "score" 자료 세트를 불러 gender=1인 경우는 "boy"라는 자료 세트를, gender=2인 경우는 "girl"이라는 자료 세트를 만들어 주는 것을 보여준다.

```
DATA  boy girl;
      SET score;
      IF gender=1 THEN OUTPUT boy;
      ELSE OUTPUT girl;
RUN;
PROC PRINT DATA=boy;
RUN;
PROC PRINT DATA=girl;
RUN;
```

결과

Obs	id	gender	eng	math	dept
1	101	1	92	87	compu
2	102	2	85	75	stat
3	103	2	75	93	math

Obs	id	gender	eng	math	dept
1	101	1	92	87	compu

Obs	id	gender	eng	math	dept
1	102	2	85	75	stat
2	103	2	75	93	math

이 프로그램에는 DATA문에 두 개의 자료 세트가 나타나는데 이것은 새로 생성될 자료 세트의 이름이다. 즉 gender가 1이면 "boy"라는 자료 세트가 생성되고 gender가 2이면 "girl"이라는 자료 세트가 생성된다.

2.2.8 LABEL 문장

출력시 자료 세트에 입력된 기존의 변수 이름 대신에 다른 이름을 사용하고자 할 경우에 LABEL 문이 사용된다. 세미콜론은 맨 마지막 라벨명 다음에만 붙인다.

형식

```
LABEL 기존 변수명 1="라벨명 1"
               ⋮
      기존 변수명 n="라벨명 n";
RUN;
```

예제 11 이 예제는 "one"이라는 자료 세트를 이용하여 다음과 같이 라벨을 붙여 "example"이라는 자료 세트를 생성하는 프로그램이다.

변 수 명	라 벨
id	학번
math	수학성적
eng	영어성적

```
DATA  example;
      SET one;
      LABEL id="학번"
            math="수학성적"
            eng="영어성적";
RUN;
PROC PRINT LABEL;
RUN;
```

결과

Obs	학번	수학성적	영어성적
1	701	98	75
2	702	56	68
3	703	58	96

풀이 PRINT 프로시저에 LABEL 명령을 지정하지 않으면 출력결과에서 라벨명을 출력하지 않는다.
이 프로그램은 LABEL을 이용하여 기존 변수명을 다른 이름으로 바꾼 프로그램이다.

2.3 PROC 단계의 SAS 문장

PROC 단계는 PROC으로 시작하여 RUN으로 끝나는 SAS 문장들을 말한다. DATA 단계에서 만들어진 SAS 자료를 분석하거나 처리하기 위하여 여러 프로시저를 이용하여 SAS 자료에 대한 통계분석을 수행하는 단계가 PROC 단계이다.

2.3.1 PROC 문장

PROC 단계는 이미 입력된 SAS 자료 세트로 기초 통계 처리 또는 분석을 할 때 SAS 프로시저와 함께 이용한다.

형식

```
PROC 프로시저명[DATA=자료 세트명] 선택사항;
RUN;
```

[DATA=자료 세트명]이 지정되어 있지 않으면 프로시저 수행시 가장 최근에 만들어진 자료 세트를 이용한다.

2.3.2 SAS 프로시저

이미 입력된 SAS 자료 세트로 기초 통계 처리 또는 분석을 할 때 SAS 프로시저를 이용한다. SAS 프로시저의 사용 형식은 다음과 같다.

형식

```
PROC 프로시저명[DATA=자료 세트명] 선택사항;
  부명령어/선택사항;
RUN;
```

프로시저는 반드시 PROC으로 시작하고 RUN이 있어야만 실행이 된다.
이 책에서 사용한 프로시저와 유용한 기본적인 프로시저를 소개하면 다음과 같다.

(1) 기초적인 프로시저
- PROC PRINT : 자료 세트의 일부 또는 전체 변수의 값에 대한 내용을 출력한다.
- PROC SORT : 자료를 일정한 순서로 정렬한다.

(2) 기초 통계 처리 프로시저
- PROC MEANS : ① 자료 세트의 관측값의 전부 또는 일부에 대하여 기술 통계량을 제공한다.
  ② 평균의 비교 검정에 사용한다.
  ③ 일변량 자료의 여러 가지 기술 통계량을 구하는 가장

쉬운 방법이다.

- PROC SUMMARY : PROC MEANS와 비슷하다.
- PROC UNIVARIATE : ① 일변량 자료의 기술 통계량을 제공한다.
  ② 대응 t 검정에 사용한다.
- PROC CORR : 여러 가지 상관계수를 제공한다.
- PROC CHART : 그래프를 제공한다.
- PROC FREQ : 도수분포표를 제공한다.
- PROC PLOT : 두 변수 사이의 그래프를 산점도로 보여준다.

(3) 통계 분석 프로시저

- PROC REG : 선형회귀분석
- PROC GLM : 회귀분석, 분산분석(불균형 자료)
- PROC ANOVA : 분산분석(균형 자료)
- PROC TTEST : 독립 t 검정이 가능하다.

(4) FORMAT 프로시저

FORMAT 프로시저는 변수값에 새로운 이름을 부여하기 위해 사용한다. FORMAT 프로시저를 적용하여 해당 변수들에 새로운 이름을 부여한 후에, 출력할 때는 DATA 단계나 PROC 단계에서 FORMAT 명령문을 같이 사용해야 한다. FORMAT 명령문 다음에는 변수명과 형식이름을 지정한다.

형식

```
PROC  FORMAT;
      VALUE 형식이름 값 1='새이름 1'
                     값 2='새이름 2'
                          ⋮
                     값 n='새이름 n';
RUN;
```

여기서 형식이름을 입력할 때 자료 형식이 문자형인 경우 형식이름 앞에 $ 기호를 붙이고, 숫자형인 경우는 $ 기호를 붙이지 않는다.

〈예 3〉

```
PROC  FORMAT;
      VALUE $cityfmt 1='서울' 2='인천';
RUN;
PROC PRINT;
      FORMAT city cityfmt.;
RUN;
```

PROC 단계를 수행하면 1과 2 대신에 서울과 인천이 출력된다.

예제 12 이 예제는 FORMAT 프로시저를 이용하여 "patient" 자료 세트의 변수값을 쉽게 분석할 수 있는 변수값으로 바꾸어서 "patient1" 자료 세트를 생성하고 있다.

```
DATA  patient;
      INPUT id age sex $ condi;
      CARDS;
      111  19  F  1
      112  21  M  2
      113  20  M  3
      114  22  F  3
      115  21  M  1
RUN;
PROC PRINT DATA=patient;
RUN;
```

sex와 condi의 결과가 알파벳과 숫자로 출력되어 있다.

결과

Obs	id	age	sex	condi
1	111	19	F	1
2	112	21	M	2
3	113	20	M	3
4	114	22	F	3
5	115	21	M	1

```
PROC FORMAT;
        VALUE $sfmt F='female'
                    M='male';
        VALUE condifmt 1='good'
                       2='normal'
                       3='serious';
RUN;
```

```
DATA   patient1;
         SET patient;
         FORMAT sex $sfmt. condi condifmt.;
RUN;
PROC PRINT  DATA=patient1;
RUN;
```

결과

Obs	id	age	sex	condi
1	111	19	female	good
2	112	21	male	normal
3	113	20	male	serious
4	114	22	female	serious
5	115	21	male	good

풀이 DATA 단계의 FORMAT 문장에서 보는 것 같이 새로운 변수명 다음에는 $ sfmt. condifmt.과 같이 반드시 마침표를 사용해야 하며 출력 결과로부터 자료의 숫자들이 FORMAT 형식에 따라 새로운 이름으로 바뀌었음을 볼 수 있다.

PROC 단계에서 FORMAT문을 사용하면 다음과 같다.

```
PROC PRINT DATA = patient1;
        FORMAT sex $sfmt. condi condifmt.;
RUN;
```

2.3.3 VAR 문장

VAR 문장은 PROC 단계에서 처리되거나 분석될 변수를 지정한다. 이 문장이 생략되면 자료 세트에 포함된 모든 변수를 분석한다.

형식

```
VAR 변수명;
```

〈예 4〉

```
PROC  PRINT DATA=aaa;
      VAR id x;
RUN;
```

이 예는 자료 세트명이 aaa인 자료 세트에서 변수 id와 x에 대하여 출력할 것을 지정하는 프로그램이다. VAR을 생략하면 aaa자료 세트에 있는 모든 변수에 대하여 출력한다.

2.3.4 BY 문장

변수의 속성에 따라 독립된 분석을 하고자 할 때 BY문을 이용한다. 예를 들어 수명을 조사하는 자료에서 남녀별로 나누어 자료를 분석하고자 한다면 BY 다음에 변수를 지정하면 된다. BY 문장은 PROC SORT 문장과 함께 사용해야 하기도 하는데 이때는 BY 뒤의 변수에 의해서 정렬된다. BY 다음 변수는 특별한 지시가 없으면 오름차순을 가정한다. 내림차순으로 정렬할 때는 BY 다음에 DESCENDING 변수명을 입력한다.

PROC SORT 이외에서 BY 문장을 사용할 때는 BY 다음의 변수에 의해서 분류됨을 뜻한다.

형식

```
BY 변수명;
```

〈예 5〉

```
PROC  SORT;
      BY GENDER;
```

PROC SORT 이외에 BY 문장을 사용하는 경우에는 BY 다음의 변수 GENDER에 따라 자료를 분리한 후 각각 분석하라는 뜻이다.

예제 13 이 예제는 성별에 대해서 오름차순으로 정렬하기 위해 BY 문장을 사용한 프로그램이다.

```
DATA  pressure;
      INPUT name $ age sex $ blood;
      CARDS;
      hong  48  m  150
      kim   45  f  130
      lee   26  f  110
      choi  54  m  155
RUN;
PROC SORT DATA=pressure OUT=result;
     BY sex;
PROC PRINT DATA=result;
RUN;/*정렬된 자료 출력*/
PROC PRINT DATA=result;
     BY sex;
RUN;/*성별로 분류된 자료 출력*/
```

다음 결과는 정렬된 자료를 보여준다.

결과

Obs	name	age	sex	blood
1	kim	45	f	130
2	lee	26	f	110
3	hong	48	m	150
4	choi	54	m	155

성별로 분류하면 다음과 같다.

```
----------------- sex=f -----------------
Obs      name      age      blood
 1       kim       45       130
 2       lee       26       110
----------------- sex=m -----------------
Obs      name      age      blood
 3       hong      48       150
 4       choi      54       155
```

풀이 이 프로그램은 PROC SORT와 BY 문장에 의해서 정렬된 자료를 출력하고 출력한 자료를 BY 문장에 따라 성별로 분류한 프로그램이다.

2.3.5 CLASS 문장

CLASS 문은 BY 문과 같은 기능을 한다. 정렬되어 있지 않아도 되는 것이 BY 문과 다른 점이다.

형식

```
CLASS 변수명;
```

예제 14 이 예제는 CLASS 문장을 이용하여 성별에 따라 혈압의 평균에 차이가 있는지를 알아보는 프로그램이다.

```
DATA  pressurel;
      INPUT name $ age sex $ blood;
      CARDS;
      oh    43  m  143
      kim   38  f  136
      choi  36  f  121
      park  26  m  110
RUN;
PROC MEANS DATA=pressurel;
     CLASS sex;
RUN;
```

결과 The MEANS Procedure

sex	관측치수	변수	N	평균값	표준편차	최소값	최대값
f	2	age	2	37.0000000	1.4142136	36.0000000	38.0000000
		blood	2	128.5000000	10.6066017	121.0000000	136.0000000
m	2	age	2	34.5000000	12.0208153	26.0000000	43.0000000
		blood	2	126.5000000	23.3345238	110.0000000	143.0000000

2.3.6 OUTPUT 문장

OUTPUT 문장은 PROC 단계에서 만들어진 결과를 새로운 자료 세트 이름으로 저장하여 출력하고자 할 때 사용한다.

형식

```
OUTPUT  OUT=새 자료 세트명(통계량=이름);
```

예제 15 이 예제는 MEANS 프로시저로부터 분석변수 point의 평균과 표준편차를 계산한 후 MEAN을 mean으로, STD를 std로 이름을 바꾸어 새로운 자료 세트 result를 생성하는 프로그램이다. (단, 예제 1의 "test" 자료 세트를 이용한다.)

```
PROC MEANS  DATA=test;
      VAR point;
      OUTPUT OUT=result MEAN=mean STD=std;
RUN;
PROC PRINT DATA=result;
RUN;
```

결과

Obs	_TYPE_	_FREQ_	mean	std
1	0	3	87.6667	9.29157

OUTPUT OUT 문장에 의해 만들어진 새로운 자료 세트 "result"에는 point의 평균과 표준편차가 mean과 std에 저장된다. "result"를 출력하면 _FREQ_와 _TYPE_라는 자동변수가 생긴다. _FREQ_는 통계량을 계산할 때 사용된 관찰값의 수를 의미한다.

연습문제(2)

□ 1. 다음의 자료를 이용하여 "home"이라는 자료 세트를 생성하라. (단, 처리되는 변수명은 각각 id, x, y, z이다)

0710	25	55	78
0711	59	79	86
0712	86	92	91
0713	91	90	87
0714	79	92	88

□ 2. 다음 자료를 이용하여 "homel"이라는 자료 세트를 생성하라. (단, 처리되는 변수명은 각각 id, name, dept, score로 한다)

0801	CHOI	COMPU	90
0802	PARK	ANI	85
0803	LEE	COMPU	79
0804	KIM	CIVIL	84
0805	SONG	ANI	82

□ 3. 2번의 자료를 이용하여 name 변수를 기준으로 오름차순으로 정렬하여 출력하는 프로그램을 작성하라.

□ 4. 다음은 컴퓨터 정보과 학생들의 성적에 관한 자료의 일부이다.

id	통계	C언어	운영체제	전산학개론	gender
0701	98	88	93	90	f
0702	56	60	59	72	m
0703	77	80	79	81	m
0704	90	86	92	88	f
0705	54	45	60	71	m
0706	67	80	59	70	f
0707	89	82	76	77	f

0708	64	70	75	67	m
0709	90	92	89	92	m
0710	93	91	88	93	m

(1) id, 통계, C언어를 읽어 "record"라는 SAS 자료 세트를 생성하라.

(2) id, 운영체제, 전산학개론, gender를 읽어 "recordl"이라는 SAS 자료 세트를 생성하라.

(3) 자료 세트 record와 recordl을 불러 "tot"라는 자료 세트를 생성하라.

(4) 자료 세트 tot를 이용하여 성별이 m일 때는 "male"이라는 자료 세트를, f일 때는 "female"이라는 자료 세트를 생성하는 프로그램을 작성하라.

CHAPTER

3 자료의 정리

본장의 개요

현대사회에서 통계학은 인문, 사회, 자연과학 전 분야에 이용되고 그 중요성이 강조되고 있다. 통계학이란 학문이 필요한 이유와 통계적인 방법이 필요한 경우를 생각해 보자. 예를 들어, 우리나라 각 지역별 초등학생의 키를 조사한 **자료**(data)를 분석한다고 하자. 이런 자료가 매우 방대한 경우, 많은 수치를 하나씩 살펴봄으로써 지역별로 초등학생의 키에 차이가 있는지 없는지를 파악하기란 대단히 힘든 일일 것이다. 이러한 경우에 많은 양의 자료를 정리·요약하여 전체를 쉽게 파악하는 방법이 필요한데, 이때 통계적인 방법을 이용한다.

또 다음과 같은 예를 살펴보자. 어떤 타이어 공장에서 생산되는 제품 A의 평균수명을 조사한다고 하자. 이 제품의 평균수명을 알아내기 위하여 그 공장에서 생산되는 제품 A의 모든 수명을 검사하기는 불가능하다. 그리고 한 번 검사한 타이어는 다시 시장에 팔 수 없기 때문에 이것은 좋은 방법이 될 수 없다. 이때 생각할 수 있는 다른 방법은 그 공장에서 생산되는 제품 A 중 몇 개만을 선택하여 그 선택된 타이어의 수명을 검사하여 전체 타이어의 평균수명을 추측하는 방법이다. 이런 과정을 과학적이고 효율적으로 실행하기 위하여 통계학을 이용한다.

이와 같이 **통계학**(statistics)이란 관심의 대상에 대한 자료를 수집하고 정리·요약하며, 제한된 자료나 정보를 토대로 불확실한 사실에 대하여 과학적인 판단을 내릴 수 있는 방법을 제공하는 학문이다.

첫째 예와 같이, 수집된 자료가 방대할 때는 자료의 내용을 쉽게 파악하기 위하여 이를 정리 요약할 필요가 있다. 이와 같이 자료를 수집하고 정리하여 도표나 그래프를 만들거나 자료를 요약하여 대표값이나 산포도와 같은 자료의 전반적인 특성을 기술하는 방법을 다루는 분야를 **기술통계학**(descriptive statistics)이라 한다.

둘째 예는 현대 통계학에서 핵심이 되는 분야인 **추측통계학**(inferential statistics)과 관련된다. 추측통계학은 자료에 내포되어 있는 정보를 분석하여 현재의 상태를 파악하거나 미래의 현상을 예측하는 데 도움을 주는 통계적 추론(statistical inference)을 다루는 분야이다. 즉 추측통계학은 통계적 모형을 설정하고, 또한 설정된 모형의 합리성 여부를 평가하며, 자료로부터 얻은 정보를 근거로 하여 미지의 특성에 대한 결론을 내리고 미래에 일어날 현상을 예측하는 분야이다.

3.1 모집단과 표본

제약회사에서 새로운 두통약을 개발하면 이를 임상실험할 필요가 있다. 임상실험을 통하여 새로운 약이 종래의 약보다 얼마나 더 효과적인지를 확인해 볼 수 있다. 이때 모든 환자를 대상으로 한 조사는 경제적인 면에서나 시간적인 면에서 바람직하지 못하다. 그래서 전체 환자 중 일부분을 뽑아서 정확히 조사하여 전체 환자에 대한 결과를 파악하는 것이 효율적이다.

통계조사의 목적은 적은 양의 자료를 기초로 하여 연구대상이 되는 집단의 특성을 설명하고 과거의 사실에 대한 통계자료로부터 장래를 예측한다든지, 일부분의 조사 결과로부터 전체를 추측하는 등, 미지의 것에 대한 추론을 하는 것이다. 앞에서 본 타이어의 예와 위에서 제시한 두통약의 예는 관심의 대상이 되는 전체 집단을 모두 다 조사하지 않고 그 중 일부분을 뽑아서 통계처리한 경우를 보여준다. 이때 관심의 대상이 되는 집단의 모든 개체의 관측값이나 자료값들의 집합을 **모집단**(population)이라 하고 통계처리를 위하여 모집단에서 실제로 뽑은 일부분의 관측값이나 자료값들의 집합을 **표본**(sample)이라 한다. 그리고 모집단에서 표본을 뽑는 것을 표본을 추출한다고 한다.

3.2 자료의 종류

분석의 대상이 되는 자료는 크기나 양을 가진 수치로 표현할 수 있는지 없는지에 따라 **양적 자료**(quantitative data)와 **질적 자료**(qualitative data)로 나누어진다.

양적 자료는 크기나 양을 수치로 나타낼 수 있는 자료로 키, 몸무게, 나이, 성적 등이 이에 속한다. 양적 자료는 자료 자체가 숫자로 표현되어 있으며 자료의 속성을 그대로 반영한다.

질적 자료는 양을 나타내는 수치가 아닌 기호나 문자로 나타낼 수 있는 자료로 **범주형 자료**(categorical data)라고도 하는데 성별, 교육수준 등이 이에 해당된다. 성별을 나타낼 때 편의상 남자는 1, 여자는 0과 같이 수치화할 수도 있다. 그러나 이 때의 수치는 그것이 지정하는 자료의 속성과는 전혀 무관하며 단지 편의상 정한 약속에 불과하다.

자료들은 여러 특성을 갖고 있는데 조사대상에 대해 관심을 갖고 있는 특성을 **변수**(variable)라 한다. 앞에서 언급한 키, 몸무게, 나이, 성적, 성별, 교육수준 등과 같이 한 가지 이상의 자료값을 가질 수 있는 것이 변수이다. 변수는 자료에 대응되므로 **질적 변수**(qualitative variable)와 **양적 변수**(quantitative variable)로 분류된다. 키, 몸무게처럼 양적 자료값을 가지는 변수를 양적 변수라 하고 성별, 교육수준과 같이 질적 자료값을 가지는 변수를 질적 변수라 한다.

3.3 질적 자료의 표현방법

자료를 그래프나 도표로 나타내면, 자료 전체의 분포상태를 시각적으로 빠르게 전달할 수 있다. 이 절에서는 질적 자료의 경우에 사용하는 도표와 그래프에 대하여 알아본다.

3.3.1 도수분포표

진로희망, 고민사유와 같은 질적 자료의 경우에 자료값이 반복해서 나타나므로 반복된 횟수를 셀 수 있는데, 이때 반복되는 횟수를 **도수**(frequency)라 하며 이 도수를 전체 자료의 개수로 나눈 값을 **상대도수**(relative frequency)라 한다.

도수분포표(frequency table)는 각 자료값에 대하여 도수나 상대도수를 나열해 놓은 도표이다.

예제 1 어떤 소아과에 다니는 신장비뇨계 허약증 어린이의 증세를 조사한 결과 다음 표를 얻었다.

표 3.1 신장비뇨계 허약증 어린이의 증세

어린이	증 세	어린이	증 세
1	부종	11	신장염
2	다뇨	12	부종
3	야뇨	13	다뇨
4	신장염	14	야뇨
5	신장제거	15	부종
6	부종	16	다뇨
7	야뇨	17	야뇨
8	다뇨	18	신장제거
9	부종	19	신장염
10	야뇨	20	부종

풀이 조사한 자료를 이용하면 다음과 같은 도수분포표를 얻는다.

표 3.2 신장비뇨계 허약증 어린이의 증세

증 세	도 수
부종	6
다뇨	4
야뇨	5
신장염	3
신장제거	2
합 계	20

위의 도수분포표에 상대도수를 나타내기 위하여 각 항목의 상대도수를 구하면 다음과 같다.

부종: $6/20=0.3$ 다뇨: $4/20=0.2$ 야뇨: $5/20=0.25$

신장염: $3/20=0.15$ 신장 제거: $2/20=0.1$

도수분포표에 상대도수까지 나타내면 다음과 같다.

표 3.3 예제 1의 도수분포표

증 세	도 수	상대도수
부종	6	0.3
다뇨	4	0.2
야뇨	5	0.25
신장염	3	0.15
신장제거	2	0.1
합 계	20	1.0

3.3.2 상대도수 막대그래프

주어진 질적 자료를 그래프로 정리하는 방법의 하나는 **상대도수 막대그래프**(bar graph)이다. 상대도수 막대그래프는 각 자료값의 상대도수를 같은 폭의 막대로 나타내며, 하나의 자료값에 하나의 막대를 대응시킨다. 다시 말해서, 상대도수 막대그래프는 가로축에 서로 다른 자료값을 나타내고 세로축에는 상대도수를 나타내어 수평선상에 막대를 그리는 그래프이다.

예제 2 표 3.3의 도수분포표를 이용하여 상대도수 막대그래프를 그려라.

풀이 상대도수 막대그래프는 그림 3.1과 같다.

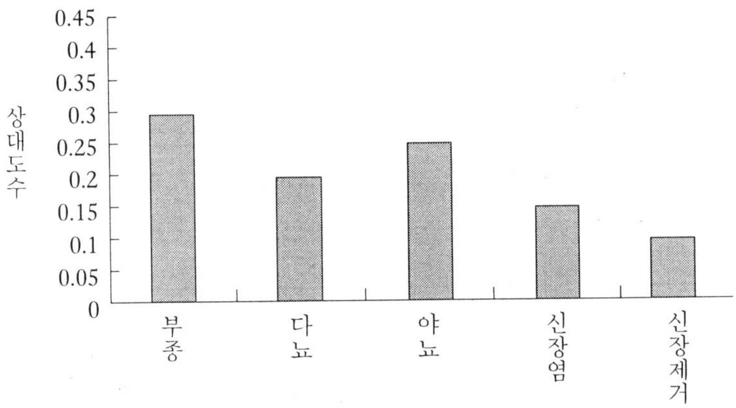

[그림 3.1] 신장비뇨계 허약증 어린이의 증세

3.3.3 원형그래프

질적 자료를 그래프로 정리하는 다른 형태로 **원형그래프**(pie graph)가 있다. 원형그래프는 먼저 완전한 원을 그린 다음, 피자를 자르듯이 원을 부채꼴 모양으로 자료값의 종류만큼 몇 개의 조각으로 나누어서 해당하는 자료값의 상대도수에 비례하게 각 조각의 크기를 그린다. 그리고 각 조각에는 해당 자료값과 상대도수를 기입한다.

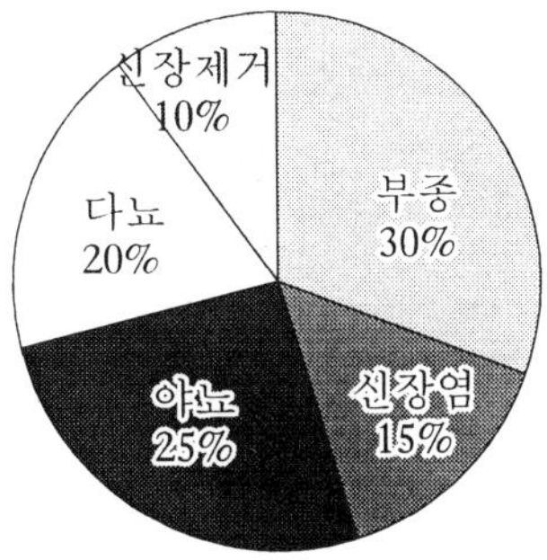

[그림 3.2] 신장비뇨계 허약증 어린이의 증세의 원형그래프

3.4 양적 자료의 표현방법

양적 자료의 분포상태를 쉽게 파악할 수 있도록 질적 자료와 마찬가지로 도표와 그래프를 이용하는데, 이 절에서는 **줄기-잎-그림**(stem and leaf charts), 도수분포표, **히스토그램**(histogram), **도수다각형**(frequeucy polygon) 등을 소개한다.

3.4.1 줄기-잎-그림

이 방법은 터키(John Tukey)가 1977년에 도입했다. 줄기-잎-그림은 연속적인 가로줄의 수들로 구성되어 있는데, 각 가로줄은 줄기라고 부르는 수와 잎이라고 부르는 수로 나누어져 있다. 이 그림을 그리는 엄격한 규칙은 없지만 일반적으로 다음 단계를 따른다.

(1) 자료의 줄기부분을 선택하고 줄기를 제외한 부분을 잎으로 정한다. 이 줄기는 보통 한 자리나 두 자리의 수이다.
(2) 줄기값을 크기순으로 세로로 나열한 뒤 줄기 오른쪽에 수직선을 긋는다.
(3) 각 자료의 잎의 값을 해당 줄기값의 오른쪽에 가로로 적는다.
(4) 분포의 형태를 알아보기 위하여 그림을 시계 반대방향으로 90° 돌려본다.

예제 3 다음 자료는 어떤 통계학 과목을 수강한 학생들의 성적이다. 통계학 성적의 줄기-잎-그림을 그려라.

96	73	97	86	58	79	89	98	79	87
98	45	57	91	40	88	70	90	71	69
64	53	89	86	48	69	53	78	79	87
89	75	67	81	60	78	80	70	68	49

풀이 줄기-잎-그림을 그리기 위하여 줄기에 해당하는 수를 정한다. 보통 줄기부분으로 자료들의 십의 자리의 수를 이용한다. 잎으로는 자료의 일의 자리의 수를 이용할 것이다. 그림 3.3은 수직선으로 줄기를 구분한 것이다. 즉 줄기와 잎을 정한 다음 먼저 줄기값을 크기순으로 세로로 나열한 뒤 각 줄기에 해당하는 각 자료의 잎의 값을 해당 줄기값의 오른쪽에 가로로 적는다. 그리고 줄기값과 잎의 값을 구분하기 위하여 줄기와 잎 사이에 수직선을 그어준다.

예제 3의 자료를 이용하여 줄기-잎-그림을 그려보면 그림 3.3과 같다. 이 자료는 정규분포하는가? 줄기-잎-그림을 시계 반대방향으로 90° 돌려보면 통계성적분포가 종모양에 가깝지 않음을 알 수 있다. 이는 정규분포가 아닐거라는 의심을 하게 한다.

```
4|        4|          4| 5 0 8 9
5|        5|          5| 8 7 3 3
6|        6|          6| 9 4 9 7 0 8
7|        7|          7| 3 9 9 0 1 8 9 5 8 0
8|        8|          8| 6 9 6 7 8 9 7 9 1 0
9|        9| 6        9| 6 7 8 8 1 0
(1)       (2)              (3)
```

[그림 3.3] (1) 줄기-잎-그림에서 4, 5, 6, 7, 8, 9는 줄기에 해당된다.
(2) 수 96은 줄기 9와 잎 6을 갖는다.
(3) 예제 3의 완전한 줄기-잎-그림

줄기-잎-그림은 자료 전체의 형태를 빨리 파악하고 자료값을 그대로 유지하고 특정한 자료값이 얼마나 자주 나타나는지를 쉽게 알아볼 수 있는 장점이 있으나 대략적으로 알 수 있는 자료나 자료의 크기가 클 때는 부적절하다.

3.4.2 도수분포표

도수분포표를 작성하기 전에 다음과 같은 용어를 정의하자. 자료를 수량으로 나타낸 것을 **변량**이라 하고, 변량을 나눈 구간을 **계급**(class)이라 하며, 계급의 작은쪽 끝을 **계급하한**(lower limit)이라 하고 큰쪽 끝을 **계급상한**(upper limit)이라 한다. 각 계급의 너비를 **계급간격**(class interval width)이라고 하며, 각 계급에 속하는 자료의 개수를 **계급도수**라고 한다. 그리고 계급을 대표하는 값으로서 각 계급의 중앙의 값을 그 계급의 **계급값**이라 하는데, 이것은 주어진 계급의 계급하한과 계급상한의 값을 더하여 둘로 나누어 구할 수 있다.

양적 자료의 도수분포표를 작성하기 위해서는 먼저 서로 인접한 자료값들을 집단화하여 전체 자료를 몇 개의 그룹으로 나눌 필요가 있다. 전체 자료를 몇 개의 그룹으로 나누어 도수분포표를 작성하는 과정을 단계별로 살펴보면 다음과 같다.

도수분포표를 작성하는 방법

1. 계급의 개수를 결정해야 한다. 계급의 개수에 대한 공식은 스터제스(H. A. Sturges)가 개발한 다음과 같은 공식이 많이 이용된다.

$$k=1+\frac{\log n}{\log 2}$$

여기서 k는 계급의 개수이고 n은 전체 자료의 개수이다.

2. 자료의 최대값과 최소값을 찾고 두 수의 차를 구한다. 여기서 최대값과 최소값의 차를 **범위**(range)라 한다.
3. 범위를 계급의 개수로 나눔으로써 최소의 계급간격 $c=\frac{R}{k}$를 구한다. 여기서 R은 범위이고 k는 계급의 개수이다. 이때, 각 계급은 서로 중복되는 부분이 없어야 하며 어떠한 자료값도 계급의 경계점에 놓여서는 안 된다. 그러므로 모든 자료값을 포함하는 실제 계급간격은 최소의 계급간격보다 조금 더 길어야 한다.
4. 실제의 계급간격은 최소의 계급간격을 올림함으로써 구한다.
5. 첫 번째 계급하한은 최소값으로부터 최소단위의 반을 뺀 값을 사용한다.
6. 나머지 계급의 경계값은 앞의 경계값에 실제의 계급간격을 더함으로써 얻는다.
7. 각 계급의 도수를 구한다.
8. 각 계급의 도수를 총도수로 나누어 계급의 상대도수를 구한다.

예제 3의 자료를 통하여 구체적인 방법을 알아보자. 이 예제는 40개의 자료값을 가지고 있다. 스터제스의 공식대로 계급의 수를 6으로 하자. 이 자료의 최대값과 최소값은 각각 98과 40이고 범위는 98−40=58이다. 계급간격을 구하기 위하여 58을 계급의 수 6으로 나누면 된다.

최소의 계급간격은 $\frac{58}{6} \fallingdotseq 9.7$이지만 자료를 분류하는데 필요한 실제 계급간격은 소수점 아래 첫째 자리의 수를 올림해서 정수로 나타내야 한다.

여기서 올림하는 이유는 양쪽 극단적인 값, 즉 가장 큰 값과 가장 작은 값을 도수분포표에 포함시키기 위해서이다. 그러므로 실제의 계급간격은 최소의 계급간격 9.7을 올림한 수 10이 된다.

첫째 계급하한은 어떠한 자료값도 계급의 경계값에 놓이지 않게 하기 위하여 자료의 최소값으로부터 최소단위의 반을 뺀 값을 사용한다. 즉 첫째 계급하한은 $40-\frac{1}{2}\times 1=39.5$이다. 나머지 계급의 경계값은 앞의 경계값에 10을 연속적으로 더함으로써 얻어진다. 이렇게 얻은 여섯 개의 계급이 표 3.4에 주어져 있다.

경계값들은 자료값보다 한 자리 더 많은 소수점 아래의 자리를 갖고 있기 때문에 어떠한 자료값도 경계값에 놓이지 않는다. 즉 각 자료값은 정확하게 한 계급에만 속한다. 각 계급에 속하는 자료의 도수를 구하고 구한 계급의 도수를 전체 자료의 개수로 나누어 계급의 상대도수를 계산한다. 표 3.4는 이렇게 만든 통계학 성적의 도수분포표이다.

표 3.4 통계학 성적의 도수분포표

계 급	도 수	상대도수
39.5∼49.5	4	0.10
49.5∼59.5	4	0.10
59.5∼69.5	6	0.15
69.5∼79.5	10	0.25
79.5∼89.5	10	0.25
89.5∼99.5	6	0.15
합 계	40	1.00

3.4.3 히스토그램

주어진 자료를 도수분포표로 정리요약한 다음, 자료의 분포상태를 한눈에 알아보도록 히스토그램(histogram)을 그릴 수 있다. 자료를 몇 개의 계급으로 나누고 각 계급에 속하는 도수를 세어서, 가로축에는 각 계급의 끝 값을, 세로축에는 대응하는 도수를 나타내어 그린 수직 막대그래프를 히스토그램이라 한다. 다시 말해서, 히스토그램은 각 계급의 크기를 가로로 하고 도수 또는 상대도수를 세로로 하는 직사각형을 그린 것이며, 막대그래프와는 달리 각 계급에 속하는 기둥들이 계급의 경계에서 서로 연결되어 있다. 가로의 길이는 일정하므로 각 직사각형의 넓이는 각 계급의 도수에 비례한다.

세로축에 도수, 상대도수, 누적도수를 사용하느냐에 따라 각각 **도수 히스토그램, 상대도수 히스토그램, 누적도수 히스토그램**으로 나눌 수 있다.

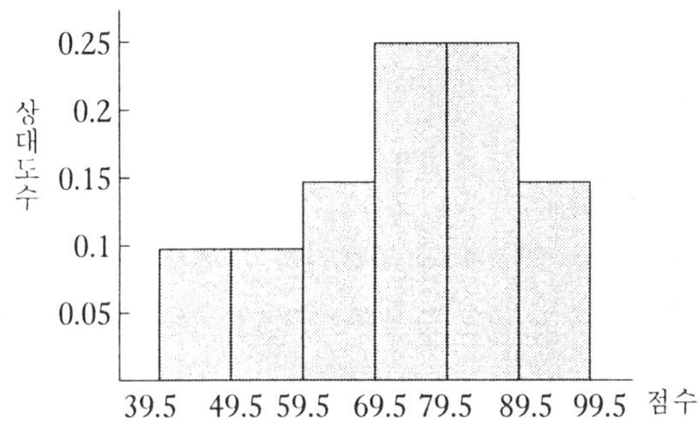

[그림 3.4] 통계학 성적의 히스토그램

히스토그램을 이용하면 중심위치, 산포도, 치우침의 정도를 쉽게 파악할 수 있다.

3.4.4 도수다각형

도수 히스토그램과 상대도수 히스토그램에서 각 직사각형의 윗변의 중점을 차례

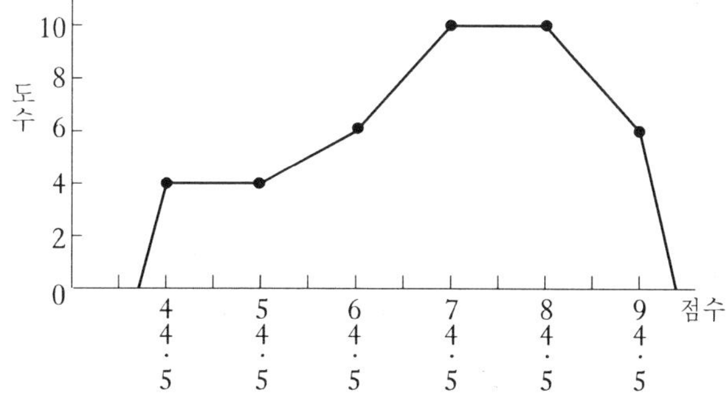

[그림 3.5] 예제 3의 도수다각형

로 선분으로 연결하여 얻은 그래프를 각각 **도수다각형**(frequency polygon)과 **상대도수 다각형**(relative frequency polygon)이라 한다. 즉 도수다각형은 히스토그램에서 계급값을 가로축의 좌표로 하여 각 계급에 대응하는 도수를 점찍어 연결한 그림이다. 그리고 양 끝은 도수가 0인 계급을 하나씩 추가하여 그 중점과 연결한다. 히스토그램의 직사각형의 넓이의 합과 도수다각형으로 둘러싸인 부분의 넓이는 같다. 도수다각형을 이용하면 분포의 모양에 따라 자료의 대칭성이나 자료 전체의 특징을 알 수 있고, 두 개 이상의 자료의 분포를 쉽게 비교할 수 있어 편리하다.

3.4.5 누적도수다각형

주어진 자료로부터 도수의 분포 외에 자료값의 누적도수분포를 생각하는 것도 흥미롭다. 도수분포표에서 각 계급의 도수를 변량의 값이 작은 쪽부터 차례로 어떤 계급의 도수까지 더한 합을 그 계급의 **누적도수**(cumulative frequency)라고 한다. 도수분포표에서 도수 대신에 누적도수를 이용하여 자료를 나열하여 놓은 표를 **누적도수분포표**라 한다. 가로축에 계급을, 세로축에 누적도수를 표시하고 각 계급상한에 그 계급까지의 누적도수를 대응시켜 점으로 표시한 후, 이들 점을 작은쪽에서 큰쪽으로 차례로 선분으로 연결하여 그린 그래프를 **누적도수다각형**(cumulative frequency polygon)이라고 한다.

앞의 예에 대한 누적도수분포표와 누적도수다각형은 다음과 같다.

표 3.5 예제 3의 누적도수분포표

계 급	도 수	누적도수
39.5～49.5	4	4
49.5～59.5	4	8
59.5～69.5	6	14
69.5～79.5	10	24
79.5～89.5	10	34
89.5～99.5	6	40
합 계	40	40

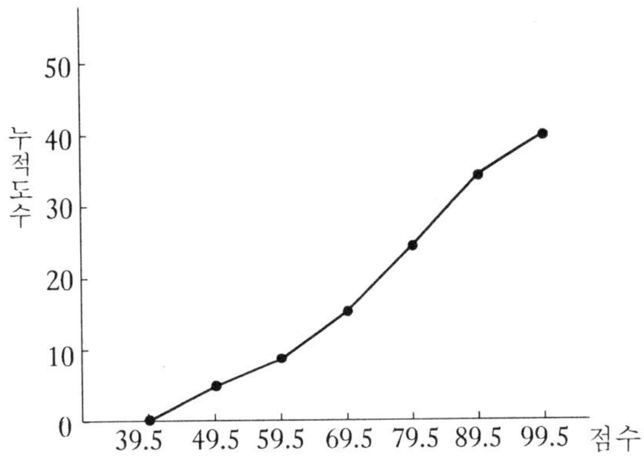

[그림 3.6] 예제 3의 누적도수다각형

3.4.6 점도표

자료의 크기가 작을 때는 **점도표**(dot diagram)를 이용하는 것이 편리하다. 점도표는 모든 자료를 포함할 수 있도록 눈금을 정한 수직선 위에 개별적인 자료값을 점으로 표시한 것이다.

예제 4 다음 자료를 점도표로 나타내면 그림 3.7과 같다.
6, 8, 3, 8, 5, 8, 4, 8, 3, 4, 1, 2, 1, 1, 4, 4, 7, 7, 7

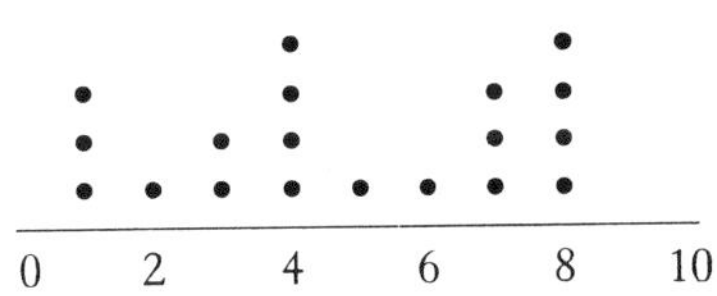

[그림 3.7] 점도표

3.5 SAS 실습

3장에서 사용한 SAS 프로시저는 다음과 같다.

(1) FREQ 프로시저 : 도수분포표를 작성할 수 있게 한다.

형식

```
PROC FREQ 선택사항;
      TABLES 변수명/선택사항; /*도수분포표를 작성할 변수명 지정*/
      WEIGHT 변수명;
      BY 변수명;
```

도수분포표를 작성하기 위해 FREQ 프로시저에서 TABLES 명령어를 사용한다. TABLES 명령어의 형식은 다음과 같다.

형식

```
TABLES 분석할 변수명;
```

(2) CHART 프로시저: 그래프를 그릴 수 있게 한다.

형식

```
PROC CHART 선택사항;
      BY 변수명; /*지정된 변수별로 따로 그래프 작성*/
      VBAR 변수명 /선택사항; /*수직 막대그래프 작성*/
      HBAR 변수명 /선택사항; /*수평 막대그래프 작성*/
      PIE 변수명 /선택사항; /*원형그래프 작성*/
      BLOCK 변수명 /선택사항; /*3차원 block 그래프 작성*/
      STAR 변수명 /선택사항; /*별그래프 작성*/
```

막대그래프의 높이는 기본적으로 도수가 나타나지만 TYPE을 이용하여 다음과 같은 여러 가지 형태로 바꿀 수 있다.

형식

```
TYPE=FREQ; /*도수분포표(default)*/
TYPE=CFREQ; /*누적도수분포표*/
TYPE=PERCENT; /*상대도수분포표*/
TYPE=CPERCENT; /*누적상대도수분포표*/
```

예제 5 다음은 우리 학교 학생 20명에 대하여 학교 식당에 대한 설문조사를 한 결과이다. 학교 음식을 싫어하는 이유에 대한 도수분포표, 막대그래프, 원형그래프를 그려라.

1) 성별은?
   ⓐ 남자 ⓑ 여자
2) 학교 식당의 음식을 좋아하는가?
   ⓐ 예 ⓑ 아니오
3) 학교 식당의 음식을 싫어하는 이유는?
   ⓐ 비위생적이다. ⓑ 음식의 질이 낮다.
   ⓒ 비싸다. ⓓ 양이 적다.

조사결과

성 별	학교식당 음식을 좋아하는지에 대한 질문	학교 식당의 음식을 싫어하는 이유
a	b	a
b	b	b
b	b	c
a	a	d
a	a	b
a	a	b
b	b	b
b	a	a
b	b	a
a	b	c
b	b	b
a	b	c
b	b	a

a	b	a
b	b	b
b	a	b
a	b	b
a	b	b
b	b	b
a	b	c

풀이 SAS 프로그램

```
DATA  food; /*자료 세트 생성*/
        INFILE "C:\data.txt";
        INPUT sex $ ask $ reason $; /*변수 지정*/
PROC FREQ DATA=food; /*도수분포표*/
        TABLES reason;/*이유에 대한 도수분포표*/
RUN;
PROC CHART DATA=food; /*막대그래프*/
       VBAR reason/TYPE=PERCENT;
RUN;
PROC CHART DATA=food; /*원형그래프*/
       PIE reason/NOHEADING;
RUN;
```

위 프로그램은 주어진 설문조사에 대한 도수분포표, 막대그래프, 원형그래프의 결과를 보여준다. 그러나 출력결과가 문자로 표기되어 쉽게 분석할 수 없다.

다음 프로그램은 FORMAT 프로시저를 이용하여 학교 식당의 음식을 싫어하는 이유를 표와 그래프의 축에 나타내어 변수의 원본 자료값만으로는 알 수 없었던 결과를 출력결과로부터 쉽게 분석할 수 있게 해준다.

```
DATA foodl;
        SET food;
        FORMAT reason $reasonfmt.;
RUN;
PROC FORMAT;
        VALUE $reasonfmt a='비위생적' b='낮은 질' c='비쌈' d='적은 양';
RUN;
PROC FREQ DATA=foodl;
        TABLES reason;
        FORMAT reason $reasonfmt.;
RUN;
PROC CHART DATA=foodl;
        VBAR reason/TYPE=PERCENT;
        FORMAT reason $reasonfmt.;
RUN;
PROC CHART DATA=foodl;
        PIE reason/NOHEADING;
        FORMAT reason $reasonfmt.;
RUN;
```

결과

FREQ 프로시저

reason	빈도	백분율	누적 빈도	누적 백분율
비위생적	5	25.00	5	25.00
낮은 질	10	50.00	15	75.00
비쌈	4	20.00	19	95.00
적은 양	1	5.00	20	100.00

```
                              SAS 시스템

백분율

50 +     *****
   |     *****
   |     *****
   |     *****
   |     *****
45 +     *****
   |     *****
   |     *****
   |     *****
   |     *****
40 +     *****
   |     *****
   |     *****
   |     *****
   |     *****
35 +     *****
   |     *****
   |     *****
   |     *****
   |     *****
30 +     *****
   |     *****
   |     *****
   |     *****
   |     *****
25 +     *****                 *****
   |     *****                 *****
   |     *****                 *****
   |     *****                 *****
   |     *****                 *****
20 +     *****      *****      *****
   |     *****      *****      *****
   |     *****      *****      *****
   |     *****      *****      *****
   |     *****      *****      *****
15 +     *****      *****      *****
   |     *****      *****      *****
   |     *****      *****      *****
   |     *****      *****      *****
   |     *****      *****      *****
10 +     *****      *****      *****
   |     *****      *****      *****
   |     *****      *****      *****
   |     *****      *****      *****
   |     *****      *****      *****
 5 +     *****      *****      *****      *****
   |     *****      *****      *****      *****
   |     *****      *****      *****      *****
   |     *****      *****      *****      *****
   |     *****      *****      *****      *****
---------------------------------------------------------
         낮은 질     비쌈      비위생적     적은 양

                          reason
```

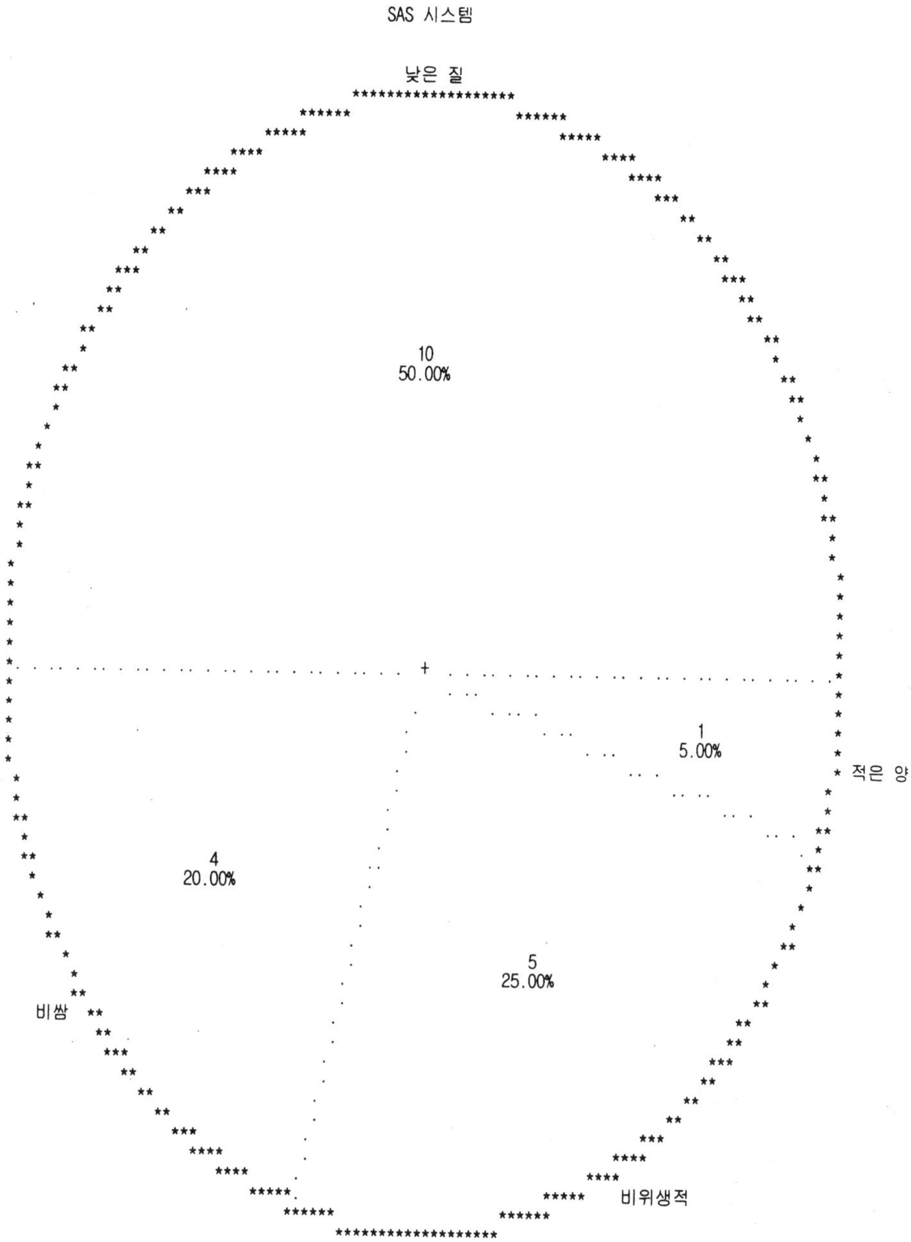
SAS 시스템
낮은 질
10
50.00%
1
5.00%
적은 양
4
20.00%
5
25.00%
비쌈
비위생적

예제 6 예제 5에서 학교 식당의 음식을 싫어하는 이유에 대한 항목만을 이용하여 자료를 정리하려고 한다. 이를 위해서 음식을 좋아하지 않는 이유에 대한 항목을 다음과 같이 바꾸자.

비위생적이다 : D
음식의 질이 낮다 : L
비싸다 : E
양이 적다 : S

그러면 학교 식당의 음식을 싫어하는 이유에 대한 자료는 다음과 같다.

D L E S L L L D D E L E D D L L L L L E

SAS를 이용하여 이 자료의 도수분포표, 막대그래프, 원형그래프를 그려라.

풀이 SAS 프로그램

```
DATA FOOD; /*자료 세트 생성*/
      INPUT class $ @@; /*변수 지정*/
      CARDS;
         D L E S L L L D D E
         L E D D L L L L L E
RUN;
PROC FREQ; /*도수분포표*/
RUN;
PROC CHART; /*막대그래프*/
      VBAR class/TYPE=PERCENT;
RUN;
PROC CHART; /*원형그래프*/
      PIE class/ NOHEADING;
RUN;
```

예제 7 다음 자료는 통계학 과목을 수강한 학생의 성적이다. 계급 간격을 10으로 하여 도수분포표를 작성하라.

74 73 87 52 98 88 72 41 57 64 56 73 70 75 45
86 50 78 66 73 78 80 94 81 92 95 66 60 84 80
84 96 87 72 65 41 80 40 63 90

풀이 SAS 프로그램

```
DATA  scorel;
        INPUT point @@ ;
        CARDS;
        74 73 87 52 98 88 72 41 57 64 56 73 70 75 45
        86 50 78 66 73 78 80 94 81 92 95 66 60 84 80
        84 96 87 72 65 41 80 40 63 90
RUN;
DATA newscorel;
       SET scorel;
       IF point<49.5 THEN class=1;
       IF 49.5<point<59.5 THEN class=2;
       IF 59.5<point<69.5 THEN class=3;
       IF 69.5<point<79.5 THEN class=4;
       IF 79.5<point<89.5 THEN class=5;
       IF 89.5<point THEN class=6;
RUN;
PROC FORMAT;
       VALUE fmtclass 1='0-49'  2='50-59'  3='60-69'
                      4='70-79'  5='80-89' 6='90-100';
RUN;
PROC FREQ DATA=newscorel;/*도수분포표*/
       TABLE class;
       FORMAT class fmtclass.;
RUN;
```

결과 FREQ 프로시저

class	빈도	백분율	누적 빈도	누적 백분율
0-49	4	10.00	4	10.00
50-59	4	10.00	8	20.00
60-69	6	15.00	14	35.00
70-79	10	25.00	24	60.00
80-89	10	25.00	34	85.00
90-100	6	15.00	40	100.00

풀이 class가 FORMAT 프로시저에 의해서 점수구간으로 바뀐 것을 볼 수 있다.

연습문제(3)

□ 1. 다음 자료를 질적 자료와 양적 자료로 분류하라.

(1) 초등학교 학생들이 좋아하는 과자의 이름

(2) 어떤 대학의 학과별 취업률

(3) 회사의 매출액

(4) 매일 주식거래량

(5) 월별 실업률

(6) 200명의 성인들이 가장 좋아하는 라면의 이름

□ 2. 다음은 초등학교 4학년 어린이 40명의 키를 측정한 결과이다.

162	147	146	139	158	156	149	143	146	161	151	162	152	166
151	146	150	148	134	153	154	146	145	147	146	164	137	142
150	146	154	158	151	149	163	129	148	157	150	143		

(1) 적절한 도수분포표를 작성하라.

(2) 상대도수 히스토그램을 그려라.

(3) 누적도수를 구하고 누적도수다각형을 그려라.

□ 3. 자료의 개수가 64인 통계 집단에서 스터제스에 의한 계급의 개수를 결정하라.

□ 4. 자료의 개수가 $n=60$일 때 계급의 개수를 결정하라.

□ 5. 도수분포표를 작성하려면 계급의 개수와 계급간격을 결정해야 한다. 계급의 개수가 8이고, 최대값이 92, 최소값이 52일 때, 적절한 계급간격을 구하라.

□ 6. 자료의 개수가 100이고 범위가 50일 때 계급간격을 구하라.

□ 7. 다음은 31일된 쥐의 무게를 나타낸 자료이다. 적절한 계급간격을 정하고 SAS를 이용하여 도수분포표를 작성하라(단위: g).

112	118	102	106	112	112	120	94	116	120
100	116	98	114	126	120	110	102	110	108
84	110	122	112	124	120	114	116	98	116
106	120	104	98	118	112	110	116	112	122
106	110	120	108	128	118	112	124	122	106
112	104	110	102	108	118	118	116	110	108
114	112	130	110	112	122	102	140	102	106

CHAPTER

4 대표값과 산포도

4.1 대표값

4.2 산포도

4.3 적률

4.4 왜도 및 첨도

4.5 상자그림과 5점 요약표시

4.6 SAS 실습

본장의 개요

3장에서 도표나 그래프를 이용해서 자료를 정리하는 방법들에 대하여 알아보았다. 이런 방법들은 시각적인 효과는 있으나 작성자의 주관적인 판단에 좌우되어 자료의 분석에 어려움이 따른다. 자료를 더 객관적으로 요약하고 비교하기 위하여 중심 위치의 측도, 산포의 측도, 상대적 위치의 측도와 같은 수리적인 측도가 필요하다. 중심 위치의 측도는 주어진 자료가 어떤 값을 중심으로 분포되어 있는지를 알려주는데 이를 위하여 **대표값**을 계산하게 된다. 산포의 측도인 **산포도**는 자료값이 중심위치에서 떨어져 있는 정도를 수로 나타낸 값이다. 이 값은 대표값과 함께 자료의 분석의 특징을 살피는데 중요한 측도로 간주된다.

4.1 대 표 값

대표값이란 자료 전체의 특징을 하나의 수로 나타낸 값으로 계산적 대표값과 위치적 대표값이 있다. **계산적 대표값**이란 관측한 자료값을 모두 계산하는 데 사용하는 대표값으로 산술평균, 기하평균, 조화평균 등이 있다. 계산적 대표값을 구할 때는 자료값을 모두 이용하기 때문에 자료 중에 극단적인 값이 있을 때는 극단적인 값의 영향을 받는다는 단점이 있다. **위치적 대표값**은 계산적 대표값의 단점을 보완한 대표값으로 중앙값, 최빈값, 사분위수, 백분위수가 있다.

4.1.1 산술평균

계산적 대표값 중 가장 중요하고 가장 많이 사용되는 것이 **산술평균**(arithmetic mean)이며, 평균이라 하면 통상 산술평균을 의미한다.

산술평균은 전체 자료의 값을 합하여 이 값을 자료의 개수로 나눈 값이다. 즉 관측한 자료값을 x_1, x_2, $\cdots$, x_n이라 표기할 때 산술평균 $\bar{x}$는 다음과 같이 정의된다.

산술평균

$$\bar{x}=\frac{x_1+x_2+\cdots+x_n}{n}=\frac{\sum_{i=1}^{n} x_i}{n}$$

전체의 자료를 몇 개의 계급으로 나누고, 각 계급에 속하는 도수를 조사하여 표로 정리한 도수분포표에서는 각 도수에 해당하는 자료값을 알 수 없는 경우가 있다. 이때 각 계급에 속하는 도수 전체를 대표하는 자료값을 그 계급의 계급값으로 택한다.

도수분포표가 다음과 같다고 하자.

계급값	x_1 x_2 $\cdots$ x_n	합 계
도 수	f_1 f_2 $\cdots$ f_n	N

이때, 산술평균 $\bar{x}$ 는 다음과 같이 정의된다.

도수분포에서의 산술평균

$$\bar{x}=\frac{1}{N}\sum_{i=1}^{n} x_i f_i=\frac{1}{N}(x_1 f_1+\cdots+x_n f_n)$$

단, x_i는 각 계급의 계급값, f_i는 도수, $N=\sum_{i=1}^{n} f_i$이다.

이렇게 정의된 $\bar{x}$를 특히 **가중산술평균**(weighted arithmetic mean)이라 한다.

주어진 자료가 모집단일 때는 평균을 **모평균**(population mean)이라 하며 통상 μ로 표시하고, 표본일 때는 **표본평균**(sample mean)이라 하고 $\bar{x}$로 표시한다.

예제 1 어떤 병원에서 같은 날 태어난 신생아 다섯 명의 몸무게를 재었더니 다음과 같았다(단위: kg). 평균을 구하라.

3.1 2.7 3.5 2.8 2.9

풀이 5개의 자료값에 대한 평균은 다음과 같다.

$$\bar{x}=\sum_{i=1}^{n} x_i/n=(3.1+2.7+3.5+2.8+2.9)/5$$
$$=15/5=3\,(\text{kg})$$

즉, 주어진 자료의 평균은 3kg이다.

산술평균의 성질

1. 자료값과 평균과의 차이 $x_i-\bar{x}$를 **편차**(deviation)라고 하는데 자료값의 편차의 합은 0이다.

$$\sum_{i=1}^{n}(x_i-\bar{x})=0$$

2. 산술평균은 극단적인 값의 영향을 많이 받는다.
3. 산술평균은 편차의 제곱의 합을 최소로 한다. 즉 산술평균에 대한 편차의 제곱의 합은 임의의 어떤 다른 수에 대한 편차의 제곱의 합보다 크지 않다.

$$\sum_{i=1}^{n}(x_i-\bar{x})^2\le\sum_{i=1}^{n}(x_i-a)^2 \quad (\text{단, } a\text{는 상수})$$

4. 변량 X와 Y에 대해 상수 a와 b가 존재해서 $Y=aX+b$와 같은 선형관계가 만족될 때 X와 Y의 산술평균을 각각 $\bar{x}$와 $\bar{y}$라고 하면 $\bar{y}=a\bar{x}+b$가 성립한다.

예제 2 다음의 도수분포표에서 산술평균을 구하라.

계 급	도 수
10~20	2
20~30	4
30~40	10
40~50	3
50~60	1
합 계	20

풀이 $\bar{x}=\frac{1}{n}\sum_{i=1}^{k} x_i f_i$에서 $n=20$, $k=5$이고 x_i는 계급값으로 각 계급의 중앙의 값을 뜻한다. 즉 계급값은 각각 15, 25, 35, 45, 55이다. 그러므로 평균은 다음과 같다.

$$\bar{x}=\frac{1}{20}(15\times 2+25\times 4+35\times 10+45\times 3+55\times 1)$$
$$=33.5$$

예제 3 예제 2에서 각 계급의 계급값을 x_i라 하고 $y_i=\frac{1}{5}x_i-3$이라 할 때 $\bar{y}$를 구하라.

풀이

x_i	15	25	35	45	55
y_i	0	2	4	6	8
f_i	2	4	10	3	1
$y_i f_i$	0	8	40	18	8

$y=\frac{1}{n}\sum_{i=1}^{k} y_i f_i$에서 $n=20$, $k=5$이므로 $\bar{y}=\frac{1}{20}\sum_{i=1}^{5} y_i f_i=\frac{1}{20}(74)=3.7$이다.
또는 예제 2의 $\bar{x}=33.5$를 이용하여 다음과 같이 구할 수도 있다.

$\bar{y}=a\bar{x}+b$로부터 $a=\frac{1}{5}$, $b=-3$이므로 $\bar{y}=\frac{1}{5}(33.5)-3=3.7$이다.

4.1.2 기하평균

비율의 평균 계산에 많이 이용되는 대표값으로 **기하평균**(geometric mean)이 있다. 인구변동률, 물가상승률 등의 계산에 기하평균이 사용된다. 관측한 자료값들을 x_1, x_2, $\cdots$, x_n으로 나타낼 때 기하평균은 다음과 같이 정의된다.

기하평균

$$G=\sqrt[n]{\prod_{i=1}^{n} x_i}=\sqrt[n]{x_1\times\cdots\times x_n}$$

예제 4 자본금 1,500만원으로 시작한 사업은 사업 후 첫 해에 자본금이 2배로 되었다. 다음 해에는 첫 해의 4배, 셋째 해에는 둘째 해의 4배로 늘었고, 넷째 해에는 셋째 해의 $\frac{1}{2}$로 줄었다. 자본금은 연평균 몇 배로 늘었는지 구하라.

풀이 넷째 해의 자본금은 $1{,}500\times2\times4\times4\times\frac{1}{2}$만원이다. 매년 평균 x배로 증가한다면 넷째 해의 자본금은 $1{,}500\times x\times x\times x\times x$ 만원$=1{,}500\times2\times4\times4\times\frac{1}{2}$ 만원이 된다. 따라서 $x^4=2\times4\times4\times\frac{1}{2}$이다. 그러므로 구하려는 값 x는 2, 4, 4, $\frac{1}{2}$의 기하평균으로 다음과 같다.

$$x=\sqrt[4]{2\times4\times4\times\frac{1}{2}}=\sqrt[4]{2^4}=2$$

예제 5 최근 3년간 물가상승률이 각각 4.5%, 9%, 18%일 때 연평균 물가상승률을 구하라.

풀이 연평균 물가상승률을 G%라고 하면, $G\times G\times G=4.5\times9\times18$이다. 즉 G는 4.5, 9, 18의 기하평균으로 다음과 같다.

$$G=\sqrt[3]{4.5\times9\times18}=9\,(\%)$$

4.1.3 조화평균

관측한 자료값들을 x_1, x_2, $\cdots$, x_n이라 할 때 역수를 취한 자료값들의 산술평균을 구한 다음, 다시 그 값의 역수를 취하여 대표값을 구하는데 이 대표값을 **조화평균**(harmonic mean)이라 하며 다음과 같이 정의한다.

조화평균

$$H=\frac{1}{\dfrac{\sum_{i=1}^{n}\frac{1}{x_i}}{n}}=\frac{n}{\sum_{i=1}^{n}\frac{1}{x_i}}$$

이것은 시간에 따라 변하는 변량이나 속도, 상품 시세의 평균계산에 이용된다.

예제 6 두 지점을 왕복하는데 갈 때는 시속 4km로 걷고, 올 때는 시속 6km로 걸었다. 이 두 지점을 왕복하는데 평균시속은 얼마인지 구하라.

풀이 두 지점의 거리를 $s$km라 하면 두 지점의 왕복거리는 $2s$km이다. 왕복하는데 걸린 총 소요시간은 $\frac{s}{4}+\frac{s}{6}$이다. 그러므로 평균시속은 다음과 같다.

$$\text{평균시속}=\frac{\text{총 거리}}{\text{총 소요시간}}=\frac{2s}{\frac{s}{4}+\frac{s}{6}}=\frac{2}{\frac{1}{4}+\frac{1}{6}}=4.8\,\text{km/h}$$

4.1.4 중 앙 값

위치적 대표값에서 가장 중요하고 많이 이용하는 대표값으로 **중앙값**(median)이 있다. 중앙값은 자료를 크기순으로 나열할 때 가운데 놓이는 자료값이며 이를 **중위수**라고도 하고 Me로 나타낸다.

$x_1, \cdots, x_n$을 크기순으로 배열한 자료값이라 하면, n이 홀수이면 중앙값의 위치는 $(n+1)/2$번째가 되어 $(n+1)/2$번째 자료값이 중앙값이 되고 n이 짝수일 때는 가운데 위치한 2개의 자료값의 평균으로 중앙값을 정의한다. 즉 n이 짝수일 때는 $n/2$번째 자료값과 $\frac{n}{2}+1$번째 자료값의 평균이 중앙값이 된다.

예제 7 예제 1의 자료에서 신생아 몸무게의 중앙값을 구하라.

풀이 자료를 크기순으로 배열하면 다음과 같다. (단위: kg)

2.7 2.8 2.9 3.1 3.5

$n=5$이기 때문에 $\frac{n+1}{2}=\frac{5+1}{2}=3$번째 있는 자료값 2.9가 중앙값이다.

예제 8 관측한 자료값이 9, 12, 11, 10, 101, 13일 때 이 자료값들의 평균과 중앙값을 구하라.

풀이 여섯 개의 자료값들의 합은 156이다. 그러므로 평균은 $\bar{x}=\frac{156}{6}=26$이다. 그러나 이 값을 중심 위치의 적절한 측도로 생각할 수 없다. 왜냐하면 여섯 개의 자료값 중에서 다섯 개의 자료값이 26보다 훨씬 작기 때문이다. 101을 제외하고 평균을 구하면 $\bar{x}$는 11이 되어 평균이 크게 변했음을 알 수 있으며, 평균 11이 앞에서 구한 26보다 훨씬 더 좋은 중심 위치의 측도임을 알 수 있다.

중앙값을 구하기 위하여 자료값을 크기순으로 배열하자. 크기순으로 배열하면 주어진 자료는 9, 10, 11, 12, 13, 101이 된다. 6/2=3번째 자료값과 6/2+1=4번째 자료값이 가운데 위치한 자료값이므로 중앙값은 (11+12)/2=11.5가 된다. 여기서 중앙값 11.5가 평균 26보다 더 적절한 중심위치의 측도임을 알 수 있다.

평균은 극단적인 값의 영향을 많이 받는 반면에 중앙값은 극단적인 값의 영향을 받지 않기 때문에 자료에 극단적인 값이 존재할 때는 평균보다 중앙값이 중심위치의 측도로서 더 큰 의미를 가진다는 사실을 예제 8은 보여준다.

심하게 비대칭인 분포에서는 중앙값이 평균보다 중심위치에 더 적절한 측도이다. 그러나 심하게 비대칭이 아닌 분포에서는 중앙값보다 평균을 더 많이 사용하고 있는데 그 이유는 중앙값을 사용하는 것이 모집단의 특성에 대한 추론을 어렵게 하기 때문이다.

자료의 총 도수 n이 클 때는 도수분포표를 작성하여 근사적인 중앙값을 구하는데, 이때 n이 크고 근사적인 중앙값을 구하기 때문에 n이 짝수건 홀수건 구별하지 않고 $\frac{n}{2}$번째 자료값을 계산에 의하여 다음과 같이 구한다.

도수분포에서의 중앙값

$$Me=L+\left(\frac{n}{2}-F_{-1}\right)\frac{c}{f}$$

여기서 L은 중앙값이 속한 계급하한, n은 자료의 총도수, F_{-1}은 중앙값이 속한 계급 이전까지의 누적도수, c는 계급간격, f는 중앙값이 속한 계급의 도수이다.

이 공식을 얻는 과정은 다음을 보라.

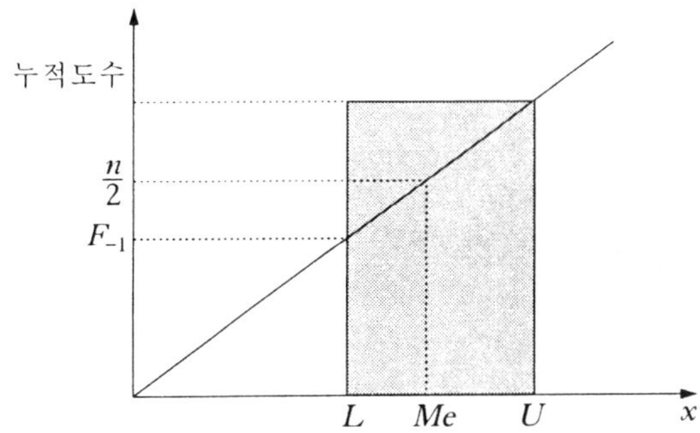

[그림 4.1] 중앙값이 속한 계급의 누적도수 히스토그램

그림 4.1은 누적도수 히스토그램의 일부분을 나타낸 것이다. 중앙값 Me가 L과 U 사이에 속한다고 하자. 그러면 다음 비례식이 성립한다.

$$(Me-L):c=\left(\frac{n}{2}-F_{-1}\right):f$$

그러므로 다음을 얻는다.

$$Me=L+\left(\frac{n}{2}-F_{-1}\right)\cdot\frac{c}{f}$$

예제 9 다음 도수분포표에서 중앙값을 구하라.

계 급	도 수	누적도수
35～45	5	5
45～55	8	13
55～65	12	25
65～75	8	33
75～85	7	40
합 계	40	40

풀이 중앙값은 자료를 크기순으로 배열할 때 가운데 위치하는 값으로 추정되는 값으로 40/2번째 정도에 위치하게 된다. 세 번째 계급의 누적도수가 25이므로 20번째 자료값은 세 번째 계급 55～65에 속함을 알 수 있다. 세 번째 계급 55～65는 14번째부터 25번째까지 12개의 자료값을 포함하고 있고 20번째 자료값은 이 중 7번째에 해당한다. 이 계급에 속한 12개의 자료들이 일

정한 간격으로 분포되어 있다고 생각하면 7번째 자료값은 계급하한 55로부터 $(65-55)\times\frac{7}{12}$ 만큼 떨어져 있다고 생각할 수 있다. 따라서 중앙값은 다음과 같다.

$$55+\left(\frac{40}{2}-13\right)\times\frac{10}{12}=60.83$$

중앙값의 성질

1. 극단적인 값의 영향을 받지 않으나 대수적 취급이 불편하다.
2. 중앙값에 대한 편차의 절대값의 합을 최소로 한다. 즉 다음이 성립한다.

$$\sum_{i=1}^{n}|x_i-Me|\le\sum_{i=1}^{n}|x_i-a| \quad (\text{단, } a\text{는 상수})$$

4.1.5 최 빈 값

최빈값(mode)은 자료값 중에서 가장 자주 나타나는 값이며, 이는 의류업계에서 기성복의 치수를 정할 때 주로 이용된다. 양적 자료의 대부분의 경우는 많은 종류의 자료값을 가지는데 이때 대부분의 자료값들은 한 번만 나타나서 최빈값을 구하는 것이 곤란하거나 불합리할 때가 많다. 이런 경우 자료를 몇 개의 계급으로 나누어서 가장 도수가 높은 계급, 즉 **최빈계급**(modal class)의 계급값을 최빈값으로 정한다.

예제 10 다음 자료에서 최빈값을 구하라.

(1) 2, 2, 3, 3, 5, 5, 5, 9, 10

(2) 2, 2, 2, 3, 3, 5, 7, 9, 9, 9

(3) 1, 2, 3, 4, 5

풀이 (1) 5의 도수가 3이므로 가장 자주 나오는 값이다. 따라서 최빈값은 5이다.

(2) 2와 9의 도수는 3이므로 가장 자주 나오는 값이다. 따라서 최빈값은 2와 9이다.

(3) 주어진 자료값의 도수가 모두 같으므로 최빈값은 존재하지 않는다.

예제 11 다음 도수분포표에서 최빈값을 구하라.

계 급	도 수
10～20	3
20～30	7
30～40	3
40～50	2
합 계	15

풀이 최빈계급은 20～30이므로 최빈값은 이 계급의 계급값인 25이다.

4.1.6 사분위수

자료의 크기가 매우 클 때(25나 30보다 클 때) 중앙값의 개념을 확장하여 자료를 크기순으로 배열하여 4등분하는 것이 유용하다. 배열된 자료를 2등분하는 수를 중앙값이라 하는 것과 마찬가지로 크기순으로 배열된 자료를 4등분하는 수를 **사분위수**(quartiles)라 한다. 4등분하는 수 중 첫 번째에 위치한 수를 **제 1 사분위수**(lower quartile), 두 번째에 위치한 수를 **제 2 사분위수**(second quartile), 세 번째에 위치한 수를 **제 3 사분위수**(upper quartile)라 하며 각각 Q_1, Q_2, Q_3로 표기한다. 여기서, Q_2는 앞에서 공부한 중앙값에 해당된다.

제 1 사분위수와 제 3 사분위수를 구하는 방법은 다음과 같다.

사분위수

제 1 사분위수 : $Q_1=L_1+\left(\frac{n}{4}-F_1\right)\frac{c}{f_1}$

제 3 사분위수 : $Q_3=L_3+\left(\frac{3}{4}n-F_3\right)\frac{c}{f_3}$

여기서 n은 자료의 총 도수, L_1은 Q_1이 속한 계급의 하한, F_1은 Q_1이 속한 계급 이전까지의 누적도수, c는 계급간격, f_1은 Q_1이 속한 계급의 도수, L_3은 Q_3이 속한 계급의 하한, F_3은 Q_3이 속한 계급 이전까지의 누적도수, 그리고 f_3은 Q_3이 속한 계급의 도수이다.

예제 12 예제 9의 도수분포표에서 제 1 사분위수 Q_1과 제 3 사분위수 Q_3를 각각 구하라.

풀이 $\frac{n}{4}=10$이므로 제 1 사분위수는 두 번째 계급 45~55에 속한다.

$Q_1=L_1+\left(\frac{n}{4}-F_1\right)\frac{c}{f_1}$ 에서 $L_1=45$, $F_1=5$, $f_1=8$, $c=10$이므로 다음을 얻는다.

$$Q_1=45+(10-5)\frac{10}{8}=51.25$$

$\frac{3}{4}n=30$이므로 제 3 사분위수는 네 번째 계급 65~75에 속한다.

$Q_3=L_3+\left(\frac{3}{4}n-F_3\right)\frac{c}{f_3}$ 에서 $L_3=65$, $F_3=25$, $f_3=8$, $c=10$이므로 다음을 얻는다.

$$Q_3=65+(30-25)\frac{10}{8}=71.25$$

4.1.7 백분위수

크기순으로 배열된 자료를 100등분하는 수를 **백분위수**(percentiles)라 하는데 이는 사분위수의 개념을 확대한 수이다. **제 p 백분위수**(p-th percentile)는 주어진 자료를 크기순으로 배열할 때 자료값 중 p%가 그 값보다 작거나 같고 $(100-p)$%가 그 값보다 크거나 같게 되는 값이다.

사분위수와 중앙값은 다음과 같은 백분위수에 해당된다.

제 1 사분위수=제 25 백분위수
중앙값=제 50 백분위수
제 3 사분위수=제 75 백분위수

제 p 백분위수는 다음과 같이 정의된다.

백분위수

$$\text{제 } p \text{ 백분위수}:\ L+\left(\frac{pn}{100}-F\right)\frac{c}{f},\quad p=1, 2, \cdots, 99$$

여기서 n은 자료의 총 도수, L은 제 p 백분위수가 속한 계급의 하한, F는 제 p 백분위수가 속한 계급 이전까지의 누적도수, c는 계급간격, f는 제 p 백분위수가 속한 계급의 도수이다.

4.2 산 포 도

대표값만으로는 자료의 분포에 대한 충분한 정보를 얻을 수 없기 때문에 분포의 특성을 좀더 명확하게 설명하기 위해서 자료의 변이성(variability)을 나타내는 산포도의 개념을 생각해야 한다. 산포도에는 절대적 산포도와 상대적 산포도가 있다.

대표값이 비슷한 집단 사이의 산포도를 비교하기 위해서 **절대적 산포도**(absolute measure of dispersion)를 이용한다. 절대적 산포도에는 범위, 평균편차, 분산과 표준편차 등이 있다.

대표값의 차이가 큰 집단 사이의 산포도를 비교하기 위해서 **상대적 산포도**를 이용한다. 상대적 산포도는 각각의 절대적 산포도를 적당한 대표값으로 나누어 구한다. 상대적 산포도에는 변이계수, 사분위편차계수, 평균편차계수 등이 있다.

4.2.1 범 위

산포도 중 가장 쉽게 구할 수 있는 것이 **범위**(range)이다. 범위는 자료값 중에서 가장 큰 값과 가장 작은 값의 차를 말한다. 예를 들면 1, 2, 3, 7, 9, 11, 91이라는 값을 가진 7개 자료의 범위는 가장 큰 값 91에서 가장 작은 값 1을 뺀 값, 즉 91−1=90이다.

범위는 계산하기 쉬운 산포도이지만 극단적인 값의 영향을 많이 받으므로 불안정한 단점이 있다.

예제 13 다음 도수분포표에서 범위를 구하라.

계 급	도 수
10~20	3
20~30	7
30~40	3
40~50	2
합 계	15

풀이 도수분포표에서 가장 큰 값과 가장 작은 값을 알지 못할 경우에는 최상 계급상한과 최하 계급하한을 이용한다. 최상 계급상한은 50, 최하 계급하한은 10이므로 범위는 50－10＝40이다.

4.2.2 평균편차

다음 자료 (1)과 (2)에서 보는 바와 같이 중심 위치는 같더라도 자료의 분포형태는 완전히 다를 수 있다.

(1) 2, 2, 3, 3, 4, 4, 4, 4, 4, 5, 6, 7

(2) 1, 1, 1, 2, 2, 3, 3, 4, 7, 7, 8, 9

자료 (1)에서 자료가 중심 위치에서 떨어져 있는 정도를 알아보자. 각 자료값에서 평균을 뺀 값을 그 자료값의 **편차**(deviation)라고 하는데 먼저 편차를 구해 보자.

$$-2,\ -2,\ -1,\ -1,\ 0,\ 0,\ 0,\ 0,\ 0,\ 1,\ 2,\ 3$$

편차를 모두 합하면 0이 된다. 그런데 평균에 대한 편차의 합은 자료 (1)과 자료 (2)에서와 마찬가지로 다른 모든 자료에 대해서도 항상 0이다. 그 이유는 다음과 같다.

자료값들을 $x_1, \cdots, x_n$이라 할 때 평균에 대한 편차는 다음과 같다.

$$(x_1-\bar{x}),\ (x_2-\bar{x}),\ \cdots,\ (x_n-\bar{x})$$

그런데 $\sum_{i=1}^{n} x_i = n\bar{x}$이기 때문에 다음이 성립한다.

$$\sum_{i=1}^{n}(x_i-\bar{x}) = \sum_{i=1}^{n} x_i - n\bar{x} = n\bar{x} - n\bar{x} = 0$$

이와 같이 n개의 편차 중 평균보다 큰 자료값의 편차는 양의 값을 갖고 평균보다 작은 자료값의 편차는 음의 값을 가져서 서로의 값을 상쇄시키기 때문에 모든 편차의 합을 0으로 만든다. 이러한 이유 때문에 편차의 평균은 산포도로서 의미가 없다. 따라서 편차의 합이 0이 되지 않도록 하기 위하여 각 편차의 절대값을 취하든지 제곱을 한다.

각 편차에 절대값을 취하여 산술평균을 구한 것을 **평균편차**(average deviation)라 하며 MD로 표시한다. 즉 평균편차는 다음과 같이 정의된다.

평균편차

$$MD=\frac{1}{n}\sum_{i=1}^{n}|x_i-\bar{x}|$$

평균편차는 분산이나 표준편차보다 극단적인 값의 영향을 덜 받는다는 장점이 있으나 절대값이 포함되어 있어 다루기가 불편하다.

예제 14 자료 10, 6, 8, 8, 6, 10의 평균편차를 구하라.

풀이 산술평균을 먼저 구해야 한다.

$$\bar{x}=\frac{1}{n}\sum_{i=1}^{n}x_i=\frac{1}{6}(10+6+8+8+6+10)=8$$

그리고 평균편차는 다음과 같다.

$$\begin{aligned}MD&=\frac{1}{n}\sum_{i=1}^{n}|x_i-\bar{x}|\\&=\frac{1}{6}(|10-8|+|6-8|+|8-8|+|8-8|+|6-8|+|10-8|)\\&=\frac{8}{6}=\frac{4}{3}\end{aligned}$$

4.2.3 분산과 표준편차

자료가 중심 위치에서 떨어져 있는 정도를 알아보기 위하여 편차를 이용하여 산포도를 구했는데 모든 편차의 합은 0이었다. 그래서 4.2.2절에서는 각 편차에 절대값을 취했는데 여기서는 절대값을 취하는 대신에 편차를 제곱하는 방법을 생각해 보자.

편차의 제곱의 합을 이용하는 산포도를 **분산**(variance)이라 하는데, 편차의 제곱의 합은 자료의 개수가 증가하면 매우 커져서 그 자체로는 산포의 측도가 될 수 없기 때문에 편차의 제곱의 합을 자료의 개수로 나누어서 분산을 구하게 된다.

자료가 $x_1, x_2, \cdots, x_n$일 때 분산을 s^2으로 나타내며 이를 식으로 정리하면 다음과 같다.

분 산

$$s^2=\frac{1}{n}\sum_{i=1}^{n}(x_i-\bar{x})^2$$

표준편차(standard deviation)는 분산의 양의 제곱근으로 정의되며 s로 나타낸다. 즉 다음과 같이 나타낼 수 있다.

표준편차

$$s=\sqrt{\frac{1}{n}\sum_{i=1}^{n}(x_i-\bar{x})^2}$$

분산과 표준편차는 자료가 평균의 주변에 흩어져 있는 정도를 나타내므로, 그 값이 클수록 평균을 중심으로 하여 자료가 흩어져 있는 정도가 심하다고 할 수 있다. 반대로 분산과 표준편차가 작을수록 자료의 분포상태는 고르다고 할 수 있다.

예제 15 다음 자료의 분산과 표준편차를 구하라.

(1) 2, 2, 3, 3, 4, 4, 4, 4, 4, 5, 6, 7

(2) 1, 1, 1, 2, 2, 3, 3, 4, 7, 7, 8, 9

풀이 산술평균 $\bar{x}$는 4이므로 다음이 성립한다.

(1) $$\sum_{i=1}^{n}(x_i-\bar{x})^2=(-2)^2+(-2)^2+\cdots+3^2=24$$

그러므로 분산은 다음과 같다.

$$s^2=\frac{1}{n}\sum_{i=1}^{n}(x_i-\bar{x})^2=\frac{24}{12}=2$$

따라서 표준편차 $s=\sqrt{2}$이다.

(2) $\sum(x_i-\bar{x})^2=(-3)^2+(-3)^2+\cdots+5^2=96$

그러므로 분산은 다음과 같다.

$$s^2=\frac{1}{n}\sum(x_i-\bar{x})^2=8$$

따라서 표준편차 $s=2\sqrt{2}$이다.

분산의 간편한 계산식을 소개하면 다음과 같다.

$$s^2=\frac{1}{n}\sum_{i=1}^{n}(x_i-\bar{x})^2=\frac{1}{n}\sum_{i=1}^{n}(x_i^2-2\bar{x}x_i+\bar{x}^2)$$

$$=\frac{1}{n}\left(\sum x_i^2-2\bar{x}\sum x_i+n\bar{x}^2\right)$$
$$=\frac{1}{n}\sum x_i^2-2\bar{x}^2+\bar{x}^2$$
$$=\frac{1}{n}\sum x_i^2-\bar{x}^2$$

예제 16 여섯 개의 실험물체에 일정한 강도로 자극을 주는 임상실험을 하고 있다. 실험물체에 대한 반응시간이 4, 2, 3, 3, 6, 3으로 나타났을 때, 이 반응시간에 대한 평균, 분산, 표준편차를 구하라.

풀이 먼저 평균을 계산하자.

$$\bar{x}=\frac{21}{6}=3.5$$

분산과 표준편차를 구하기 위해서 다음과 같이 표를 만들면 편리하다.

x_i	4	2	3	3	6	3	$\sum x_i=21$
$(x_i-\bar{x})$	0.5	−1.5	−0.5	−0.5	2.5	−0.5	$\sum(x_i-\bar{x})^2=9.5$
$(x_i-\bar{x})^2$	0.25	2.25	0.25	0.25	6.25	0.25	

분산 $s^2=\frac{\sum(x_i-\bar{x})^2}{n}=\frac{9.5}{6}\fallingdotseq 1.5833$

표준편차 $s=\sqrt{1.5833}\fallingdotseq 1.2583$

간편식을 이용하여 분산을 구하면 다음과 같다.

x_i	4	2	3	3	6	3	$\sum x_i=21$
x_i^2	16	4	9	9	36	9	$\sum x_i^2=83$

분산 $s^2=\frac{1}{n}\sum x_i^2-\bar{x}^2$

$$=\frac{83}{6}-3.5^2=\frac{9.5}{6}\fallingdotseq 1.5833$$

표준편차 $s=\sqrt{1.5833}\fallingdotseq 1.2583$

도수분포표가 다음과 같이 정리되었다고 하자.

계급값	x_1 x_2 $\cdots$ x_n	합 계
도 수	f_1 f_2 $\cdots$ f_n	N

이 자료의 평균을 $\bar{x}$라 하면 분산 s^2과 표준편차 s는 다음과 같이 정의된다.

도수분포에서의 분산과 표준편차

$$s^2=\frac{\sum_{i=1}^{n}(x_i-\bar{x})^2 f_i}{N}, \qquad s=\sqrt{\frac{\sum_{i=1}^{n}(x_i-\bar{x})^2 f_i}{N}}$$

예제 17 다음 도수분포표에서 분산과 표준편차를 구하라.

계 급	도 수
50～60	1
60～70	2
70～80	4
80～90	2
90～100	1
합 계	10

풀이 먼저 산술평균을 구하면 $\bar{x}=75$이다. 분산을 구하기 위하여 다음과 같이 표를 만들자.

계급값(x_i)	도수(f_i)	$x_i-\bar{x}$	$(x_i-\bar{x})^2$	$(x_i-\bar{x})^2 f_i$
55	1	−20	400	400
65	2	−10	100	200
75	4	0	0	0
85	2	10	100	200
95	1	20	400	400
합 계	10			1200

분산 $s^2=\frac{\sum(x_i-\bar{x})^2 f_i}{N}=\frac{1200}{10}=120$

표준편차 $s=2\sqrt{30}\approx 10.9545$

분산의 간편한 계산식은 다음과 같다.

$$\text{분산}\quad s^2=\frac{1}{N}\sum_{i=1}^{n} x_i^2 f_i-\bar{x}^2$$

지금까지 자료의 개수가 n일 때의 분산을 정의하였다. 자료가 모집단일 때의 분산을 **모분산**(population variance)이라 부르며 기호 σ^2으로 표기하고, 자료가 표본일 때의 분산을 **표본분산**(sample variance)이라 부르며 s^2으로 표기한다. 일반적으로 표본분산으로 $\frac{1}{n}\sum(x_i-\bar{x})^2$보다 $\frac{1}{n-1}\sum(x_i-\bar{x})^2$을 더 많이 사용하지만, 표본의 크기 n이 크면 다음과 같이 나타낼 수 있다.

$$\frac{1}{n}\sum(x_i-\bar{x})^2\approx\frac{1}{n-1}\sum(x_i-\bar{x})^2$$

그러므로 $\frac{1}{n}\sum(x_i-\bar{x})^2$과 $\frac{1}{n-1}\sum(x_i-\bar{x})^2$ 중에서 어느 것을 표본분산으로 사용해도 큰 차이가 없다.

4.2.4 사분위편차

제 1 사분위수를 Q_1, 제 3 사분위수를 Q_3라 할 때 **사분위편차**(quantile deviation) Q는 제 3 사분위수와 제 1 사분위수의 차를 2로 나눈 몫으로 정의한다.

사분위편차
$Q=\frac{Q_3-Q_1}{2}$

예제 18 예제 9에서 사분위편차를 구하라.

풀이 $Q_3=71.25$, $Q_1=51.25$이므로 사분위편차는 다음과 같다.

$$Q=\frac{Q_3-Q_1}{2}=\frac{71.25-51.25}{2}=10$$

자료의 개수가 적을 때는 제 1 사분위수와 제 3 사분위수가 불안정하기 때문에 사분위편차는 산포도로서 부적당하다.

4.2.5 변이계수

변이계수(coefficient of variation)는 **변동계수**라고도 하며 산술평균에 대한 표준편차의 비율로 정의되며 통상 백분율로 나타낸다.

> **변이계수**
>
> $$\frac{s}{\bar{x}} \times 100(\%)$$

변이계수는 측정단위가 서로 다르거나 평균이 크게 다를 때, 집단 사이의 산포도를 비교하기 위해서 가장 많이 사용되는 상대적 산포도이다.

예제 19 다음 자료에서 A, B 두 집단의 산포도를 비교하라.

A	2	3	4	5	6
B	20	22	24	26	28

풀이 A, B 두 집단의 산포도를 비교하기 위해서 변이계수를 이용한다. A집단의 평균은 4이고 표준편차는 $\sqrt{2}$이므로 A의 변이계수는 $\frac{\sqrt{2}}{4} \times 100 = 25\sqrt{2}$ $=35.355\%$ 이다. B집단의 평균은 24이고 표준편차는 $\sqrt{8}=2.828$이므로 B의 변이계수는 $\frac{\sqrt{8}}{24} \times 100 = \frac{25\sqrt{2}}{3} = 11.785\%$이다. 그러므로 B집단이 A집단보다 평균을 중심으로 더 밀집되어 있다고 말할 수 있다.

4.2.6 사분위편차계수

자료들의 사분위편차를 Q, 중앙값을 Me라 할 때 자료값들의 **사분위편차계수**(coefficient of quartile deviation)를 다음과 같이 정의한다.

> **사분위편차계수**
>
> $$\frac{Q}{Me} \times 100 = \frac{\frac{Q_3 - Q_1}{2}}{Me} \times 100 = \frac{Q_3 - Q_1}{Q_3 + Q_1} \times 100$$

4.2.7 평균편차계수

평균편차 MD를 산술평균 $\bar{x}$ 또는 중앙값 Me로 나눈 값을 **평균편차계수**(coefficient of mean deviation)라고 하는데 다음과 같이 정의한다.

평균편차계수

$$\frac{MD}{\bar{x}} \times 100 \text{ 또는 } \frac{MD}{Me} \times 100$$

4.3 적　률

통계학에서 중요한 개념인 평균이나 분산의 식은 다음과 같은 식이 결합되었는데,

$$\frac{1}{n}\sum_{i=1}^{n} x_i,\quad \frac{1}{n}\sum_{i=1}^{n} x_i^2,\quad \frac{1}{n}\sum_{i=1}^{n} x_i^3,\quad \cdots$$

이런 식을 **적률**(moment)이라 한다.

적률은 피어슨(K.Pearson)이 통계학에 처음 도입한 것으로 적률에는 **원점에 관한 적률**과 **산술평균에 관한 적률**이 있다.

자료를 x_1, …, x_n이라 할 때 원점에 관한 k차 적률(the k-th moment about the zero)을 m_k로 표기하며 아래와 같이 정의한다.

원점에 관한 k차 적률

$$m_k = \frac{1}{n}\sum_{i=1}^{n} x_i^k = \frac{x_1^k + x_2^k + \cdots + x_n^k}{n}$$

원점에 관한 적률의 성질

1. 원점에 관한 0차 적률은 1이다.
2. 원점에 관한 1차 적률은 산술평균이다.

산술평균에 관한 k차 적률(the k-th moment about the mean)을 μ_k로 나타내며 다음과 같이 정의한다.

산술평균에 관한 k차 적률

$$\mu_k = \frac{1}{n}\sum_{i=1}^{n}(x_i - \bar{x})^k$$

산술평균에 관한 적률의 성질

1. 산술평균에 관한 0차 적률은 1이다.
2. 산술평균에 관한 1차 적률은 0이다.
3. 산술평균에 관한 2차 적률은 분산이다.
4. 산술평균에 관한 3차 적률은 왜도를 구하는데 이용된다.
5. 산술평균에 관한 4차 적률은 첨도를 구하는데 이용된다.

예제 20 1, 3, 5, 7, 9의 산술평균에 관한 1차 적률과 2차 적률을 구하라.

풀이 산술평균은 다음과 같다.

$$\bar{x} = \frac{1}{n}\sum_{i=1}^{n} x_i = \frac{1+3+5+7+9}{5} = 5$$

산술평균에 관한 1차 적률은 다음과 같다.

$$\mu_1 = \frac{1}{n}\sum_{i=1}^{n}(x_i - \bar{x}) = 0$$

그러면 산술평균에 관한 2차 적률은 다음과 같다.

$$\mu_2 = \frac{1}{n}\sum_{i=1}^{n}(x_i - \bar{x})^2 = \frac{1}{n}\sum_{i=1}^{n} x_i^2 - \bar{x}^2$$
$$= \frac{1^2+3^2+5^2+7^2+9^2}{5} - 5^2 = 33 - 25 = 8$$

4.4 왜도 및 첨도

왜도(skewness)는 분포의 대칭이나 비대칭의 정도를 나타내는 측도이며 분포가 기울어진 방향과 그 정도를 나타낸다. 왜도를 α로 나타내며 다음과 같이 정의한다.

$$\alpha = \frac{\mu_3}{s^3}$$

여기서, μ_3는 평균에 관한 3차 적률이고 s는 표준편차이다. 이를 적률의 왜도라 하며 다시 정리하면 다음과 같다.

적률의 왜도

$$\alpha = \frac{1}{n}\sum_{i=1}^{n}\frac{(x_i - \bar{x})^3}{s^3}$$

대칭인 분포에서 왜도는 0이 되고 긴 꼬리가 오른쪽으로 치우친 분포에서는 평균보다 매우 큰 값이 나타날 수 있고, 이 값의 세제곱이 영향을 크게 미쳐서 왜도는 양수로 나타난다. 반면에 긴 꼬리가 왼쪽으로 치우친 분포에서는 왜도는 음수로 나타난다. 또 왜도의 절대값이 크면 클수록 분포의 모양이 왼쪽 또는 오른쪽으로 더 기울어진다. 이것을 정리하면 다음과 같다.

왜도의 성질

1. (정규분포와 t분포와 같은) 대칭분포에서 $\alpha=0$이다.
2. 분포의 긴 꼬리가 오른쪽으로 치우친 비대칭 분포에서는 $\alpha>0$이다.
3. 분포의 긴 꼬리가 왼쪽으로 치우친 비대칭 분포에서는 $\alpha<0$이다.
4. $|\alpha|$의 값이 크면 클수록 비대칭의 정도가 커진다.

적률의 왜도 외에 피어슨의 왜도가 있는데 이는 다음과 같다.

피어슨의 왜도

$$\alpha = \frac{\text{평균} - \text{최빈값}}{\text{표준편차}} \fallingdotseq \frac{3(\text{평균} - \text{중앙값})}{\text{표준편차}}$$

[그림 4.2] $\alpha>0$

[그림 4.3] $\alpha<0$

첨도(kurtosis)는 분포곡선에서 정점의 뾰족한 정도를 나타내는 측도이며 첨도를 β라 하면 다음과 같이 정의된다.

$$\beta=\frac{\mu_4}{s^4}$$

여기서 μ_4는 평균에 관한 4차 적률, s는 표준편차이다. 이것은 다음과 같이 정리할 수 있다.

첨 도

$$\beta=\frac{1}{n}\sum_{i=1}^{n}\frac{(x_i-\bar{x})^4}{s^4}$$

첨도의 성질

1. $\beta=3$이면 정규분포로 중첨이라 한다.
2. $\beta>3$이면 정규분포보다 정점이 높고, 뾰족한 모양으로 급첨이라 한다.
3. $\beta<3$이면 정규분포보다 정점이 낮고, 무딘 모양으로 완첨이라 한다.

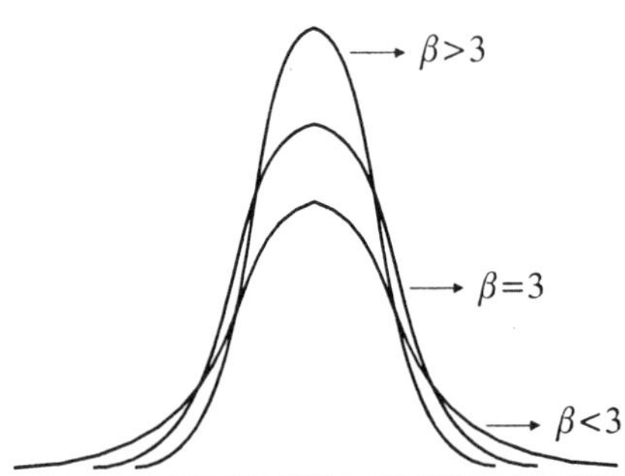

[그림 4.4] 중첨, 급첨, 완첨의 그래프

예제 21 산술평균 67, 분산 9, 최빈값이 67.12일 때 왜도를 구하라.

풀이 $\alpha=\frac{\bar{x}-Mo}{s}=\frac{67-67.12}{3}=\frac{-0.12}{3}=-0.04$

예제 22 예제 20의 자료에 대해 왜도를 구하라.

풀이 $s^2=\mu_2=8$이고 $\mu_3=0$이므로 왜도는 다음과 같다.

$$\alpha=\frac{\mu_3}{s^3}=\frac{0}{(2\sqrt{2})^3}=0$$

예제 23 예제 20의 자료에 대해 첨도를 구하라.

풀이 $s^2=\mu_2=8$이고 다음을 얻는다.

$$\begin{aligned}\mu_4&=\sum\frac{1}{n}(x_i-\bar{x})^4\\&=\frac{(1-5)^4+(3-5)^4+(7-5)^4+(9-5)^4}{5}\\&=\frac{2(4^4+2^4)}{5}=\frac{544}{5}\end{aligned}$$

따라서 첨도는 $\beta=\dfrac{\mu_4}{s^4}=\dfrac{\frac{544}{5}}{8^2}=\dfrac{17}{10}=1.7$이다.

4.5 상자그림과 5점 요약표시

4.5.1 상자그림

상자그림(box plot)은 줄기-잎-그림을 보완하여 도수분포표의 특성을 잘 보여주는 그림이다. 상자그림은 분포의 대칭성, 자료의 중심 위치, 산포의 정도, 특히 도수분포의 꼬리부분의 집중 정도를 파악하는데 유용하다. 주어진 자료들의 특성을 잘 나타내기 위해서 최대값, 최소값, 중앙값 및 사분위수를 이용하여 상자그림을 그린다. 상자그림의 위치에 따라 자료의 중심이 어디에 있는지를 한눈에 알아볼 수 있다.

상자그림을 작성하는 방법은 다음과 같다. 먼저, 제 1 사분위수 Q_1과 제 3 사분위수 Q_3 사이를 중앙부분이라 생각하여 상자 형태로 나타내고 중앙값 Me의 위치에 내부 수직선을 그린다. 제 1 사분위수 Q_1보다 작거나 제 3 사분위수 Q_3보다 큰 수는 손 발 부분으로 생각하여 제 3 사분위수 Q_3를 나타내는 선에서 $Q_3+1.5(Q_3-Q_1)$을 넘지 않는 최대값까지 실선으로 연결한다. Q_1과 Q_3로부터 각각 좌우로 $1.5(Q_3-Q_1)$의 경계를 벗어나는 값을 극단적인 값으로 보아 각각의 값을 ∗로 표시하고 그 사이를 점선으로 연결한다. 이를 그림으로 나타내면 다음과 같다.

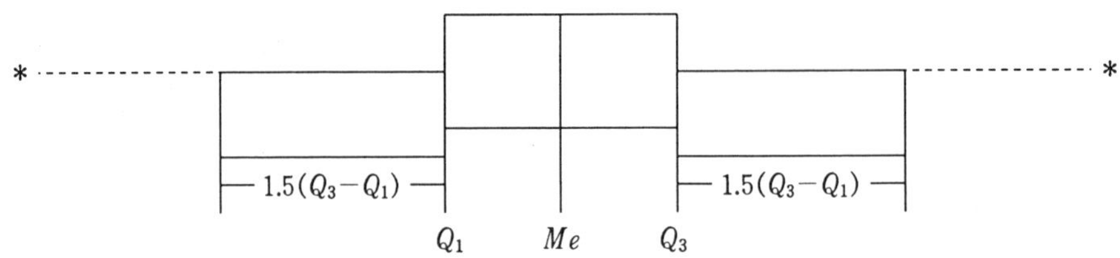

[그림 4.5] 상자그림

예제 24 컴퓨터정보과 1학년의 통계학 성적 자료에 대한 중앙값이 48, 제 1 사분위수가 46, 제 3 사분위수가 50, 최소값이 31, 최대값이 78일 때, 이에 대한 상자그림을 그려라.

풀이

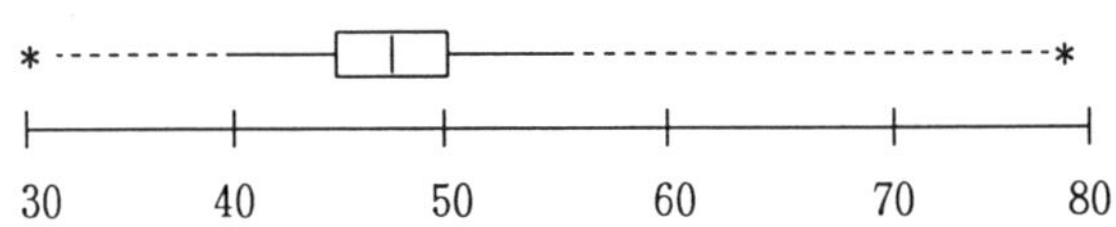

[그림 4.6] 상자그림

주어진 자료에 대한 상자그림은 자료의 중심이 왼쪽으로 치우쳐져 있음을 보여준다.

4.5.2 5점 요약표시

주어진 자료를 중앙값 Me, 제 1 사분위수 Q_1, 제 3 사분위수 Q_3, 최소값 Min 및 최대값 Max의 다섯 개의 통계량 [Min, Q_1, Me, Q_3, Max]으로 나타내는 방법을 5

점 요약표시(5-number summary)라 하는데 이는 줄기-잎-그림과 함께 자료의 특성을 표시하는 중요한 표시방법이다.

4.6 SAS 실습

4장에서 사용한 SAS 프로시저는 다음과 같다.

(1) MEANS 프로시저: 숫자 변수에 대한 평균, 표준편차 등 기본적인 기술 통계량을 제공한다.

형식

```
PROC MEANS DATA=자료 세트명 선택사항;
      VAR 변수명;
      BY 변수명;
      CLASS 변수명;
```

(2) SORT 프로시저: 자료를 특정 기준에 따라 정렬할 때 사용한다.

형식

```
PROC SORT DATA=자료 세트명 OUT=정렬 자료 세트명;
      BY [정렬방식] 변수명;
```

(3) UNIVARIATE 프로시저: 일변량 자료의 기술 통계량을 제공한다.

형식

```
PROC UNIVARIATE 선택사항;
      VAR 변수명; /*분석할 변수 지정*/
      BY 변수명; /*지정된 변수별로 기술 통계량 출력*/
      OUTPUT OUT=자료 세트명; /*결과를 저장할 자료 세트 명시*/
```

예제 25 다음은 통계학 성적과 성별을 나타낸 자료이다.

```
96 f  73 f  97 m  86 m  58 f  79 f  89 m  98 f  79 m  87 m
98 m  45 m  57 f  91 f  40 m  88 m  70 f  90 m  71 f  69 m
64 f  53 f  89 m  86 m  48 f  69 f  53 m  78 f  79 m  87 m
89 m  75 m  67 f  81 f  60 m  78 m  80 f  70 m  68 f  49 f
```

SAS를 이용하여 성별에 따라 통계 성적에 대한 기술 통계량을 계산하라.

풀이 방법 (1)

```
DATA stati; /*자료 세트 생성*/
     INPUT x sex $ @@ ; /*변수 지정*/
     CARDS;
     96 f  73 f  97 m 86 m 58 f  79 f  89 m 98 f  79 m 87 m
     98 m 45 m 57 f  91 f  40 m 88 m 70 f  90 m 71 f  69 m
     64 f  53 f  89 m 86 m 48 f  69 f  53 m 78 f  79 m 87 m
     89 m 75 m 67 f  81 f  60 m 78 m 80 f  70 m 68 f  49 f
RUN;
PROC MEANS DATA=stati;
     VAR x; /*분석할 변수 지정*/
     CLASS sex;
RUN;
```

결과 The MEANS Procedure

분석 변수: x

sex	관측 치수	N	평균	표준편차	최소값	최대값
f	19	19	71.0526316	14.5925159	48.0000000	98.0000000
m	21	21	77.8095238	16.2715059	40.00000000	98.0000000

이 프로그램은 CLASS 문장을 이용하여 성별에 대한 기술 통계량을 출력하고 있다.

방법 (2)

```
DATA stati2;
     INPUT x sex $ @@ ;
     CARDS;
     96 f  73 f  97 m 86 m 58 f  79 f  89 m 98 f  79 m 87 m
     98 m 45 m 57 f  91 f  40 m 88 m 70 f  90 m 71 f  69 m
     64 f  53 f  89 m 86 m 48 f  69 f  53 m 78 f  79 m 87 m
```

```
        89 m 75 m 67 f  81 f  60 m 78 m 80 f  70 m 68 f  49 f
RUN; PROC SORT DATA=stati2 OUT=new;
        BY sex;
RUN;
PROC MEANS DATA=new;
        VAR x;
        BY sex;
RUN;
```

이 프로그램은 자료값을 성별에 따라 분류하여 출력하기 위하여 PROC SORT와 BY 문장을 사용하고 있다.

결과 --------------------------- sex=f ---------------------------

The MEANS Procedure

분석 변수 : x

N	평균값	표준편차	최소값	최대값
19	71.0526316	14.5925159	48.0000000	98.0000000

--------------------------- sex=m ---------------------------

분석 변수 : x

N	평균값	표준편차	최소값	최대값
21	77.8095238	16.2715059	40.0000000	98.0000000

The MEANS Procedure

분석 변수 : x

sex	관측치수	N	평균값	표준편차	최소값	최대값
f	19	19	71.0526316	14.5925159	48.0000000	98.0000000
m	21	21	77.8095238	16.2715059	40.0000000	98.0000000

예제 26 다음 자료는 통계학 과목을 수강한 학생들의 성적이다.

74 73 87 52 98 88 72 41 57 64 56 73 70 75 45
86 50 78 66 73 78 80 94 81 92 95 66 60 84 80
84 96 87 72 65 41 80 40 63 90

SAS를 이용하여 이 자료의 여러 가지 간단한 기술 통계량을 구하고 줄기-잎-그림을 그려라.

풀이 SAS 프로그램

```
DATA  stati3; /*자료 세트 형성*/
      INPUT x @@ ; /*변수 지정*/
      CARDS;
     74 73 87 52 98 88 72 41 57 64 56 73 70 75 45
     86 50 78 66 73 78 80 94 81 92 95 66 60 84 80
     84 96 87 72 65 41 80 40 63 90
RUN;
PROC UNIVARIATE DATA=stati3 PLOT;
     /*기술 통계량과 줄기-잎-그림*/
     VAR x; /*분석할 변수 지정*/
RUN;
```

```
                    UNIVARIATE 프로시저
                        변수: X
                         적률
N                      40    가중합                  40
평균                72.65    관측치 합              2906
표준 편차      15.9944702    분산             255.823077
왜도           -0.4851093    첨도             -0.5144339
제곱합             221098    수정 제곱합          9977.1
변동계수       22.0157883    표준 오차 평균   2.52894779
                   기본 통계량의 측정
               위치                       변동성
    평균      72.65000      표준 편차       15.99447
    중간값    73.50000      분산           255.82308
    최빈값    73.00000      범위            58.00000
                   사분위 수(정의 5)
                   사분위수      추정값
    100% Max         98.0    99%               98.0
    95%              95.5    90%               93.0
    75% Q3           85.0    50% Median        73.5
    25% Q1           63.5    10%               47.5
     5%              41.0     1%               40.0
     0% Min          40.0

                     극값의 관측치
               -최소값 부터-         -최대값 부터-
               값    관측치          값    관측치
               40        38          92        25
               41        36          94        23
               41         8          95        26
               45        15          96        32
               50        17          98         5
     줄기 잎                         #       상자그림
        9 568                        3          |
        9 024                        3          |
        8 6778                       4       +-----+
        8 000144                     6       |     |
        7 588                        3       |     |
        7 0223334                    7       *--+--*
        6 566                        3       |     |
        6 034                        3       +-----+
        5 67                         2          |
        5 02                         2          |
        4 5                          1          |
        4 011                        3          |
          ----+----+----+----+
        값 : (줄기.잎)*10**+1
```

연습문제(4)

□ 1. 다음 각 자료에 대해 평균과 중앙값을 구하라.

(1) 13, 16, 12, 15, 14

(2) 20, 22, 26, 23, 20

(3) 4, 8, 12, 16

(4) −2, 1, −1, 3, 5, 7, 8

□ 2. 다음 자료에서 최빈값을 구하라.

15, 18, 20, 17, 18, 23, 15, 18

□ 3. 6명의 학생의 몸무게가 다음과 같다고 하자. 다음 자료에 가장 알맞은 대표값을 구하라.

60, 61, 64, 65, 70, 101

□ 4. 다음 도수분포표에서 중앙값과 사분위수 및 최빈값을 구하라.

계 급	인원수
0~10	4
10~20	8
20~30	15
30~40	16
40~50	10
50~60	7
합 계	60

□ 5. 어떤 불우이웃돕기 바자행사에 10,000원, 50,000원, 100,000원의 경품이 각각 23개, 5개, 1개 들어 있는 경품함이 준비되어 있다. 돈을 지불하면 1회 뽑는 기회가 주어진다면 지불한 금액과 같은 값의 경품을 얻으려 할

때 필요한 금액을 구하라.

□ 6. 어떤 두 지점 A, B를 왕복하는데 A에서 B로 갈 때 시간당 6km를 걷고 B에서 A로 올 때는 시간당 8km를 걸었다. 평균속도를 구하라.

□ 7. 다음 도수분포표에서 산술평균을 구하라.

계 급	도 수
0~10	4
10~20	3
20~30	10
30~40	2
40~50	1
합 계	20

□ 8. 다음 자료의 범위와 평균편차를 구하라.

28, 37, 41, 48, 51, 55, 60, 64, 65, 66

□ 9. 다음 자료를 이용하여 평균과 표준편차를 구하라.

계 급	도 수
0.0~1.0	3
1.0~2.0	2
2.0~3.0	10
3.0~4.0	8
4.0~5.0	6
5.0~6.0	1

□ 10. 다음 자료에서 분산과 표준편차를 구하라.

2, 8, 2, 6, 5, 8, 7, 10

□ 11. 다음 도수분포표에서 표준편차를 구하라.

계 급	도 수
20~30	2
30~40	4
40~50	3
50~60	1
합 계	10

□ 12. 다음 표를 보고 물음에 답하라.

(1)

반	평균 몸무게	학 생 수
1	51	25
2	52	15

40명 학생의 평균 몸무게를 구하라.

(2)

반	평균 몸무게	표준편차	학 생 수
1	51	5	25
2	51	4	15

40명 학생의 표준편차를 구하라.

□ 13. 다음 표에 두 반의 성적이 주어져 있다. 산포도를 비교하라.

	평 균	표준편차
1	80	4
2	85	5

□ 14. 다음은 40대 여자의 키와 20대 여자의 키를 나타낸 것이다. 다음 표에서 두 집단의 산포도를 비교하라.

	평 균	표준편차
A	160	4
B	160	5

□ 15. 다음 표를 이용하여 A, B 두 집단의 산포도를 비교하라.

집 단	평 균	표준편차
A B	200 120	30 20

□ 16. 어느 회사의 남자직원과 여자직원의 임금을 조사하여 다음과 같은 결과를 얻었다. 남자직원과 여자직원 사이의 산포도를 비교하라.

구 분	평균 임금	분 산
남 자 여 자	1,800,000 1,600,000	10000 8100

□ 17. 평균이 10, 표준편차가 3, 중앙값이 9, 최빈값이 5인 자료의 변이계수를 구하라.

□ 18. A={1, 2, 3, 4, 5}, B={2, 4, 6, 8, 10}, C={3, 6, 9, 12, 15}의 세 집단이 주어졌을 때 세 집단의 변이계수를 비교하라.

□ 19. 다음 자료에서 평균에 대한 1차, 2차, 3차 적률을 구하라.

2, 3, 6, 8, 11, 12

□ 20. 산술평균이 160, 최빈값이 158, 표준편차가 4일 때 왜도를 구하라.

□ 21. 분산이 5이고 평균에 관한 4차 적률이 125인 분포곡선의 첨도를 구하라.

□ 22. 3장의 연습문제 7번에서 SAS를 이용하여 여러 가지 간단한 기술 통계량을 구하고 줄기-잎-그림을 그려라.

CHAPTER

5 확률과 확률분포

본장의 개요

통계학은 표본에 숨어있는 정보를 찾아내어 모집단에 대해 일반화하고 체계적으로 추론하는 학문인데, 이와 같은 일반화 과정에 논리적인 근거를 제시해 주는 이론이 바로 확률론이다.

확률론은 우연에 대한 이론으로부터 시작되었는데, 1654년 파스칼(Pascal)과 페르마(Fermat)가 도박에서의 승부에 대한 확률적인 연구를 시작하였으며 체계적인 이론은 야곱 베르누이(Jakob Bernoulli), 드 무아브르(Abraham de Moivre), 라플라스(Pierre Simon de Laplace)에 의해 전개되었다. 오늘날에는 생물학, 의학, 경제학, 천문학 등 여러 학문분야에 확률론을 널리 응용하고 있다.

이 장에서는 확률의 정의를 바탕으로 확률변수와 확률분포의 개념을 소개하고자 한다. 특히 이산확률분포의 기대값과 분산, 분포함수를 다루고 두 확률변수의 결합확률분포와 주변확률분포를 알아본다. 또, 공분산과 상관계수의 개념을 소개하고 두 확률변수 사이의 관계를 독립성의 개념을 통하여 알아본다.

5.1 사 상

주사위를 던져서 나온 눈의 수를 읽거나 전화 한 통화의 시간을 재는 것과 같이, 같은 조건 아래에서 여러 번 반복할 수 있고 그 결과가 우연에 의해서 지배된다고 볼 수 있는 관찰이나 실험을 **시행**이라 하고, 시행의 결과로 일어나는 것을 **사건** 또는 **사상**(event)이라 한다. 임의의 사상을 나타내기 위하여 보통 대문자 A, B, C, … 등을 사용한다.

확률의 개념은 불확실한 결과를 갖고 있는 반복적인 실험과 관련되어 있는데, **확률실험** 또는 **실험**이라 할 때는 다음 성질들이 잘 만족되어 있는 과정을 뜻한다.

(1) 잘 정의된 규칙들의 집합에 의하여 시행된다.

(2) 자연적으로 반복되거나 또는 그렇게 되도록 고안한다.

(3) 각 시행의 결과는 우연에 의한 것이고, 따라서 일의적으로 예측될 수 없다.

어떤 확률실험을 반복 실시할 경우에 모든 실험 결과를 미리 아는 것은 매우 중요한데, 어떤 실험에 의하여 발생할 수 있는 모든 가능한 결과 전체의 집합을 **표본공간**(sample space) 또는 **전공간**이라 하며 Ω로 나타낸다.

예를 들면, 주사위를 한 번 던질 때 주사위는 1, 2, 3, 4, 5, 6의 여섯 면 가운데 한 면만이 나타난다. 따라서 표본공간 Ω는 6개의 원소를 가지고 $\Omega=\{1, 2, 3, 4, 5, 6\}$으로 쓸 수 있다. 또 '홀수의 눈이 나온다'는 사상은 '1의 눈이 나온다', '3의 눈이 나온다', '5의 눈이 나온다'는 세 가지 사상으로 세분할 수 있으나 '1의 눈이 나온다', '2의 눈이 나온다'와 같은 사상은 그 이상 세분할 수 없다. 이와 같이 더 이상 세분할 수 없는 사상을 **근원사상**(elementary event) 또는 **단순사상**(simple event)이라 하는데, 서로 다른 단순사상은 동시에 일어날 수 없다.

표본공간을 구성하는 각 단순사상을 표본공간의 원소 또는 **표본점**이라 한다. 어떤 표본공간이 유한이냐 무한이냐는 유한 개의 원소를 갖고 있느냐 무한 개의 원소를 갖고 있느냐에 따라 결정된다.

공집합 $\varnothing$을 **공사상**(empty event)이라 하고 표본공간 Ω의 임의의 사상 A와 B에 대하여 A 또는 B가 일어나는 사상을 A와 B의 **합사상**이라 하고 $A \cup B$로 나타낸다. 또 A와 B가 동시에 일어나는 사상을 A와 B의 **곱사상**이라 하고 $A \cap B$로 나타낸다.

사상 A에 대하여 A가 일어나지 않는 사상을 A의 **여사상**이라 하고 A^C로 나타낸다. $A \cap B = \varnothing$인 두 사상, 즉 동시에 일어날 수 없는 두 사상 A와 B를 서로 **배반**(mutually disjoint)**인 사상**이라 한다.

5.2 확률의 정의

어떤 시행을 n번 반복하였을 때 사상 A가 r번 일어나면 값 $\frac{r}{n}$을 사상 A의 **상대도수**라고 한다. 그리고 n을 충분히 크게 하면, 이 상대도수는 일정한 값 p에 가까워진다. 이 일정한 값 p를 사상 A가 일어날 확률 또는 간단히 사상 A의 **확률**이라 하고, 기호 $P(A)$로 나타낸다.

표 5.1은 10원짜리 동전을 던졌을 때 앞면이 나타날 확률을 구하기 위하여, 10원짜리 동전을 던져서 나온 상대도수를 조사한 것이다.

표 5.1 10원짜리 동전 던지기

딘진 횟수	50	200	500	1000	2000	5000	10000
앞면이 나온 횟수	24	105	251	510	1006	2520	5010
상대도수	0.48	0.525	0.502	0.51	0.503	0.504	0.501

위의 표에 의하면 앞면이 나타난 상대도수는 대략 $\frac{1}{2}=0.5$에 가까워짐을 알 수 있다. 이와 같이 같은 조건 아래에서 많은 횟수의 시행을 반복할 때 어떤 사상 A가 일어날 상대도수가 일정한 값에 가까워지면, 이 일정한 값을 사상 A가 일어날 확률이라고 한다. 따라서 10원짜리 동전을 던질 때 앞면이 나타날 확률은 0.5라고 할 수 있다.

그러나 확률을 계산할 때 매번 위의 예와 같이 많은 수의 실험을 행하는 것은 불편하다. 많은 경우에 위와 같은 실험 없이 확률을 계산할 수 있다.

한 개의 주사위를 던지는 시행에서, 그 주사위가 정확하게 만들어졌다는 가정 아래 각 눈이 나올 확률을 생각해보자. 물론 주사위를 수없이 많이 던져 각 눈이 나타나는 횟수를 세어 확률을 계산할 수는 있지만 굳이 그럴 필요가 없다. 왜냐하면

1에서 6까지의 주사위의 각각의 눈이 나올 가능성은 똑같다고 생각할 수 있으므로 매우 많은 실험을 할 경우 주사위의 1에서 6까지의 각각의 눈은 같은 횟수만큼 나오리라 예상되기 때문이다. 따라서 주사위의 각각의 눈이 나올 확률은 $\frac{1}{6}$이다. 이와 같이 계산된 확률은 라플라스(Laplace)에 의한 확률의 고전적 정의를 따른 것이다. 각각의 단순사상이 일어날 가능성이 같은 경우에 라플라스는 다음과 같이 확률을 정의하였다.

라플라스의 확률의 고전적 정의

어떤 시행에서 표본공간 Ω의 원소의 개수를 $n(\Omega)$로 나타내고, 각 단순사상이 일어날 가능성이 같은 경우에 사상 A에 속하는 단순사상의 개수를 $n(A)$라고 하면 사상 A가 일어날 확률은 다음과 같다.

$$P(A)=\frac{n(A)}{n(\Omega)}$$

예제 1 빨강 카드 3개와 노랑 카드 2개가 들어 있는 상자에서 카드 2개를 뽑을 때, 빨강 카드 1개와 노랑 카드 1개가 나올 확률을 구하라. 단, 상자 안에 들어 있는 모든 카드의 모양과 크기는 서로 같다.

풀이 빨강 카드를 r_1, r_2, r_3라 하고, 노랑 카드를 y_1, y_2라 하면 표본공간을 다음과 같이 나타낼 수 있다.

$$\{\{r_1, r_2\}, \{r_1, r_3\}, \{r_1, y_1\}, \{r_1, y_2\}, \{r_2, r_3\}, \{r_2, y_1\}, \{r_2, y_2\}, \{r_3, y_1\}, \{r_3, y_2\}, \{y_1, y_2\}\}$$

또, 빨강 카드 1개와 노랑 카드 1개가 나오는 사상 A는 다음과 같다.

$$A=\{\{r_1, y_1\}, \{r_1, y_2\}, \{r_2, y_1\}, \{r_2, y_2\}, \{r_3, y_1\}, \{r_3, y_2\}\}$$

이 경우에 어떤 2개의 카드가 뽑힐 가능성은 모두 같다고 할 수 있으므로 다음을 얻는다.

$$P(A)=\frac{6}{10}=\frac{3}{5}$$

만약 이후의 논의에서 '동전을 던질 때', '주사위를 던질 때' 또는 '52장의 트럼프 카드에서 뽑은'이라는 용어를 사용한다면 동전의 각 면, 주사위의 각 면이나 52장의 트럼프 카드 안에 있는 각 카드가 뽑히는 확률은 동일하다고 가정한다.

예제 2 균형 잡힌 2개의 주사위를 동시에 던질 때, 나타나는 수들이 모두 짝수일 확률을 구하라.

풀이 표본공간은 다음의 36가지로 나타낼 수 있다.

$$\begin{array}{cccc} (1,\ 1) & (1,\ 2) & \cdots & (1,\ 6) \\ (2,\ 1) & (2,\ 2) & \cdots & (2,\ 6) \\ \vdots & \vdots & \cdots & \vdots \\ (6,\ 1) & (6,\ 2) & \cdots & (6,\ 6) \end{array}$$

단, 괄호 안의 첫째 수는 한 주사위에서 나타난 수이고 둘째 수는 다른 주사위에서 나타난 수이다. 2개의 주사위에서 나타나는 수들이 모두 짝수일 사상 A는 다음과 같다.

$$\{(2,2),\ (2,4),\ (2,6),\ (4,2),\ (4,4),\ (4,6),\ (6,2),\ (6,4),\ (6,6)\}$$

따라서 다음을 얻는다.

$$P(A)=\frac{9}{36}=\frac{1}{4}$$

예제 3 한 개의 동전을 계속해서 두 번 던질 때, 다음의 확률을 구하라.

(1) 뒷면이 한 번만 나타날 확률

(2) 뒷면이 적어도 한 번 나타날 확률

풀이 이 실험의 표본공간은 다음과 같다.

{(앞면, 앞면), (앞면, 뒷면), (뒷면, 앞면), (뒷면, 뒷면)}

A를 뒷면이 한 번만 나타날 사상이라 하고, B를 뒷면이 적어도 한 번 나타날 사상이라 하자.

(1) 뒷면이 한 번만 나타날 사상은 다음과 같다.

A={(앞면, 뒷면), (뒷면, 앞면)}

그러므로 확률은 다음과 같다.

$$P(A)=\frac{1}{2}$$

(2) 뒷면이 적어도 한 번 나타난다는 것은 두 번의 시행 중 첫째 시행에서 뒷면이 나오거나, 둘째 시행에서 뒷면이 나오거나, 첫째와 둘째 시행 모두에서 뒷면이 나오는 경우를 가리킨다. 그러므로 이 사상은 다음과 같다.

$$B=\{(\text{앞면, 뒷면}), (\text{뒷면, 앞면}), (\text{뒷면, 뒷면})\}$$

따라서 다음을 얻는다.

$$P(B)=\frac{3}{4}$$

라플라스는 일어날 가능성이 같은 경우의 개념으로 확률의 개념을 정의하였는데, 이 정의는 일어날 가능성이 같은 경우가 유한 개 있는 실험에만 적용될 뿐이다. 그러나 실제 문제는 '일어날 가능성이 같은' 형태가 아닌 것도 있고 전체 조사 결과의 개수가 무한인 경우도 많아서 라플라스의 확률의 정의보다 좀더 일반적인 확률의 개념을 필요로 한다. 이런 개념을 이끌어 내는데 콜모고로프(Kolmogorov)는 다음과 같이 확률을 공리적으로 정의하였다.

확률의 공리적 정의

1. 표본공간 Ω의 임의의 사상 A에 대하여 $0\leq P(A)\leq 1$이다.
2. 표본공간 Ω에 대하여 $P(\Omega)=1$이다.
3. 서로 배반인 사상 $A_1, A_2, \cdots$에 대하여 $P(A_1\cup A_2\cup\cdots)=P(A_1)+P(A_2)+\cdots$이다.

위의 공리 1, 2, 3을 만족할 때, $P(A)$를 사상 A의 확률이라 한다.

확률의 공리적 정의로부터 다음과 같은 성질들이 유도된다.

확률의 성질

1. $P(\varnothing)=0$
2. $P(A^C)=1-P(A)$
3. 표본공간 Ω의 임의의 사상 A와 B에 대해 다음이 성립한다.

$$P(A \cup B) = P(A) + P(B) - P(A \cap B)$$

4. 서로 배반인 사상 $A_1, A_2, \cdots, A_n$에 대해 다음이 성립한다.

$$P(A_1 \cup A_2 \cup \cdots \cup A_n) = P(A_1) + P(A_2) + \cdots + P(A_n)$$

예제 4 우리 나라 사람들의 혈액형의 분포는 대략 다음과 같다. A형은 전체의 22%, B형은 23%, AB형은 3%, O형은 52%이다. 어떤 환자가 응급실에서 혈액형을 조사받고 있다. 이 환자의 혈액형이 A형이나 B형 또는 AB형일 확률을 구하라.

풀이 이 환자의 혈액형이 A, B, AB, O형일 사상을 각각 A_1, A_2, A_3, A_4라 하자. 그러면 이 실험의 표본공간은 다음과 같다.

$$\Omega = \{A_1, A_2, A_3, A_4\}$$

사상 A_1, A_2, A_3는 서로 배반사상이고, $P(A_1 \cup A_2 \cup A_3)$의 값을 구하고 있다. 확률의 성질 4에 의해서 다음을 얻는다.

$$\begin{aligned} P(A_1 \cup A_2 \cup A_3) &= P(A_1) + P(A_2) + P(A_3) \\ &= 0.22 + 0.23 + 0.03 \\ &= 0.48 \end{aligned}$$

예제 5 52장의 카드에서 임의로 한 장을 뽑을 때 퀸이나 빨간색 무늬의 카드가 나올 확률을 구하라.

풀이 A를 퀸이 나올 사상이라 하고, B를 빨간색 무늬의 카드가 나올 사상이라 하자. 그러면 $A \cap B$는 빨간색 무늬의 퀸이 나올 사상이고 다음을 얻는다.

$$P(A) = \frac{4}{52}, \quad P(B) = \frac{26}{52}, \quad P(A \cap B) = \frac{2}{52}$$

확률의 성질 3을 이용하면 구하는 확률은 다음과 같다.

$$\begin{aligned} P(A \cup B) &= P(A) + P(B) - P(A \cap B) \\ &= \frac{4}{52} + \frac{26}{52} - \frac{2}{52} \\ &= \frac{28}{52} = \frac{7}{13} \end{aligned}$$

예제 6 동전 여섯 개를 동시에 던질 때 적어도 한 개의 앞면이 나타날 확률을 구하라.

풀이 적어도 한 개의 앞면이 나타나는 사상을 A라 하자. 각 동전은 앞면 아니면 뒷면이 나타나므로 나타날 수 있는 모든 가능한 경우의 수는 $2^6=64$이다. 이 동전들이 모두 균형잡혔다고 가정하면, 각각의 시행 결과에 같은 확률 $\frac{1}{64}$을 줄 수 있다. 이때 사상 A^C(앞면이 하나도 나타나지 않는 사상)는 단 한 개의 시행결과(6개 동전 모두 뒷면)를 갖고 있다. 그러므로 $P(A^C)=\frac{1}{64}$이다. 따라서 적어도 하나의 동전이 앞면으로 나타날 확률은 다음과 같다.

$$P(A)=1-P(A^C)=1-\frac{1}{64}=\frac{63}{64}$$

5.3 조건부 확률

사상 A가 일어났을 때 사상 B가 일어날 확률을 구할 필요가 종종 있다. 이 확률은 사상 A가 주어졌을 때 사상 B의 **조건부 확률**(conditional probability)이라 하고 이를 $P(B\,|\,A)$로 나타낸다. 이때 A는 새로운 표본공간의 역할을 하고 $P(B\,|\,A)$는 $P(A)$에 대한 $P(A\cap B)$의 비로써 정의한다. $P(A)$는 주어진 사상 A가 일어날 확률이고 $P(A\cap B)$는 주어진 사상 A와 제기된 사상 B가 동시에 일어날 확률이다. 이를 정리하면 다음과 같다.

조건부 확률

사상 A가 일어났을 때, 사상 B의 조건부 확률 $P(B\,|\,A)$는 다음과 같이 정의한다.

$$P(B\,|\,A)=\frac{P(A\cap B)}{P(A)} \quad (\text{단, } P(A)>0)$$

마찬가지로 사상 B가 일어났을 때, 사상 A의 조건부 확률 $P(A\,|\,B)$를 다음과 같이 정의한다.

$$P(A\,|\,B)=\frac{P(A\cap B)}{P(B)}$$

예제 7 주사위 한 개를 계속해서 두 번 던진다. 첫 번째 던진 주사위의 눈이 두 번째 던진 주사위의 눈보다 작을 때 첫 번째와 두 번째 던진 주사위의 눈의 합이 9가 될 확률을 구하라.

풀이 첫 번째 던진 주사위의 눈이 두 번째 던진 주사위의 눈보다 작은 사상을 A, 두 주사위의 합이 9일 사상을 B라 하자. 표본공간은 다음과 같다.

$$\Omega=\{(1,1),\ (1,2),\ \cdots,\ (6,5),\ (6,6)\}$$

그러므로 Ω의 원소는 36개이다. 사상 A는

$$A=\{(A_1,\ A_2)\,|\,A_1<A_2\}=\{(1,2),\ (1,3),\ \cdots,\ (5,6)\}$$

이고, A의 원소는 15개이다. 그러므로 다음을 얻는다.

$$P(A)=\frac{15}{36}$$

또, $B=\{(3,\ 6),\ (4,\ 5),\ (5,\ 4),\ (6,\ 3)\}$이고

$$A\cap B=\{(A_1,\ A_2)\,|\,A_1<A_2,\ A_1+A_2=9\}=\{(3,\ 6),\ (4,\ 5)\}$$

이므로 다음을 얻는다.

$$P(B)=\frac{4}{36},\quad P(A\cap B)=\frac{2}{36}$$

따라서 구하는 조건부 확률은 다음과 같다.

$$P(B\,|\,A)=\frac{P(A\cap B)}{P(A)}=\frac{\frac{2}{36}}{\frac{15}{36}}=\frac{2}{15}$$

이제, 이 문제를 새로운 표본공간을 이용해서 풀어 보자. 첫 번째 던진 주사위의 눈이 두 번째 던진 주사위의 눈보다 작은 조건 아래에서 모든 가능한 실험 결과의 집합, 즉 표본공간은 다음과 같다.

$$A=\{(A_1,\ A_2)\,|\,A_1<A_2\}=\{(1,\ 2),\ (1,\ 3),\ \cdots,\ (5,\ 6)\}$$

새로운 표본공간 A의 원소는 15개이다. 첫 번째 던진 주사위의 눈이 두 번째 던진 주사위의 눈보다 작을 때, 두 주사위의 눈의 합이 9가 되는 사상을 새로운 표본

공간 A에서 찾으면 되는데 이 사상은 $\{(3, 6), (4, 5)\}$이다. 그러므로 구하는 조건부 확률은 $P(B \mid A)=\frac{2}{15}$이다.

조건부 확률의 정의로부터 다음의 곱셈법칙이 성립함을 쉽게 알 수 있다.

곱셈법칙

$$P(A \cap B)=P(A) \cdot P(B \mid A)=P(B) \cdot P(A \mid B)$$

예제 8 어떤 중학교의 재학생 중에서 컴퓨터 보유자는 30%이고 그 중 40%가 안경을 쓰고 있다고 한다. 그 학교에서 임의로 한 학생을 뽑았을 때 그 학생이 안경을 쓴 컴퓨터 보유자일 확률을 구하라.

풀이 컴퓨터 보유자일 사상을 A, 안경을 쓸 사상을 B라 하자. 컴퓨터 보유자는 30%이므로 $P(A)=0.3$이고 컴퓨터 보유자 중 40%가 안경을 쓰고 있으므로 $P(B \mid A)=0.4$이다. 그러므로 다음을 얻는다.

$$P(A \cap B)=P(A)P(B \mid A)=0.3 \times 0.4=0.12$$

예제 9 상자 안에 불량품 2개, 양호품 10개가 들어 있다. 여기서 1개씩 차례로 2개를 추출할 때 처음 1개는 불량품, 나중 1개는 양호품이 나올 확률을 구하라. 비복원추출과 복원추출의 경우로 나누어서 구하라.

풀이 첫 번째 꺼낸 제품이 불량품일 사상을 A, 두 번째 꺼낸 제품이 양호품일 사상을 B라 하자.

(1) 비복원추출의 경우: 추출된 것은 되돌려 넣지 않고 추출해 나가는 방법이다. 처음에 불량품이 나올 확률은 $P(A)=\frac{2}{12}$이다. 왜냐하면 12개의 제품 중 2개가 불량품이고 또 임의로 추출하므로 각 제품이 추출될 확률은 모두 $\frac{1}{12}$이기 때문이다.

사상 A가 일어났다면, 상자 안에는 11개의 제품이 있고 그 중에서 1개가 불량품이다. 그러므로 11개의 제품 중에서 양호품이 나올 확률은 $P(B \mid A)=\frac{10}{11}$이다. 따라서 다음을 얻는다.

$$P(A \cap B) = P(A) \cdot P(B \mid A) = \frac{2}{12} \cdot \frac{10}{11} = \frac{5}{33}$$

(2) 복원추출의 경우: 추출된 것을 되돌려 넣고 추출하는 방법이다. 처음에 불량품이 나올 확률은 $P(A)=\frac{2}{12}$, 나중에 양호품이 나올 확률은 $P(B \mid A) = P(B) = \frac{10}{12}$이다. 왜냐하면 사상 A가 일어났더라도 추출된 것을 되돌려 넣으므로 12개의 제품 중 불량품의 개수는 처음 상태 그대로 2개이기 때문이다. 따라서 다음을 얻는다.

$$P(A \cap B) = P(A) \cdot P(B \mid A) = P(A) \cdot P(B) = \frac{2}{12} \cdot \frac{10}{12} = \frac{5}{36}$$

사상 A가 일어나든지 안 일어나든지 사상 B가 일어날 확률에 어떠한 영향도 주지 않을 때 즉,

$$P(B \mid A) = P(B)$$

일 때, 사상 A와 사상 B는 **서로 독립**(mutually independent)이라고 한다.

따라서 두 사상 A와 B가 서로 독립일 때 조건부 확률의 정의로부터 다음이 성립함을 알 수 있다.

$$P(B) = \frac{P(A \cap B)}{P(A)}$$

즉, $P(A \cap B) = P(A)P(B)$이다.

또한 $P(A)>0$, $P(B)>0$이면 곱셈법칙에 의해서 서로 독립인 사상 A와 B에 대하여 다음이 성립한다.

$$P(A)P(B) = P(A \cap B) = P(A \mid B)P(B)$$

즉, $P(A \mid B) = P(A)$가 성립한다.

이를 정리하면 다음과 같다.

독립사상

사상 A와 사상 B가 독립일 때 다음이 성립한다.

$$P(A \cap B) = P(A) \cdot P(B), \qquad P(A \mid B) = P(A), \qquad P(B \mid A) = P(B)$$

두 사상 A와 B가 독립이 아닐 때, 즉 사상 A의 발생 여부에 따라서 사상 B가 일어날 확률이 달라질 때, 사상 B는 사상 A에 **종속한다**고 하며 사상 B를 사상 A의 **종속사상**(dependent event)이라 한다.

예제 10 52장의 카드에서 차례대로 2장의 카드를 꺼낼 때 2장 모두 J카드가 나타날 확률을 구하라. 복원추출이라 가정한다.

풀이 첫 번째 꺼낸 카드가 J카드인 사상을 A, 두 번째 꺼낸 카드가 J카드인 사상을 B라 하자. 카드 한 벌에는 52장이 있고 그 중 4장이 J카드이므로 다음을 얻는다.

$$P(A)=\frac{4}{52}=\frac{1}{13}$$

그리고 복원추출이므로 A와 B는 독립이다. 따라서 다음을 얻는다.

$$P(B)=\frac{4}{52}=\frac{1}{13}$$

그러므로 구하는 답은 다음과 같다.

$$P(A\cap B)=P(A)\cdot P(B)=\frac{1}{13}\cdot\frac{1}{13}=\frac{1}{169}$$

예제 11 주사위 한 개를 2번 던졌을 때 2번 모두 홀수의 눈이 나올 확률을 구하라.

풀이 첫 번째 던진 주사위의 눈이 홀수인 사상을 A, 두 번째 던진 주사위의 눈이 홀수인 사상을 B라 하자. 주사위를 1번 던졌을 때 홀수의 눈이 나올 확률은 $\frac{1}{2}$이고 주사위를 다시 한 번 던져서 홀수의 눈이 나올 확률도 $\frac{1}{2}$이다. 즉 다음과 같다.

$$P(A)=\frac{1}{2},\quad P(B)=\frac{1}{2}$$

두 사상 A, B는 독립이므로 2번 모두 홀수의 눈이 나올 확률은 다음과 같다.

$$P(A\cap B)=P(A)\cdot P(B)=\frac{1}{2}\times\frac{1}{2}=\frac{1}{4}$$

5.4 베이즈의 정리

베이즈의 정리를 알아보기 전에 표본공간 Ω의 **분할**(partition)의 정의를 살펴보자. 공사상이 아닌 표본공간 Ω에 대하여 다음 조건을 만족시키는 사상 $A_1, \cdots, A_n$을 Ω의 분할이라 한다.

(1) $A_i \neq \varnothing,\ 1 \leq i \leq n$

(2) $\Omega = \bigcup_{i=1}^{n} A_i$

(3) $A_i \cap A_j = \varnothing,\ i \neq j$

사상 $A_1, \cdots, A_n$은 표본공간 Ω의 분할이고, 조건부 확률 $P(B \mid A_1), \cdots, P(B \mid A_n)$ 뿐만 아니라 $P(A_1), \cdots, P(A_n)$의 확률을 알고 있을 때 $P(A_k \mid B)$와 같은 조건부 확률을 구하는데 관심을 갖고 있다. 주어진 조건으로부터 $P(A_k \mid B)$에 대한 공식은 다음과 같다.

$$P(A_k \mid B) = \frac{P(B \cap A_k)}{P(B)}$$

B는 서로 배반인 사상 $B \cap A_1, B \cap A_2, \cdots, B \cap A_n$의 합사상으로 다음이 성립한다.

$$P(B) = P(B \cap A_1) + \cdots + P(B \cap A_n)$$

등호의 우변에 있는 각 항을

$$P(B \cap A_i) = P(A_i)P(B \mid A_i)$$

로 표시할 수 있으므로 다음과 같은 **베이즈의 정리**(Bayes' theorem)를 얻는다.

$$\begin{aligned} P(A_k \mid B) &= P(B \cap A_k)/P(B) \\ &= P(A_k)P(B \mid A_k) / \sum_{i=1}^{n} P(A_i)P(B \mid A_i) \end{aligned}$$

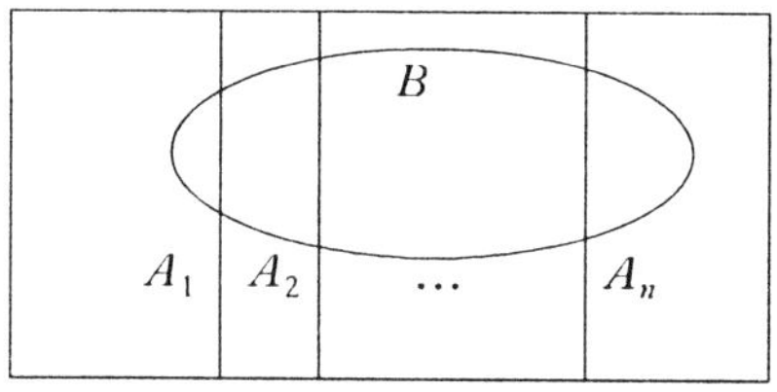

[그림 5.1] 분 할

> **베이즈의 정리**
>
> 사상 $A_1, \cdots, A_n$이 표본공간 Ω의 분할이고 $P(A_k)>0$이고 $P(B)>0$일 때, 다음이 성립한다.
>
> $$P(A_k \mid B)=\frac{P(A_k)P(B \mid A_k)}{\sum_{i=1}^{n} P(A_i)P(B \mid A_i)}$$

베이즈의 정리에서 확률 $P(A_1), \cdots, P(A_n)$을 **사전확률**(prior probability)이라 하고 조건부 확률 $P(A_1 \mid B), \cdots, P(A_n \mid B)$을 **사후확률**(posterior probability)이라 한다.

예제 12 어떤 공장에 나사못을 만드는 3대의 기계 제1호기, 제2호기, 제3호기가 있다. 제1호기는 전 생산량의 25%, 제2호기는 40%, 제3호기는 35%를 생산하고 있다. 제1호기는 자신이 생산하는 제품 중 1.5%, 제2호기는 자신이 생산하는 제품 중 1.8%, 제3호기는 자신이 생산하는 제품 중 1 %의 불량품을 생산한다. 하룻동안 생산된 전체 나사못으로부터 임의로 1개를 뽑아 시험했을 때 불량품 나사못이 제1호기, 제2호기, 제3호기로부터 생산되었을 확률을 구하라.

풀이 B를 불량품을 뽑을 사상이라 하고, A_1을 뽑힌 나사못이 제1호기로부터 생산되었을 사상, A_2를 뽑힌 나사못이 제2호기로부터 생산되었을 사상, A_3를 뽑힌 나사못이 제3호기로부터 생산되었을 사상이라 하자. 그러면 각 사상의 확률은 다음과 같다.

$$P(A_1)=0.25, \quad P(A_2)=0.4, \quad P(A_3)=0.35$$

제1호기는 자신이 생산하는 제품 중 1.5%의 불량품을 생산하므로

$$P(B \mid A_1) = 0.015$$

이고, 마찬가지로 다음을 얻는다.

$$P(B \mid A_2) = 0.018, \qquad P(B \mid A_3) = 0.01$$

또, A_1, A_2, A_3는 표본공간의 분할이다. 따라서 베이즈의 정리로부터 불량품 나사못이 제1호기로부터 생산되었을 확률은 다음과 같다.

$$\begin{aligned} P(A_1 \mid B) &= \frac{P(A_1)P(B \mid A_1)}{P(A_1)P(B \mid A_1) + P(A_2)P(B \mid A_2) + P(A_3)P(B \mid A_3)} \\ &= \frac{0.25 \times 0.015}{0.25 \times 0.015 + 0.4 \times 0.018 + 0.35 \times 0.01} \\ &= 0.26 \end{aligned}$$

같은 방법으로, 불량품 나사못이 제2호기로부터 생산되었을 확률은 $P(A_2 \mid B) = 0.5$이고 불량품 나사못이 제3호기로부터 생산되었을 확률은 $P(A_3 \mid B) = 0.24$이다.

예제 13 주머니 A에는 검은 구슬 2개와 빨간 구슬 3개가 들어 있고, 주머니 B에는 검은 구슬 3개와 빨간 구슬 2게가 들어 있다. 임의로 한 주머니를 택하여 구슬 1개를 꺼냈을 때 빨간 구슬이 나왔다면 그것이 주머니 B에서 나왔을 확률을 구하라. 단, 주머니 A와 주머니 B의 모양과 크기는 서로 같고, 각 주머니에 들어 있는 모든 구슬의 모양과 크기도 서로 같다.

풀이 R을 빨간 구슬이 나오는 사상이라 하고, A를 주머니 A가 선택될 사상, B를 주머니 B가 선택될 사상이라 하자. 그러면 $P(A) = \frac{1}{2}$이고 $P(B) = \frac{1}{2}$이다. 빨간 구슬이 주머니 A에서 나올 확률과 빨간 구슬이 주머니 B에서 나올 확률은 각각 $P(R \mid A) = \frac{3}{5}$이고 $P(R \mid B) = \frac{2}{5}$이다. 또, A와 B는 표본공간의 분할이다. 따라서 베이즈의 정리에 의하여 빨간 구슬이 주머니 B에서 나올 확률은 다음과 같다.

$$\begin{aligned} P(B \mid R) &= \frac{P(B)P(R \mid B)}{P(A)P(R \mid A) + P(B)P(R \mid B)} \\ &= \frac{\frac{1}{2} \times \frac{2}{5}}{\frac{1}{2} \times \frac{3}{5} + \frac{1}{2} \times \frac{2}{5}} = \frac{2}{5} \end{aligned}$$

5.5 확률변수

이 절에서는 단순사상으로 구성된 표본공간과 각 단순사상에 대응하는 확률로 특징지어지는 확률실험을 시행한다. 그러나 실험 결과가 정성적일 때는 수치로 나타나지 않기 때문에 취급하기가 복잡한 경우가 많다. 그래서 실험 결과가 직접 수치로 나타나지 않는 경우에는 표본공간에 수치를 할당해서 정성적인 결과를 정량적인 결과로 바꾼다. 그러면 표본공간을 수직선에 대응시켜 생각할 수 있을 것이다.

예를 들어, 동전을 던져 앞면과 뒷면이 나타나는 사상에 0과 1을 할당하는 것과 여러 명의 병의 증세를 관찰하고 증상을 '중증', '경증', '양호함'으로 나누어서 각 증상에 수치를 할당하는 것이 이에 해당한다.

또, 한 개의 주사위를 던질 때 나타나는 눈의 수는 반드시 1과 6 사이의 수임을 알지만 각 시행에서 주사위가 취할 값을 예측할 수 없다. 즉 주사위의 눈의 수는 '우연'에 의한다고 말할 수 있다. 이와 마찬가지로 임의로 택한 전구의 수명시간도 '우연'에 의한다.

위에서 살펴본 대로 확률변수를 정량적인 측면과 우연의 측면을 고려해서 다음과 같이 정의한다.

확률변수(random variable)는 우연적인 실험 결과에 수치를 대응시켜 주는 함수로서 일반적으로 표본공간 위에서 정의된 실수값 함수로 정의된다.

예제 14 소비자 세 명에게 A, B 두 제품의 선호도를 조사한다고 하자. X를 B 제품보다 A제품을 선호하는 사람의 수라고 정의할 때, 확률변수 X를 설명하라.

풀이 소비자가 A제품을 선호하면 a로, B제품을 선호하면 b로 나타내자. 예를 들어 첫 번째와 두 번째 소비자가 A제품을 선호하고 세 번째 소비자가 B제품을 선호한다면 이에 대한 사상을 aab로 표시한다. 표본공간의 원소 전체의 개수는 $2 \cdot 2 \cdot 2 = 2^3 = 8$인데 이것들과 확률변수 X가 취하는 값을 표로 나타내면 다음과 같다.

표본공간	*aaa*	*aab*	*aba*	*baa*	*abb*	*bab*	*bba*	*bbb*
X의 값	3	2	2	2	1	1	1	0

여기서, 첫째 행은 표본공간의 원소를 나타내고 둘째 행은 각 원소에 대응되는 확률변수 X의 값이다.

예제 14에서 두 제품의 품질이 같고 소비자가 선호도를 독립적으로 표현한다면, 표본공간에서 각 사상이 일어날 확률은 모두 같고 $\frac{1}{8}$이다. 그러므로 확률변수 X가 취할 수 있는 각 값에 확률을 대응시킬 수 있는데 이를 표로 나타내면 다음과 같다.

X의 값	0	1	2	3
확 률	$\frac{1}{8}$	$\frac{3}{8}$	$\frac{3}{8}$	$\frac{1}{8}$

이와 같이 확률변수의 각 값들에 확률을 대응시켜 주는 관계를 X의 **확률분포**(probability distribution)라고 한다. 그리고 이와 같은 표를 확률변수 X의 **확률분포표**라 한다.

확률변수 X가 취할 수 있는 값의 가짓수가 유한이거나 무한이더라도 하나씩 셀 수 있을 때 X를 **이산확률변수**(discrete random variable)라 하며, 이산확률변수의 확률분포를 **이산확률분포**(distribution of a discrete random variable)라 한다.

이산확률변수 X가 x_1, x_2, …의 값을 취할 때 X의 각 값에 대응하는 확률을

$$P[X=x_1],\ P[X=x_2],\ \cdots$$

라 하면 다음과 같은 함수를 생각할 수 있다.

$$f(x_i)=P[X=x_i] \qquad (i=1,\ 2,\ \cdots)$$

이 함수 f를 X의 **확률함수**(probability function)라 한다.

일반적으로 확률변수를 대문자 X로 나타내고, 확률변수의 값을 소문자 x로 나타낸다. 그리고 확률변수 X가 어떤 특정한 값 x를 취하는 사상을 $[X=x]$로 나타낸다. x에 사용된 첨자는 확률변수의 각 값을 나타내고 $f(x_i)$는 X가 x_i를 취할 확률을 나타낸다. 확률함수 f는 다음과 같은 성질을 갖는다.

확률함수의 성질 : 이산확률변수의 경우

1. $0 \leq f(x_i) \leq 1$ 2. $\sum_{i=1}^{\infty} f(x_i) = 1$

예제 15 두 개의 동전을 던지는 실험에서 앞면이 나오는 횟수를 X라 할 때 확률변수 X의 확률분포를 구하라.

풀이 앞면을 H, 뒷면을 T라 하면 표본공간 $\Omega = \{(H, H), (H, T), (T, H), (T, T)\}$이다. X는 앞면이 나오는 횟수이기 때문에 각 사상에 대응하는 X의 값은 값은 각각 2, 1, 1, 0이다. 그러므로 다음을 얻는다.

$$f(0) = P[X=0] = \frac{1}{4}$$

$$f(1) = P[X=1] = \frac{1}{4} + \frac{1}{4} = \frac{1}{2}$$

$$f(2) = P[X=2] = \frac{1}{4}$$

이것을 정리하면 다음과 같은 확률분포를 얻는다.

표 5.2 앞면 수의 확률분포

x	0	1	2
$P[X=x]$	$\frac{1}{4}$	$\frac{1}{2}$	$\frac{1}{4}$

이것을 그래프로 나타내면 그림 5.2와 같다. 이 그래프는 확률변수 X의 값 x에 대응하는 확률 $f(x)$를 막대로 나타낸 것이다.

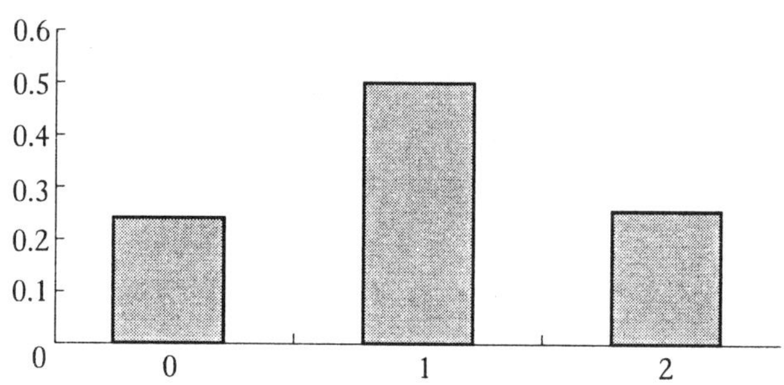

[그림 5.2] 표 5.2의 막대그래프

5.6 확률변수의 기대값과 분산

확률분포의 특성을 나타내는 측도에 대해서 알아보자. 먼저 분포의 중심 위치를 나타내는 측도인 기대값(expected value)에 대하여 알아보자.

이산확률변수 X가 취하는 값이 $x_1, x_2, \cdots, x_n$이고 $X=x_i$일 확률을

$$f(x_i)=P[X=x_i] \qquad (i=1,\ 2,\ \cdots,\ n)$$

이라 할 때,

$$\sum_{i=1}^{n} x_i f(x_i)=x_1 f(x_1)+x_2 f(x_2)+\cdots+x_n f(x_n)$$

을 이산확률변수 X의 평균 또는 **기대값**(expected value)이라 하고, 기호로 $E(X)$로 나타낸다.

기대값 $E(X)$는 확률변수 X가 취할 수 있는 모든 가능한 값에 그것에 대응하는 확률을 곱한 후 이 곱들을 모두 더한 수치이다.

확률변수의 기대값

확률변수 X의 확률함수를 f라 할 때 X의 기대값은 다음과 같이 정의한다.

$$E(X)=\sum_{i=1}^{n} x_i f(x_i)$$

예제 16 다음과 같은 상금이 걸려 있는 복권을 사려고 한다. 10000매가 발행되었다면, 한 장의 복권에 대한 상금을 X라 할 때 확률변수 X의 기대값을 구하라.

등 수 \ 내 용	상금(단위: 만원)	매 수
1등	100	1
2등	50	4
3등	10	5
4등	5	10
등외	0	9980

풀이 정의에 의해서 X의 기대값을 구하면 다음과 같다.

$$\begin{aligned} E(X) &= \sum x_i f(x_i) \\ &= 100 \times \frac{1}{10000} + 50 \times \frac{4}{10000} + 10 \times \frac{5}{10000} + 5 \times \frac{10}{10000} \\ &= \frac{100+200+50+50}{10000} = 0.04\,(\text{만원}) \end{aligned}$$

따라서 상금의 기대값은 400원이다.

이제 X의 함수인 새로운 확률변수 $g(X)$의 기대값을 다음 예를 통해서 알아보자.

예제 17 확률변수 X가 다음과 같은 확률분포표를 가질 때 확률변수 $g(X)=(X-2)^2$의 기대값을 구하라.

x	0	1	2	3	4
$P[X=x]$	$\frac{1}{16}$	$\frac{4}{16}$	$\frac{6}{16}$	$\frac{4}{16}$	$\frac{1}{16}$

풀이 새로운 확률변수 $g(X)=(X-2)^2$의 기대값을 다음과 같이 두 가지 방법으로 구할 수 있다.

(1) 확률변수 X의 확률분포로부터 $(X-2)^2$의 확률분포를 계산해서 구한다.

$(x-2)^2$	0	1	4	합
확 률	$\frac{3}{8}$	$\frac{1}{2}$	$\frac{1}{8}$	1
$(x-2)^2 \times$ 확률	0	$\frac{1}{2}$	$\frac{1}{2}$	1

그러므로 다음이 성립한다.

$$E[(X-2)^2]=0\cdot\frac{3}{8}+1\cdot\frac{1}{2}+4\cdot\frac{1}{8}=1$$

(2) 확률변수 X의 확률분포로부터 직접 구한다. X의 확률분포는 다음 표의 첫째, 둘째 행에 주어져 있다. X의 각 값 x에 대하여 $(x-2)^2$을 구하고 각각에 $X=x$의 확률을 곱한다. 이런 곱의 합이 바로 구하는 기대값이 된다.

x	0	1	2	3	4	합
$f(x)$	$\frac{1}{16}$	$\frac{4}{16}$	$\frac{6}{16}$	$\frac{4}{16}$	$\frac{1}{16}$	1
$(x-2)^2$	4	1	0	1	4	
$(x-2)^2f(x)$	$\frac{4}{16}$	$\frac{4}{16}$	0	$\frac{4}{16}$	$\frac{4}{16}$	1

따라서 다음이 성립한다.

$$\begin{aligned}E[(X-2)^2]&=\sum_{i=1}^{5}(x_i-2)^2f(x_i)\\&=4\cdot\frac{1}{16}+1\cdot\frac{4}{16}+0\cdot\frac{6}{16}+1\cdot\frac{4}{16}+4\cdot\frac{1}{16}=1\end{aligned}$$

예제 17에서 구한 두 가지 방법에 대한 답은 같다. 특히, 두 번째 방법을 일반화하면 확률변수 X의 함수 $g(X)$의 기대값을 다음과 같이 정의할 수 있다.

확률변수의 함수의 기대값

확률변수 X의 확률밀도함수를 f라 할 때 $g(X)$의 기대값을 다음과 같이 정의한다.

$$E[g(X)]=\sum_{i=1}^{n}g(x_i)f(x_i)$$

$g(X)$의 기대값은 X가 취하는 모든 값에서 $g(x_i)$를 구하고, x_i값에 대응하는 확률을 곱한 후 이 곱을 모두 합하면 된다.

기대값의 정의로부터 다음과 같은 성질을 유도할 수 있다.

기대값의 성질

1. $E(a)=a$
2. $E(bX)=bE(X)$
3. $E(X+a)=E(X)+a$
4. $E(X+Y)=E(X)+E(Y)$

여기서 a와 b는 상수이고 X와 Y는 확률변수이다.

확률분포의 흩어진 정도를 나타내는 측도인 **분산**(variance)에 대해 알아보자. $\mu=E(X)$는 확률분포의 중심 위치를 나타내는 측도이기 때문에, 분포의 흩어진 정도를 결정하기 위해서 X와 μ의 편차를 생각하게 된다.

편차$(=X-\mu)$는 다음과 같은 값들을 갖는다.

$$(x_1-\mu),\ (x_2-\mu),\ \cdots,\ (x_k-\mu)$$

그리고 각 값들에 대응하는 확률은 각각 $f(x_1),\ f(x_2),\ \cdots,\ f(x_k)$이다.

$$E(\text{편차})=E(X-\mu)=\sum(x_i-\mu)f(x_i)=\sum x_i f(x_i)-\mu\sum f(x_i)=0$$

그러므로 흩어진 양을 결정하기 위해서 편차의 부호를 제외한 크기만을 이용해야 한다. $(x_i-\mu)$로부터 부호를 제거하는 방법은 $(x_i-\mu)^2$을 생각하는 것이다. 이것이 바로 분포의 흩어진 정도를 나타내는 측도인 분산이다.

확률변수 X의 분산은 $E[(X-\mu)^2]$으로 정의하며 기호로는 $\mathrm{Var}(X)$, σ^2 또는 σ_X^2으로 나타낸다. 기대값의 성질로부터 다음을 유도할 수 있다.

$$\begin{aligned}E(X-\mu)^2&=E(X^2)-2\mu E(X)+\mu^2\\&=E(X^2)-2\mu^2+\mu^2\\&=E(X^2)-\mu^2\end{aligned}$$

만약 확률변수 X가 어떤 단위로(예를 들면, 기대값 문제에서 '원') 측정된다면, $\mu=E(X)$는 같은 단위로 측정되지만 $\mathrm{Var}(X)$는 그 단위의 제곱으로(예를 들면, 기대값 문제에서 (원)^2)으로 측정된다. 확률변수 X가 표현되는 단위와 같은 단위로 흩어진 정도의 측도를 나타내기 위해서 분산에 제곱근을 취하는데, 이것이 표준편차이다. 즉, X의 **표준편차**(standard deviation)는 분산의 양의 제곱근으로 정의하며 $\mathrm{sd}(X)$ 또는 σ_X로 표시한다.

확률변수 X의 분산과 표준편차

X의 기대값이 μ일 때 다음이 성립한다.

1. $\mathrm{Var}(X)=E[(X-\mu)^2]=E(X^2)-\mu^2=\sum_{i=1}^{n}(x_i-\mu)^2 f(x_i)=\sum_{i=1}^{n}x_i^2 f(x_i)-\mu^2$
2. $\mathrm{sd}(X)=\sqrt{\mathrm{Var}(X)}$

예제 18 확률변수 X의 확률분포가 다음과 같을 때 X의 기대값, 분산, 표준편차를 구하라.

x	0	1	2
$P[X=x]$	$\frac{1}{4}$	$\frac{1}{2}$	$\frac{1}{4}$

풀이 기대값, 분산, 표준편차는 다음과 같다.

$$E(X)=\sum_{i=1}^{3} x_i P[X=x_i]$$

$$=0\cdot\frac{1}{4}+1\cdot\frac{1}{2}+2\cdot\frac{1}{4}=1$$

$$\text{Var}(X)=\sum_{i=1}^{3} x_i^2 P[X=x_i]-[E(X)]^2$$

$$=0^2\cdot\frac{1}{4}+1^2\cdot\frac{1}{2}+2^2\cdot\frac{1}{4}-1^2=\frac{1}{2}$$

$$\text{sd}(X)=\sqrt{\text{Var}(X)}=\frac{1}{\sqrt{2}}=\frac{\sqrt{2}}{2}$$

분산은 기대값으로부터 정의되었기 때문에 다음의 몇 가지 성질을 유도할 수 있다.

분산의 성질

상수 a, $b(b\neq 0)$에 대해 다음이 성립한다.

1. $\text{Var}(X+a)=\text{Var}(X)$
2. $\text{Var}(bX)=b^2\text{Var}(X)$
3. $\text{Var}(a+bX)=b^2\text{Var}(X)$

표준편차의 성질

상수 a, $b(b\neq 0)$에 대해 다음이 성립한다.

1. $\text{sd}(X+a)=\text{sd}(X)$
2. $\text{sd}(bX)=|b|\,\text{sd}(X)$
3. $\text{sd}(a+bX)=|b|\,\text{sd}(X)$

표준편차의 성질은 분산에 양의 제곱근을 취해서 바로 구할 수 있다.

예제 19 예제 18의 확률변수 X에 대해 $Y=50X-20$이 성립한다. Y의 기대값, 분산, 표준편차를 구하라.

풀이 Y의 기대값, 분산, 표준편차를 분산과 표준편차의 성질을 이용하여 구하면 다음과 같다.

$$E(Y)=50E(X)-20=50(1)-20=30$$

$$\text{Var}(Y)=50^2\text{Var}(X)=50^2\left(\frac{1}{2}\right)=1250$$

$$\text{sd}(Y)=|50|\,\text{sd}(X)=50\left(\frac{\sqrt{2}}{2}\right)=25\sqrt{2}$$

5.7 분포함수

확률을 계산하는데 사용하는 다른 함수로 **누적분포함수**(cumulative distribution function) $F(x)$가 있다. 누적분포함수를 **분포함수**라고 하며, 다음과 같이 정의한다.

X가 확률함수 f를 가진 이산확률변수이면 임의의 실수 x에 대하여 확률변수 X는 x보다 작거나 같은 값을 취하는 확률 $P[X\le x]$가 존재한다.

확률 $P[X\le x]$를 X의 분포함수라 부르고 $F(x)$로 나타낸다. 즉 다음과 같다.

$$F(x)=P[X\le x]=\sum_{x_i\le x} f(x_i)$$

어떤 실수 x_0에 대하여 $P[X\le x_0]=F(x_0)$을 구해 보면 분포함수의 정의로부터 $F(x_0)$는 x_0보다 작거나 같은 값을 취하는 x의 값에 대응하는 모든 확률함수의 값 $f(x)$를 더한 것이 된다.

예제 20 예제 18에서 분포함수 $F(x)$를 구하고 $F(x)$를 그래프로 나타내라.

풀이 확률변수 X는 0, 1, 2의 값을 취한다. 0, 1, 2에 대응하는 확률은 각각 $\frac{1}{4}$, $\frac{1}{2}$, $\frac{1}{4}$이다. 그러면, $x<0$일 때 $F(x)=0$이고 $P[X=0]=\frac{1}{4}$이므로

$$F(0)=P[X\le 0]=\frac{1}{4}$$

이다. x가 증가하더라도, X가 취할 수 있는 다음 값까지 x가 도달하기 전에

는 함수 $F(x)$는 $\frac{1}{4}$ 그대로이다.

여기서 $F(x)$가 변하는 다음 값은 $x=1$이며, 다음을 얻는다.

$$F(1)=P[X\leq 1]=P[X=0]+P[X=1]=\frac{1}{4}+\frac{1}{2}=\frac{3}{4}$$

마찬가지로

$$F(2)=P[X\leq 2]=P[X=0]+P[X=1]+P[X=2]=\frac{1}{4}+\frac{1}{2}+\frac{1}{4}=1$$

이고 $x>2$일 때 $F(x)=1$이다.

이산확률변수는 유한 개의 값만을 취하기 때문에 표에서 마지막 값은 항상 1이다. 이를 정리하면 다음과 같다.

x	$x<0$	$0\leq x<1$	$1\leq x<2$	$2\leq x$
$F(x)$	0	$\frac{1}{4}$	$\frac{3}{4}$	1

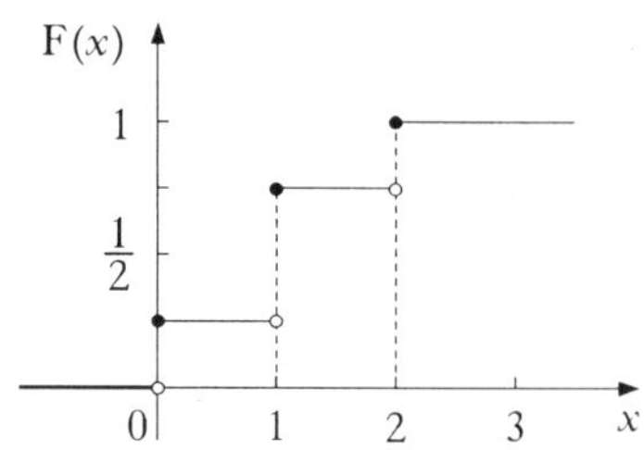

[그림 5.3] $F(x)$의 그래프

5.8 두 확률변수의 결합분포

지금까지 단 하나의 확률변수만을 생각했다. 그러나 두 개 이상의 확률변수들이 서로 어떤 확률적 관계를 가지면서 관측되는 경우도 흔히 있다.

이제, 자동차에 생기는 두 종류의 결함을 연구하는 실험에서, X와 Y를 각각 불량 용접의 수와 느슨하게 조여진 볼트의 수라 하자. 많은 자동차들을 관찰하여 각 자동차마다 다음과 같은 확률적 관계를 얻었다고 하자.

표 5.3

x \ y	0	1	2	3
0	0.840	0.030	0.020	0.010
1	0.060	0.010	0.008	0.002
2	0.010	0.005	0.004	0.001

표 5.3에서 불량 용접의 수 2개와 느슨하게 조여진 볼트의 수 1개가 관측될 확률은 0.005이다. 이와 같이 2개 이상의 확률변수가 동시에 취하는 여러 가지 값에 확률을 대응시켜 주는 관계를 **결합확률분포**(joint probability distribution)라 한다.

표 5.3에서 불량 용접의 수의 분포와 느슨하게 조여진 볼트의 수의 분포를 쉽게 구할 수 있다. 즉 불량 용접의 수가 1개 관측될 확률은

$$0.060+0.010+0.008+0.002=0.080$$

이고 다른 값에 대해서도 같은 방법으로 확률을 구하면 다음과 같은 확률분포를 얻는다.

표 5.4 불량 용접의 수의 확률분포

x	0	1	2
$P[X=x]$	0.900	0.080	0.020

마찬가지 방법으로 느슨하게 조여진 볼트의 수의 확률분포를 구하면 다음과 같다.

표 5.5 느슨하게 조여진 볼트의 수의 확률분포

y	0	1	2	3
$P[Y=y]$	0.910	0.045	0.032	0.013

표 5.4, 5.5와 같이 두 확률변수의 결합확률분포로부터 얻어진 한 확률변수의 확률분포를 **주변확률분포**(marginal probability distribution)라 한다.

두 확률변수의 결합분포를 이산확률변수에 대해서 생각해보자. 이산확률변수 X와 Y가 각각 x_1, x_2, …와 y_1, y_2, …의 값을 취할 때, 각 (x_i, y_j)에 확률 $P[X=x_i, Y=y_j]$를 대응시켜 주는 관계를 X와 Y의 **결합확률 질량함수**(joint probability mass function)라고 한다. 즉

$$f(x_i,\ y_j)=P[X=x_i,\ Y=y_j]$$

로 정의되는 함수 f는 두 확률변수 X와 Y의 결합확률 질량함수이다. 결합확률 질량함수의 성질은 다음과 같다.

결합확률 질량함수의 성질

1. 모든 $i,\ j$에 대하여 $f(x_i,\ y_j)\geq 0$
2. $\sum_{i=1}^{\infty}\sum_{j=1}^{\infty} f(x_i,\ y_j)=1$
3. $P[a<X\leq b,\ c<Y\leq d]=\sum_{a<x_i\leq b}\sum_{c<y_j\leq d} f(x_i,\ y_j)$

또, X와 Y의 결합확률분포로부터 X 및 Y의 주변확률분포는 다음과 같다.

주변확률분포

$$h(x_i)=\sum_{j=1}^{\infty} f(x_i,\ y_j),\quad g(y_j)=\sum_{i=1}^{\infty} f(x_i,\ y_j)$$

예제 21 서로 다른 동전 A와 B를 동시에 던질 때 나오는 앞면의 수를 X, 동전 B의 뒷면이 나오는 수를 Y라 하자. X와 Y의 결합확률분포를 구하고, X와 Y의 주변확률분포도 구하라.

풀이 확률변수 X와 Y가 취할 수 있는 값은 각각 0, 1, 2와 0, 1이다. 앞면을 H, 뒷면을 T라 하자. 동전 A가 앞면이 나오고 동전 B가 뒷면이 나온 것을 HT로 나타낸다면 이 실험의 표본공간과 각 원소에 대응하는 확률변수 X와 Y의 값은 표 5.6과 같다.

표 5.6

표본공간	HH	HT	TH	TT
X	2	1	1	0
Y	0	1	0	1

표 5.6으로부터 X와 Y의 결합확률분포를 구하면 다음과 같다.

표 5.7 결합확률분포

x \ y	0	1
0	0	$\frac{1}{4}$
1	$\frac{1}{4}$	$\frac{1}{4}$
2	$\frac{1}{4}$	0

표 5.7로부터 각 행의 합과 열의 합의 분포가 X와 Y의 주변확률분포이므로 주변확률분포는 표 5.8, 5.9와 같다.

표 5.8 X의 주변확률분포

x	0	1	2
$P[X=x]$	$\frac{1}{4}$	$\frac{1}{2}$	$\frac{1}{4}$

표 5.9 Y의 주변확률분포

y	0	1
$P[Y=y]$	$\frac{1}{2}$	$\frac{1}{2}$

5.9 공분산과 상관계수

기대값이 각각 μ_X와 μ_Y인 두 확률변수 X와 Y에 대하여 X의 값이 클 때 Y의 값도 크고, X의 값이 작을 때 Y의 값도 작을 확률이 크다면 X와 Y는 같은 방향으로 변하는 경향이 있다고 말할 수 있다. 이런 경우에 $X-\mu_X$와 $Y-\mu_Y$는 모두 양이거나 모두 음일 확률이 크며, 이에 따라 곱 $(X-\mu_X)(Y-\mu_Y)$는 양이 된다. 따라서 $(X-\mu_X)(Y-\mu_Y)$의 기대값은 양수이며 큰 값을 갖게 된다. 이와 반대로 X와 Y가 반대 방향으로 변하는 경향이 있다면 $(X-\mu_X)$가 양의 값을 취할 때 $(Y-\mu_Y)$는 음의 값을 취하거나 또는 이와는 반대의 경우를 취할 수도 있다. 이때 $(X-\mu_X)(Y-\mu_Y)$는 음수이며 기대값 역시 음수가 된다.

이와 같이 $E[(X-\mu_X)(Y-\mu_Y)]$의 부호와 크기는 X와 Y 사이의 관계의 방향과 크기를 반영한다. 두 확률변수 X와 Y의 **공분산**(covariance)은 $(X-\mu_X)(Y-\mu_Y)$의 기대값 $E[(X-\mu_X)(Y-\mu_Y)]$로 정의되며, $\text{Cov}(X, Y)$로 나타낸다.

공 분 산

$$\mathrm{Cov}(X,\ Y)=E[(X-\mu_X)(Y-\mu_Y)]$$

기대값의 성질을 이용하여 다음과 같은 공분산의 간편식을 얻을 수 있다.

공분산의 간편식

$$\mathrm{Cov}(X,\ Y)=E(XY)-\mu_X\mu_Y$$

또 상수 a, b, c, d (a, $c\neq0$)에 대해 $aX+b$와 $cY+d$의 공분산은 다음과 같다.

$$\mathrm{Cov}(aX+b,\ cY+d)=ac\,\mathrm{Cov}(X,\ Y)$$

기대값의 성질을 이용하면 다음과 같이 두 확률변수의 합에 대한 분산의 공식을 유도할 수 있다.

$$\mathrm{Var}(X+Y)=\mathrm{Var}(X)+\mathrm{Var}(Y)+2\,\mathrm{Cov}(X,\ Y)$$
$$\mathrm{Var}(X-Y)=\mathrm{Var}(X)+\mathrm{Var}(Y)-2\,\mathrm{Cov}(X,\ Y)$$

공분산 $\mathrm{Cov}(X,\ Y)$의 값은 확률변수 X와 Y가 취하는 값의 단위에 의존한다. 단위에 의존하지 않는 두 변수의 관계를 나타내는 측도를 정의하는 것이 바람직한데, 공분산을 두 확률변수의 표준편차의 곱으로 나눔으로써 이런 측도를 얻을 수 있다. 이것을 **상관계수**(correlation coefficient)라 하고 $\mathrm{Corr}(X,\ Y)$ 또는 ρ로 표시한다.

상관계수

$$\rho=\mathrm{Corr}(X,\ Y)=\frac{\mathrm{Cov}(X,\ Y)}{\sigma_X\sigma_Y}$$

상관계수는 다음과 같은 중요한 성질을 갖고 있다.

상관계수의 성질

1. $\mathrm{Corr}(X,\ Y)=\mathrm{Corr}(Y,\ X)$
2. $-1\leq\mathrm{Corr}(X,\ Y)\leq1$

3. $\text{Corr}(aX+b,\ cY+d)=\begin{cases}\text{Corr}(X,\ Y), & ac>0\\ -\text{Corr}(X,\ Y), & ac<0\end{cases}$

여기서 a, b, c, d는 상수이다.

예제 22 두 확률변수 X와 Y의 결합확률분포가 다음과 같을 때 두 확률변수 X와 Y의 공분산과 상관계수를 구하라.

x \ y	0	1	2	3
0	0	0	$\frac{1}{8}$	$\frac{1}{8}$
1	0	$\frac{1}{4}$	$\frac{1}{4}$	0
2	$\frac{1}{8}$	$\frac{1}{8}$	0	0

풀이 X와 Y의 평균과 분산을 구하기 위하여 결합확률분포로부터 X와 Y의 주변확률분포를 구한다. 주변확률분포로부터 X와 Y의 평균과 분산을 구하며 그 계산은 다음 표에 주어진다.

표 5.10 X의 기대값과 분산

x	0	1	2	합
$h(x)$	$\frac{1}{4}$	$\frac{1}{2}$	$\frac{1}{4}$	1
$xh(x)$	0	$\frac{1}{2}$	$\frac{1}{2}$	1
$x^2h(x)$	0	$\frac{1}{2}$	1	$\frac{3}{2}$

$\mu_X=1$

$\sigma_X^2=1.5-1^2=0.5$

$\sigma_X=0.707$

표 5.11 Y의 기대값과 분산

y	0	1	2	3	합
$g(y)$	$\frac{1}{8}$	$\frac{3}{8}$	$\frac{3}{8}$	$\frac{1}{8}$	1
$yg(y)$	0	$\frac{3}{8}$	$\frac{3}{4}$	$\frac{3}{8}$	$\frac{3}{2}$
$y^2g(y)$	0	$\frac{3}{8}$	$\frac{3}{2}$	$\frac{9}{8}$	3

$$\mu_Y = 1.5$$
$$\sigma_Y^2 = 3 - 1.5^2 = 0.75$$
$$\sigma_Y = 0.866$$

공분산과 상관계수를 구하기 위해서 $E(XY)$의 계산만이 남아 있다. $E(XY)$의 계산은 표 5.12에 주어져 있는데 여기서 괄호 안의 수는 xy의 값을 뜻한다.

표 5.12 $E(XY)$의 계산

x \ y	0	1	2	3
0	0 (0)	0 (0)	$\frac{1}{8}$ (0)	$\frac{1}{8}$ (0)
1	0 (0)	$\frac{1}{4}$ (1)	$\frac{1}{4}$ (2)	0 (3)
2	$\frac{1}{8}$ (0)	$\frac{1}{8}$ (2)	0 (4)	0 (6)

$1\times\frac{1}{4}=\frac{1}{4}$ $2\times\frac{1}{4}=\frac{1}{2}$ $2\times\frac{1}{8}=\frac{1}{4}$
$E(XY)=1$

그러므로 공분산과 상관계수는 다음과 같다.

$$\mathrm{Cov}(X, Y) = E(XY) - \mu_X\mu_Y = 1 - 1\times 1.5 = -0.5$$
$$\rho = \mathrm{Corr}(X, Y) = \frac{\mathrm{Cov}(X, Y)}{\sigma_X\sigma_Y} = \frac{-0.5}{0.707\cdot 0.866} \fallingdotseq -0.817$$

5.10 두 확률변수의 독립성

이제 두 확률변수 X와 Y의 독립성에 대하여 생각해보자. 5.3절에서 보았듯이,

두 사상 A와 B에 대하여 $P(A \cap B) = P(A)P(B)$가 성립하면 두 사상 A와 B는 독립이다. 이와 마찬가지로, 모든 x_i와 y_j에 대하여 X가 x_i를 취하는 사상 $[X = x_i]$과 Y가 y_j를 취하는 사상 $[Y = y_j]$이 서로 독립이면 두 확률변수 X와 Y가 서로 독립이라고 한다. 그러므로 독립사상의 정의로부터 다음이 성립하면 두 확률변수 X와 Y는 독립이다.

$$P[X = x_i, Y = y_j] = P[X = x_i]\ P[Y = y_j]$$

두 확률변수의 독립성을 정리하면 다음과 같다.

확률변수의 독립성

결합확률분포에서 모든 (x_i, y_j)에 대하여 $f(x_i, y_j) = h(x_i)g(y_j)$가 성립할 때, 두 확률변수 X와 Y는 서로 독립이라고 한다. X와 Y가 서로 독립이 아니면 서로 종속이라고 한다.

두 확률변수 X와 Y가 서로 독립인 경우는 다음과 같은 성질이 성립한다.

X와 Y가 서로 독립일 때 다음이 성립한다.

1. $E(XY) = E(X)E(Y)$
2. $\mathrm{Cov}(X, Y) = 0$, $\mathrm{Corr}(X, Y) = 0$
3. $\mathrm{Var}(X+Y) = \mathrm{Var}(X) + \mathrm{Var}(Y)$
   $\mathrm{Var}(X-Y) = \mathrm{Var}(X) + \mathrm{Var}(Y)$

예제 23 예제 22에서 두 확률변수 X와 Y는 서로 독립인지 살펴보아라.

풀이 X와 Y의 주변확률분포는 각각 다음과 같다.

x	0	1	2	합
$h(x)$	$\frac{1}{4}$	$\frac{1}{2}$	$\frac{1}{4}$	1

y	0	1	2	3	합
$g(y)$	$\frac{1}{8}$	$\frac{3}{8}$	$\frac{3}{8}$	$\frac{1}{8}$	1

그런데 $f(0,\ 0)=0$이지만 $h(0)=\frac{1}{4}$, $g(0)=\frac{1}{8}$이다.

$f(0,\ 0)\neq h(0)g(0)$이므로 X와 Y는 독립이 아니다.

예제 24 확률변수 X와 Y가 다음과 같은 결합확률분포를 할 때 X와 Y는 서로 독립인지 알아보아라.

x \ y	0	1	2
0	0.06	0.15	0.09
1	0.14	0.35	0.21

풀이 X와 Y의 주변확률분포는 각각 다음과 같다.

x	0	1	합
$h(x)$	0.30	0.70	1.00

y	0	1	2	합
$g(y)$	0.20	0.50	0.30	1.00

주어진 확률분포와 주변확률분포로부터 다음 사실을 알 수 있다.

$$h(0)g(0)=0.30\times 0.20=0.06=f(0,\ 0),\qquad h(1)g(0)=0.70\times 0.20=0.14=f(1,\ 0)$$
$$h(0)g(1)=0.30\times 0.50=0.15=f(0,\ 1),\qquad h(1)g(1)=0.70\times 0.50=0.35=f(1,\ 1)$$
$$h(0)g(2)=0.30\times 0.30=0.09=f(0,\ 2),\qquad h(1)g(2)=0.70\times 0.30=0.21=f(1,\ 2)$$

즉 모든 $(x_i,\ y_j)$에 대해서 $f(x_i,\ y_j)=h(x_i)g(y_j)$가 성립함을 알 수 있다. 따라서 X와 Y는 서로 독립이다.

연습문제 (5)

□ 1. 한 팀에 15명의 사원이 있다. 이 중 5명을 뽑아서 어떤 위원회를 만들려고 한다. 특정인 두 사람이 모두 뽑힐 확률을 구하라.

□ 2. 전구 20개 중에서 불량품이 5개 들어 있다. 임의로 2개를 비복원추출할 때 두 개 모두 불량품이 나올 확률을 구하라.

□ 3. 어떤 항아리에 검은 공 3개, 빨간 공 4개, 노란 공 5개가 들어 있다. 임의로 공을 2개 꺼낼 때 적어도 하나는 노란 공일 확률을 구하라.

□ 4. 동전 한 개를 세 번 던질 때 뒷면이 최소한 1번 나올 확률을 구하라.

□ 5. 2개의 똑같은 주사위를 동시에 던질 때 눈의 합이 3 이하일 확률을 구하라.

□ 6. 2개의 똑같은 주사위를 동시에 던질 때 나오는 눈의 합이 8이면서 주사위 하나의 눈이 5가 나올 확률을 구하라.

□ 7. 주머니 안에 같은 크기의 백구가 6개, 흑구가 4개 들어 있다. 동시에 5개를 꺼낼 때 백구가 3개, 흑구가 2개일 확률을 구하라.

□ 8. 주사위 한 개를 6회 던졌을 때 그 중에서 1 또는 3의 눈이 2회 나올 확률을 구하라.

□ 9. 2개의 똑같은 주사위를 동시에 던져서 나오는 결과를 (X_1, X_2)로 나타내자.

$$A=\{(X_1,\ X_2)\,|\,X_1+X_2=10\},\ B=\{(X_1,\ X_2)\,|\,X_1>X_2\}$$

라고 할 때, $P(B\,|\,A)$의 값을 구하라.

□ 10. $P(A)=0.5$, $P(B)=0.3$, $P(A\,|\,B)=0.7$일 때 $P(B\,|\,A)$의 값을 구하라.

□ 11. 노란 주사위와 빨간 주사위가 있다. 노란 주사위가 3 이상의 눈이 나온다는 조건 아래에서 두 주사위의 눈의 합이 8 이상이 될 확률을 구하라.

□ 12. 52장의 카드에서 2장의 카드를 복원추출하는 경우에 대해서 다음 확률을 구하라.

(1) 첫 번째 카드가 Q가 나올 확률

(2) 첫 번째 카드가 Q가 나왔다는 조건 아래, 두 번째 카드가 K가 나올 확률

(3) 첫 번째 카드와 Q이고 두 번째 카드가 K가 나올 확률

□ 13. 연습문제 5.12에서 비복원추출인 경우에 대해서 (1)~(3)에 답하라.

□ 14. A와 B 두 궁수가 있는데 A와 B가 과녁에 활을 명중시킬 확률은 각각 0.6과 0.7이다. 적어도 한 궁수가 명중시킬 확률을 0.8이라면 두 궁수 모두가 명중시킬 확률을 구하라.

□ 15. 똑같은 상자 A와 B가 있다. 그리고 A에는 빨간 구슬 3개와 노란 구슬 7개가 들어 있고 상자 B에는 빨간 구슬 1개와 노란 구슬 9개가 들어 있다. 임의로 두 상자 중에서 한 상자를 택한 다음 그 상자에서 임의로 한 개를 꺼낸 것이 노란 구슬이었다. 이 노란 구슬이 상자 A에서 나왔을 확률을 구하라.

□ 16. 다음과 같은 상금이 걸려 있는 복권을 사려고 한다. 전부 2000매가 발매되었다면 매 복권당 걸려 있는 상금의 기대값을 구하라.

구 별	매 수	상금(단위: 만원)
1등	1	100
2등	10	50
3등	40	10
4등	200	1
등 외	1749	0

□ 17. 임의로 동전 세 개를 던졌을 때 앞면이 나오는 횟수를 X라 하자. 확률변수 X의 확률분포를 구하라.

□ 18. 한 개의 주사위를 던질 때 나오는 눈을 확률변수 X라고 하자. 기대값 $E(X)$를 구하라.

□ 19. 다음 표는 X의 확률분포를 나타낸 것이다.

x	2	3	4	5	6
$P[X=x]$	0.1	0.3	0.3	0.2	0.1

(1) $E(X)$와 $E[(2X-3)^2]$을 구하라.

(2) $\mathrm{Var}(X)$와 $\mathrm{Var}(2X-3)$을 구하라.

□ 20. X의 확률분포가 다음과 같을 때 $E(10X+2)$와 $\mathrm{Var}(10X+2)$를 구하라.

x	0	1	2	3
$P[X=x]$	$\frac{1}{8}$	$\frac{1}{4}$	$\frac{1}{2}$	$\frac{1}{8}$

□ 21. 주사위 두 개를 동시에 던질 때 5의 눈이 나오는 횟수를 확률변수 X라 할 때 X의 평균과 분산을 구하라.

□ 22. 확률변수 X는 세 값 0, 1, 2를 취하고, 0, 1, 2에 대응하는 확률은 각각 $\frac{1}{2}$, $\frac{1}{3}$, $\frac{1}{6}$이다. X의 분포함수 $F(x)$를 구하라.

□ 23. 하나의 주사위를 두번 던지는 실험에서 X와 Y를 각각 다음과 같이 정하자.

X=두번의 실험에서 나타난 짝수의 횟수

Y=두번의 실험에서 나타난 3의 배수의 횟수

다음 물음에 답하라.

(1) X와 Y의 결합확률분포를 구하라.

(2) X와 Y의 주변확률분포를 각각 구하라.

(3) X와 Y의 공분산과 상관계수를 구하라.

□ 24. 두 확률변수 X와 Y의 결합확률분포가 다음과 같다.

x \ y	0	1	합
-1	0	$\frac{1}{3}$	$\frac{1}{3}$
0	$\frac{1}{3}$	0	$\frac{1}{3}$
1	0	$\frac{1}{3}$	$\frac{1}{3}$
합	$\frac{1}{3}$	$\frac{2}{3}$	1

다음 물음에 답하라.

(1) 기대값 $E(X)$와 $E(Y)$

(2) 분산 $\mathrm{Var}(X)$와 $\mathrm{Var}(Y)$

(3) 공분산 $\mathrm{Cov}(X, Y)$

(4) 상관계수 $\mathrm{Corr}(X, Y)$

(5) 확률변수 X와 Y가 독립인지 살펴보아라.

CHAPTER

6 상관분석 및 회귀분석

본장의 개요

이 장에서는 두 변수 사이에 관계가 있는지 없는지를 분석하는 상관분석(correlation analysis)과 한 변수에 대한 다른 변수의 변화를 예측하려고 할 때, 그 관계를 함수관계로 나타내어 분석하는 회귀분석(regression analysis)에 대하여 알아본다. 1절에서는 두 변수의 관계를 하나의 수로 나타내는 표본상관계수와 순위상관계수를 정의하여 이를 구하는 문제를 취급하고, 2절에서는 단순선형모형을 이용하여 독립변수의 값으로부터 이에 대응하는 종속변수의 값을 예측하고자 한다. 그리고 상관계수와 회귀계수와의 관계를 알아본다.

6.1 상관분석

사회현상이나 일상생활에는 두 가지 변수가 서로 관련된 경우가 많이 있다. 예를 들어 상품 수요량과 상품의 가격 사이의 관계, 어떤 대학 신입생의 수학성적과 물리성적 사이의 관계, 학업성적과 지능지수 사이의 관계, 경제성장률의 변동과 실업률 사이의 관계 등이다.

이와 같은 두 가지 변수 사이의 관계를 알아보기 위하여 산점도를 이용하는데, **산점도**(scatter diagram)란 주어진 자료를 좌표평면 위에 대응하는 점들로 나타내는 그림이다. 산점도를 이용하면 두 변수 사이의 관계를 대략적으로 파악할 수 있다. 다음 예제를 통하여 두 변수 사이의 관계를 산점도로 나타내 보자.

예제 1 다음 표는 어떤 병원에서 임의로 추출한 신생아 20명의 키와 머리둘레이다. 이 자료를 산점도로 나타내라.

x(키)	48	53	52	49	49	48	50	49	53	49	48	50	49	50	54	50	52	51	52	48
y(머리둘레)	33	36	35	34	35	34	34	34	35	33	34	35	33	35	37	35	34	35	35	33

풀이 이 자료를 산점도로 나타내면 그림 6.1과 같다.

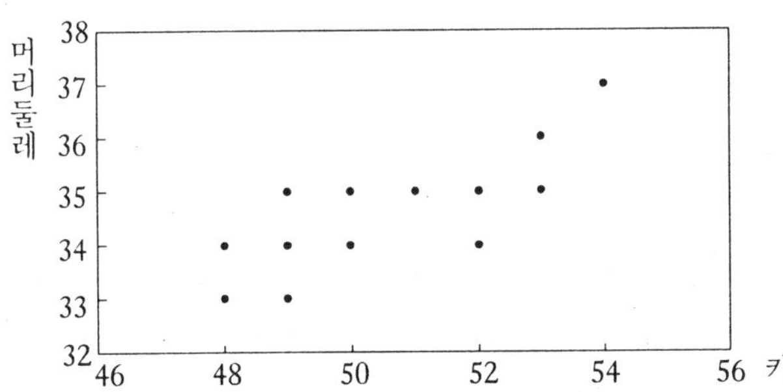

[그림 6.1] 키와 머리둘레

그림 6.1에서 신생아의 키가 크면 머리둘레도 크고, 키가 작으면 머리둘레도 작게 나타남을 알 수 있다. 즉 신생아의 키와 머리둘레 사이에는 어떤 관계가 있음을 알 수 있는데, 이것을 **상관관계**라고 한다.

상관관계가 있는 두 변수 X와 Y에 관한 산점도를 만들었을 때, 이들을 좌표로 하는 점 (x, y)가 대체로 양의 기울기를 가진 어떤 직선 주위에 분포되어 있을 경우 두 변수 사이에는 **양의 상관관계**가 있다고 한다. 반대로, 점들이 음의 기울기를 가진 어떤 직선 주위에 분포되어 있을 경우 두 변수 사이에는 **음의 상관관계**가 있다고 한다. 그리고 점들이 직선 주위에 가까이 모여 있을수록 상관관계가 강하다고 한다.

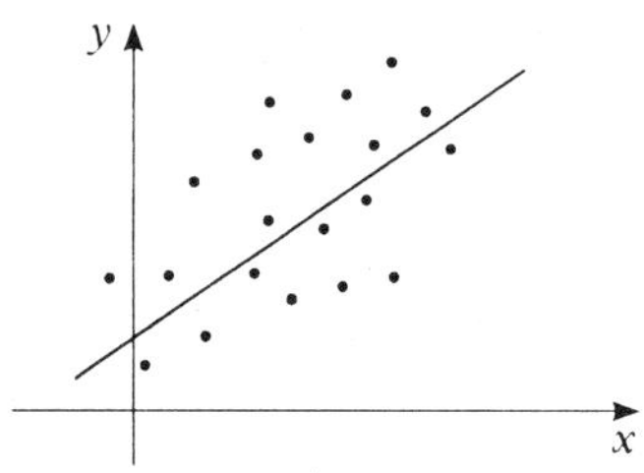

(1)

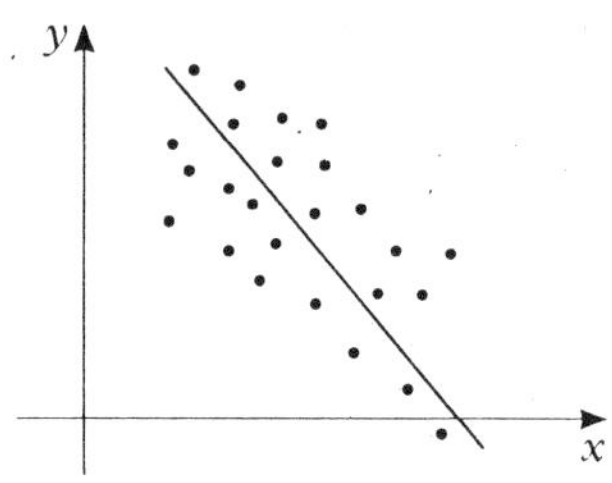

(2)

[그림 6.2] (1) **양의 상관관계의 산점도** (2) **음의 상관관계의 산점도**

특히, 그림 6.3의 산점도와 같이 점들이 각 방향으로 흩어져 있을 경우에는 상관관계가 없다 또는 무상관이라고 한다.

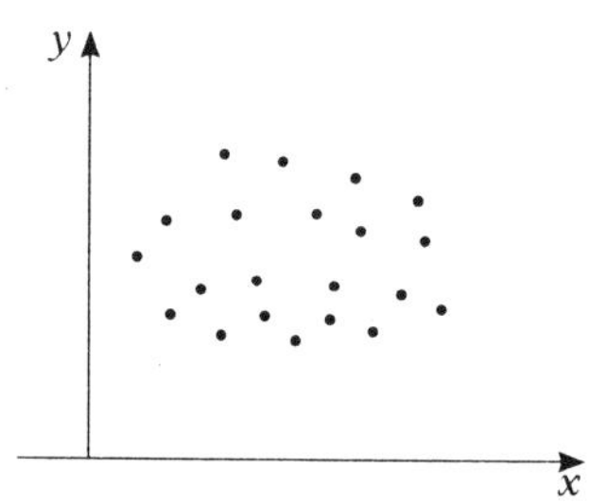

[그림 6.3] 무상관의 산점도

예제 1에서 알아본 것과 같이 산점도를 이용하여 두 변수 사이의 관계를 대략적으로 파악할 수 있다. 그러나 좀더 정밀한 분석을 위해서는 이러한 관계를 하나의 수치로 나타내는 통계량이 필요한데 그것이 **상관계수**(correlation coefficient)이다. 상관계수를 이용하여 두 변수 사이에 선형관계가 있고 없음을 분석하는 **상관분석**(correlation analysis)이 가능한데, 두 변수 사이의 관련성을 조사하는 것이 상관분석의 주요 목적이지 한 변수가 다른 변수와 어떠한 함수관계가 있는가를 파악하는 것이 목적은 아니다.

6.1.1 상관계수

직선 주변에 흩어져 있는 점들로부터 두 변수 X와 Y 사이의 관계를 짐작할 수 있는데, 점들이 어떤 직선 주변에 가까이 흩어져 있으면 강한 선형관계를 나타내고 멀리 흩어져 있으면 약한 선형관계를 나타낸다. 이러한 두 변수 사이의 관계를 하나의 수치로 나타낸 것을 **표본상관계수**(sample correlation coefficient)라고 한다. 실제로 어떤 모집단에서 두 변수 사이의 모상관계수를 구하는 일은 드물기 때문에 일반적으로 표본에서 추출한 값을 이용하여 표본상관계수를 구한다. 두 변수 X와 Y 사이의 표본상관계수를 보통 r로 나타내는데, 이는 다음과 같이 정의한다.

$$r=\frac{\sum_{i=1}^{n}(x_i-\bar{x})(y_i-\bar{y})}{\sqrt{\sum_{i=1}^{n}(x_i-\bar{x})^2}\sqrt{\sum_{i=1}^{n}(y_i-\bar{y})^2}}$$

5.9절로부터 모상관계수는 다음과 같이 정의되었다.

$$Corr(X, Y)=\frac{Cov(X, Y)}{\sigma_X\sigma_Y}$$

표본상관계수 r은 모상관계수 $Corr(X, Y)$와 상당히 비슷한 형태를 취하는데, 다음의 치환 규칙을 적용하여 얻을 수 있다.

$Cov(X, Y)$을 $\frac{1}{n-1}\sum_{i=1}^{n}(x_i-\bar{x})(y_i-\bar{y})$로, ${\sigma_X}^2$을 $\frac{1}{n-1}\sum_{i=1}^{n}(x_i-\bar{x})^2$로, ${\sigma_Y}^2$을 $\frac{1}{n-1}\sum_{i=1}^{n}(y_i-\bar{y})^2$로 치환한다.

계산의 편의를 위하여 표본상관계수의 공식을 다음과 같이 바꾸어 이용한다.

$$r=\frac{s_{xy}}{s_x s_y}=\frac{\sum_{i=1}^{n}x_i y_i-n\bar{x}\bar{y}}{\sqrt{\left[\sum_{i=1}^{n}{x_i}^2-n\bar{x}^2\right]\left[\sum_{i=1}^{n}{y_i}^2-n\bar{y}^2\right]}}$$

$$=\frac{\sum_{i=1}^{n}x_i y_i-(\sum_{i=1}^{n}x_i)(\sum_{i=1}^{n}y_i)/n}{\sqrt{\left[\sum_{i=1}^{n}x_i^2-(\sum_{i=1}^{n}x_i)^2/n\right]\left[\sum_{i=1}^{n}y_i^2-(\sum_{i=1}^{n}y_i)^2/n\right]}}$$

여기서 $s_{xy}=\sum_{i=1}^{n}(x_i-\bar{x})(y_i-\bar{y})=\sum_{i=1}^{n}x_i y_i-n\bar{x}\bar{y}=\sum_{i=1}^{n}x_i y_i-(\sum_{i=1}^{n}x_i)(\sum_{i=1}^{n}y_i)/n$

$$s_x=\sqrt{\sum_{i=1}^{n}(x_i-\bar{x})^2}=\sqrt{\sum_{i=1}^{n}{x_i}^2-n\bar{x}^2}=\sqrt{\sum_{i=1}^{n}{x_i}^2-(\sum_{i=1}^{n}x_i)^2/n}$$

$$s_y = \sqrt{\sum_{i=1}^{n}(y_i - \bar{y})^2} = \sqrt{\sum_{i=1}^{n} y_i^2 - n\bar{y}^2} = \sqrt{\sum_{i=1}^{n} y_i^2 - (\sum_{i=1}^{n} y_i)^2/n}$$

예제 2 예제 1의 자료에서 신생아의 키와 머리둘레 사이의 표본상관계수를 구하라.

x	y	xy	x^2	y^2
48	33	1584	2304	1089
53	36	1908	2809	1296
52	35	1820	2704	1225
49	34	1666	2401	1156
49	35	1715	2401	1225
48	34	1632	2304	1156
50	34	1700	2500	1156
49	34	1666	2401	1156
53	35	1855	2809	1225
49	33	1617	2401	1089
48	34	1632	2304	1156
50	35	1750	2500	1225
49	33	1617	2401	1089
50	35	1750	2500	1225
54	37	1998	2916	1369
50	35	1750	2500	1225
52	34	1768	2704	1156
51	35	1785	2601	1225
52	35	1820	2704	1225
48	33	1584	2304	1089
$\sum x_i = 1004$	$\sum y_i = 689$	$\sum x_i y_i = 34617$	$\sum x_i^2 = 50468$	$\sum y_i^2 = 23757$

풀이 신생아의 키와 머리둘레 사이의 표본상관계수는 다음과 같다.

$$r = \frac{\sum x_i y_i - (\sum x_i)(\sum y_i)/n}{\sqrt{[\sum x_i^2 - (\sum x_i)^2/n][\sum y_i^2 - (\sum y_i)^2/n]}}$$

$$= \frac{34617 - 1004 \cdot 689/20}{\sqrt{[50468 - 1004^2/20][23757 - 689^2/20]}}$$

$$= \frac{29.2}{\sqrt{67.2 \times 20.95}} = 0.7782$$

예제 3 다음 자료에서 두 변수 사이의 상관계수를 구하라.

x	5	1	4	3	2
y	0	4	2	0	−1

풀이 다음 표를 이용하여 상관계수 r을 구할 수 있다.

x	y	xy	x^2	y^2
5	0	0	25	0
1	4	4	1	16
4	2	8	16	4
3	0	0	9	0
2	−1	−2	4	1
$\sum x_i=15$	$\sum y_i=5$	$\sum x_i y_i=10$	$\sum x_i^2=55$	$\sum y_i^2=21$

그러면 상관계수는 다음과 같다.

$$r=\frac{\sum x_i y_i-(\sum x_i)(\sum y_i)/n}{\sqrt{[\sum x_i^2-(\sum x_i)^2/n][\sum y_i^2-(\sum y_i)^2/n]}}$$

$$=\frac{10-(15)(5)/5}{\sqrt{[55-(15)^2/5][21-(5)^2/5]}}$$

$$=\frac{-5}{\sqrt{10\times 16}}=-0.3953$$

예제 4 다음 표는 어떤 중학교에서 임의로 추출한 신입생 10명의 국어와 영어 성적이다. 이 자료를 산점도로 나타내고 국어와 영어 성적 사이의 상관계수를 구하라.

국 어	90	92	76	60	66	50	64	48	80	84
영 어	88	90	78	64	70	52	68	46	82	86

풀이 X와 Y를 각각 국어성적과 영어성적이라 하자. 그러면 다음이 성립한다.

$\sum x_i=710$, $\sum y_i=724$, $\sum x_i y_i=53532$, $\sum x_i^2=52652$, $\sum y_i^2=54488$,
$(\sum x_i)^2=504100$, $(\sum y_i)^2=524176$

따라서 상관계수는 다음과 같다.

$$r=\frac{\sum x_i y_i-(\sum x_i)(\sum y_i)/n}{\sqrt{[\sum x_i^2-(\sum x_i)^2/n][\sum y_i^2-(\sum y_i)^2/n]}}$$

$$=\frac{53532-710\cdot 724/10}{\sqrt{[52652-504100/10][54488-524176/10]}}$$

$$=\frac{2128}{\sqrt{2242\cdot 2070.4}}=0.9877$$

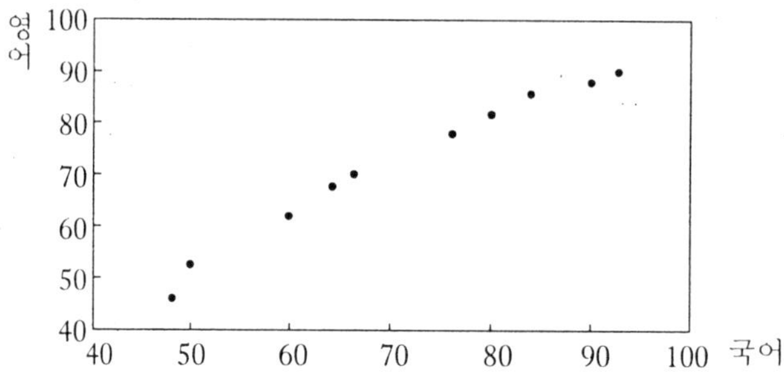

[그림 6.4] 국어성적과 영어성적

상관계수의 중요한 성질을 정리하면 다음과 같다.

상관계수의 성질

1. 상관계수 r은 변수 X와 Y 사이의 직선적인 관계의 강도를 나타내는 측도이며 r의 부호는 직선의 방향을 나타낸다.
2. 상관계수의 값 r은 항상 -1과 1 사이에 있다.
3. 상관계수의 값 r이 0과 1 사이에 있을 때는 두 변수 X와 Y 사이에는 양의 상관관계가 있다고 하고, r이 -1과 0 사이에 있을 때는 두 변수 X와 Y 사이에는 음의 상관관계가 있다고 한다. 특히 r이 1과 -1일 때는 X와 Y가 직선 위에 있을 때이며, 각각 **양의 완전상관관계**와 **음의 완전상관관계**가 있다고 한다.
4. x의 값이 $ax+b$로 바뀌고 y의 값이 $cy+d$로 바뀌어도 a와 c가 부호가 같을 때는 상관계수 r의 값은 변함이 없다.

6.1.2 순위상관계수

각종 경연대회에서는 성적으로 평가하는 것보다 순위로 평가하는 것이 바람직한데 이때 상관계수 대신 많이 사용하는 것이 **순위상관계수**이다.

두 변수 X와 Y의 n개의 자료값에 각각 순위를 매겨서 순위의 짝을 (x_1, y_1), $\cdots$, (x_n, y_n)이라 하자. 이때 순위상관계수를 r_s라 하면 다음과 같이 정의된다.

$$r_s = 1 - \frac{6\sum_{i=1}^{n}(x_i - y_i)^2}{n(n^2-1)}$$

예제 5 다음 표는 음악경연대회에서 4명의 학생이 받은 음악성(X)과 가창력(Y)의 성적 순위이다. 두 변수 사이의 순위상관계수를 구하라.

x	y
1	2
2	3
3	1
4	4

풀이
$$r_s = 1 - \frac{6\{(1-2)^2 + (2-3)^2 + (3-1)^2 + (4-4)^2\}}{4(4^2-1)}$$

$$= 1 - \frac{6(1+1+4)}{4 \cdot 15} = 0.4$$

6.2 회귀분석

두 변수 사이에 선형 관련성이 있는지 없는지를 조사하는 것이 상관분석의 주요 목적인데 반하여 두 변수의 관련성을 구체적인 함수의 형태로 나타내어 한 변수의 값으로부터 다른 변수의 값을 예측하는 것이 **회귀분석**(regression analysis)의 주요 목적이다.

예를 들어, 어떤 대학 1학년 학생의 수능성적과 입학성적을 살펴보면 다음과 같다.

수능성적(x)	320	330	335	350	360	370	380	390
입학성적(y)	540	545	560	580	580	630	630	700

위의 예에서 수능성적과 같이 다른 변수에 영향을 주는 변수를 **독립변수**(independent variable)라 하고 입학성적과 같이 다른 변수의 영향을 받는 변수를 **종속변수**(dependent variable)라 한다.

회귀분석의 목적은 독립변수의 값으로부터 종속변수의 값을 예측하는 것이다. 앞의 예에서 보듯이 수능성적(x)이 증가함에 따라서 입학성적(y)이 증가하는 것을 짐작할 수 있으나 그 관계식이 어떤 것인지를 즉시 알아내기는 어렵다.

회귀분석에서의 첫 번째 단계는 두 변수 사이의 관계를 조사하기 위해서 산점도를 그리는 것이다. 산점도를 그리면 두 변수 사이의 관계가 직선인지 아닌지를, 즉 직선 주변에 점들이 흩어져 있는지 아니면 곡선 주변에 점들이 흩어져 있는지를 짐작할 수 있다.

수능성적과 입학성적의 예에서 두 변수 x와 y 사이의 관계를 알아보기 위해서 산점도를 그려 보면 그림 6.5를 얻는다.

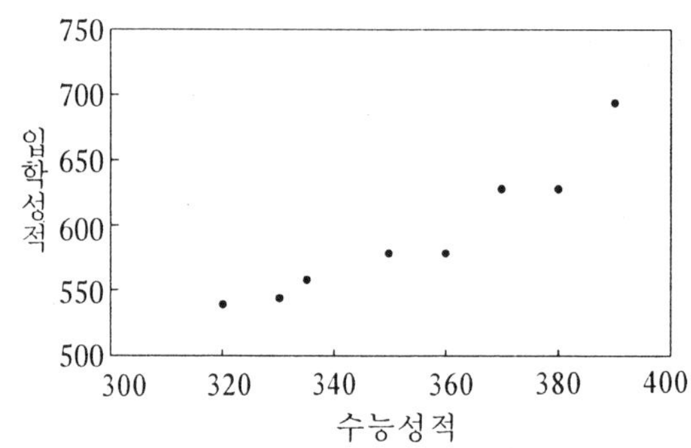

[그림 6.5] 수능성적과 입학성적

그림 6.5에서 두 변수는 직선 주변에 흩어져 있다는 사실로부터 두 변수 x와 y 사이의 관계는 직선임을 추측할 수 있고 회귀분석에서 직선식을 적합시키는 것이 타당하다.

독립변수가 한 개일 때의 회귀분석을 **단순회귀분석**(simple regression)이라 하고, 독립변수가 두 개 이상일 때의 회귀분석을 **중회귀분석**(multiple regression)이라 한다.

앞의 예에서와 같이 독립변수가 하나이고 독립변수와 종속변수의 관계가 직선관계인 경우를 **단순선형회귀**(simple linear regression)라 하는데, 이 절에서는 단순선형회귀만을 다루고자 한다.

6.2.1 단순선형회귀모형

단순선형회귀모형(simple linear regression model)을 다음과 같이 표현한다.

$$y_i=\alpha+\beta x_i+\varepsilon_i \quad (i=1, \cdots, n)$$

여기서 x_i: i번째 주어진 독립변수의 값

y_i: i번째 독립변수에 대응하는 종속변수의 값

ε_i: y_i의 오차항으로 평균이 0이고 분산이 σ^2인 정규분포를 따르는 확률변수, ε_i들은 서로 독립

단순선형회귀모형에서 미지의 직선관계를 나타내는 $y=\alpha+\beta x$를 **모회귀직선**(population regression line)이라 한다. **최소제곱법**(method of least squares)을 이용하여 모회귀직선을 추정하자.

산점도상의 점들에 적합한 직선을 $\hat{y}=\alpha+\beta x$라 하자. i번째의 실제 관측값 y_i와 x_i에 대응하는 추측값 $\hat{y}_i=\alpha+\beta x_i$와의 차 $d_i=y_i-(\alpha+\beta x_i)$를 **잔차**(residual)라 한다. 즉 잔차는 다음과 같다.

$$d_i=y_i-\hat{y}_i=y_i-(\alpha+\beta x_i)$$

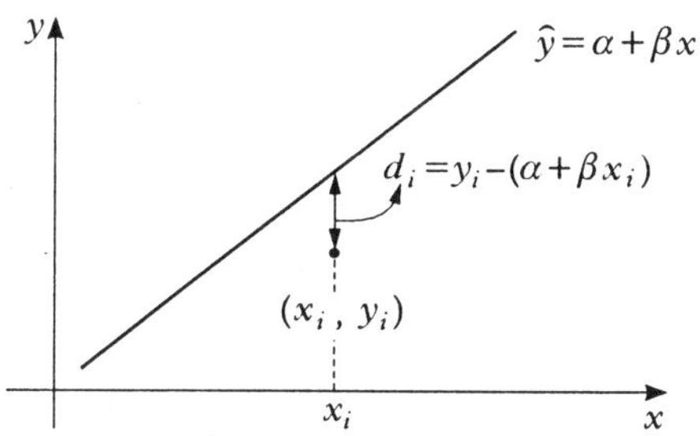

[그림 6.6] 잔 차

적합한 직선상의 n개의 점 사이의 모든 잔차의 제곱합을

$$D=\sum_{i=1}^{n} d_i^2=\sum_{i=1}^{n}\{y_i-(\alpha+\beta x_i)\}^2$$

이라 하고 최소제곱법을 이용하자. 최소제곱법은 잔차의 제곱합 D의 값이 최소가 되도록 α와 β를 추정하는 방법이다.

D를 최소로 하기 위하여 $\partial D/\partial\alpha=0$, $\partial D/\partial\beta=0$을 만족해야 한다. 즉 다음을 만족하는 α와 β를 결정하면 된다.

$$\frac{\partial D}{\partial\alpha}=-2\sum_{i=1}^{n}(y_i-\alpha-\beta x_i)=0$$
$$\frac{\partial D}{\partial\beta}=-2\sum_{i=1}^{n}(y_i-\alpha-\beta x_i)x_i=0$$

위의 식을 다시 정리하면

$$\sum_{i=1}^{n}y_i=n\alpha+\beta\sum_{i=1}^{n}x_i$$
$$\sum_{i=1}^{n}x_iy_i=\alpha\sum_{i=1}^{n}x_i+\beta\sum_{i=1}^{n}x_i^2$$

가 되는데 위의 식을 **정규방정식**(normal equation)이라 한다.

정규방정식에서 α와 β를 **회귀계수**라 하고 이것의 값을 구하면 다음과 같다.

$$\beta=\frac{\sum_{i=1}^{n}x_iy_i-n\bar{x}\bar{y}}{\sum_{i=1}^{n}x_i^2-n\bar{x}^2}=\frac{S_{xy}}{S_x^{\,2}}$$
$$\alpha=\bar{y}-\beta\bar{x}$$

이렇게 구해진 직선 $\hat{y}=\alpha+\beta x$를 **추정회귀직선**(estimated regression line) 또는 **최소제곱회귀직선**이라 한다. 추정회귀직선을 정리하면 다음과 같다.

추정회귀직선

$$\hat{y}-\bar{y}=\beta(x-\bar{x})$$
$$\beta=\frac{S_{xy}}{S_x^{\,2}}=\frac{\sum_{i=1}^{n}x_iy_i-(\sum_{i=1}^{n}x_i)(\sum_{i=1}^{n}y_i)/n}{\sum_{i=1}^{n}x_i^2-(\sum_{i=1}^{n}x_i)^2/n}$$

예제 6 다음 자료에서 추정회귀직선을 구하라.

x	1	2	2	3	3	4	5	5	6	6
y	2.5	2.5	2.6	3.2	3.5	4.0	5.3	4.8	5.8	7.0

풀이 위의 자료에서 다음을 얻는다.

$$\bar{x}=\frac{\sum x_i}{n}=\frac{37}{10}=3.7$$

$$\bar{y}=\frac{\sum y_i}{n}=4.12$$

$$s_x{}^2=\sum x_i^2-n\bar{x}^2=165-136.9=28.1$$

$$s_{xy}=\sum x_i y_i-n\bar{x}\bar{y}=176.1-10\cdot 3.7\cdot 4.12=23.66$$

따라서 다음을 얻는다.

$$\beta=\frac{s_{xy}}{s_x{}^2}=\frac{23.66}{28.1}=0.842$$

$$\alpha=\bar{y}-\beta\bar{x}=4.12-0.842\cdot 3.7=1.0046$$

그러므로 추정회귀직선은 $\hat{y}=0.842x+1.0046$가 된다. 산점도에 회귀직선을 그려보면 그림 6.7과 같다.

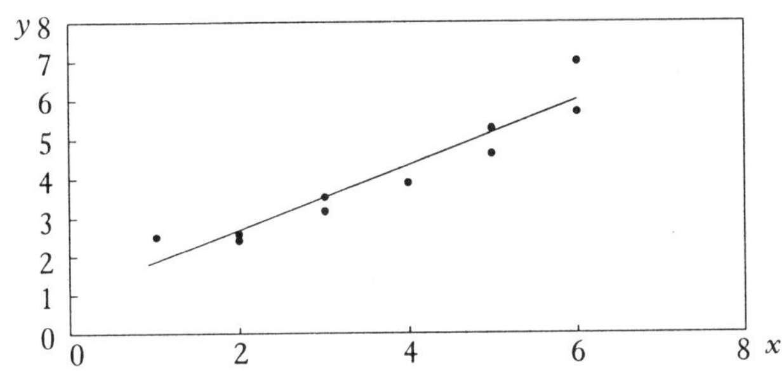

[그림 6.7] 추정회귀직선

단순회귀모형이 적합하게 적용되었는지 알아보자. 관측값 $y_i(i=1, \cdots, n)$는 다음과 같이 두 요소로 분할된다.

$$y_i=\hat{y}_i+(y_i-\hat{y}_i)$$

여기서 $\hat{y}_i$는 선형관계에 의해 설명되는 요소이고, $(y_i-\hat{y}_i)$은 잔차로서 선형관계에 의해 설명되지 않는 요소이다.

이 식은 다음과 같이 나타낼 수 있다.

$$y_i-\bar{y}=(y_i-\hat{y}_i)+(\hat{y}_i-\bar{y})$$

여기서 $y_i-\bar{y}(i=1, \cdots, n)$을 **총편차**(total deviation)라 한다.

위의 식의 양변을 제곱하고 정규방정식의 결과를 이용하면 다음을 유도할 수 있다.

$$\sum_{i=1}^{n}(y_i-\bar{y})^2=\sum_{i=1}^{n}(y_i-\hat{y}_i)^2+\sum_{i=1}^{n}(\hat{y}_i-\bar{y})^2$$

여기서 $\sum_{i=1}^{n}(y_i-\bar{y})^2$을 **총제곱합**(total sum of squares)이라 하며, 기호로 SST로 나타내고, $\sum_{i=1}^{n}(\hat{y}_i-\bar{y})^2$을 **회귀제곱합**(regression sum of squares)이라 하며, 기호로 SSR로 나타낸다. 또 $\sum_{i=1}^{n}(y_i-\hat{y}_i)^2$은 **오차제곱합**(residual sum of squares)이라 하며 SSE로 나타낸다. 이를 정리하면 다음과 같다.

$$\underset{SST}{\sum_{i=1}^{n}(y_i-\bar{y})^2}=\underset{SSE}{\sum_{i=1}^{n}(y_i-\hat{y}_i)^2}+\underset{SSR}{\sum_{i=1}^{n}(\hat{y}_i-\bar{y})^2}$$

총제곱합 SST에 비하여 회귀제곱합 SSR이 차지하는 부분이 크면 회귀모형이 관측 결과를 잘 설명해 준다고 할 수 있다.

총제곱합 중에서 회귀제곱합이 차지하는 비율인

$$r^2=\frac{SSR}{SST}$$

를 **결정계수**(coefficient of determination) 또는 **회귀직선의 기여율**이라 부른다.

6.1.1절과 회귀계수를 이용하여 SST, SSR을 다음과 같이 구할 수 있다.

$$SST=\sum_{i=1}^{n}(y_i-\bar{y})^2=\sum_{i=1}^{n}y_i^2-(\sum_{i=1}^{n}y_i)^2/n$$

$$SSR=\sum_{i=1}^{n}(\hat{y}_i-\bar{y})^2=\frac{\left\{\sum_{i=1}^{n}x_iy_i-(\sum_{i=1}^{n}x_i)(\sum_{i=1}^{n}y_i)/n\right\}^2}{\sum_{i=1}^{n}x_i^2-(\sum_{i=1}^{n}x_i)^2/n}$$

따라서 결정계수는 다음과 같이 나타낼 수 있다.

$$r^2=\frac{SSR}{SST}=\frac{\left\{\sum_{i=1}^{n}x_iy_i-(\sum_{i=1}^{n}x_i)(\sum_{i=1}^{n}y_i)/n\right\}^2}{\left\{\sum_{i=1}^{n}x_i^2-(\sum_{i=1}^{n}x_i)^2/n\right\}\left\{\sum_{i=1}^{n}y_i^2-(\sum_{i=1}^{n}y_i)^2/n\right\}}$$

예제 7 예제 6의 자료에서 결정계수를 구하라.

풀이 $n=10,\quad \sum_{i=1}^{n} x_i=37,\quad \sum_{i=1}^{n} y_i=41.2$

$$\sum_{i=1}^{n} x_i^2=165,\quad \sum_{i=1}^{n} y_i^2=191.52$$

$$\sum_{i=1}^{n} x_i^2-(\sum_{i=1}^{n} x_i)^2/n=28.1$$

$$\sum_{i=1}^{n} y_i^2-(\sum_{i=1}^{n} y_i)^2/n=21.776$$

$$\sum_{i=1}^{n} x_i y_i-(\sum_{i=1}^{n} x_i)(\sum_{i=1}^{n} y_i)/n=23.66$$

이므로 결정계수는 다음과 같다.

$$r^2=\frac{23.66^2}{(28.1)(21.776)}=0.91$$

이것은 전체 자료의 산포의 91%가 선형회귀에 의해 설명될 수 있음을 뜻하므로 단순선형회귀모형이 매우 만족스럽다고 할 수 있다.

6.2.2 상관계수와 회귀계수와의 관계

상관계수 r과 회귀계수 β와의 관계를 살펴보면 다음과 같다.

$$\beta=\frac{Sxy}{Sx^2}$$

$$=\frac{Sxy}{Sx\,Sy}\cdot\frac{Sy}{Sx}$$

$$=r\cdot\frac{Sy}{Sx}$$

그리고 상관계수 r과 회귀계수 β와의 관계로부터 다음을 알 수 있다.

$\beta>0$이면 $r>0$이므로 두 변수 X와 Y는 양의 상관관계이다.
$\beta<0$이면 $r<0$이므로 두 변수 X와 Y는 음의 상관관계이다.
$\beta=0$이면 $r=0$이므로 무상관이다.

추정회귀직선은 상관계수를 이용하여 다음과 같이 나타낼 수 있다.

$$\hat{y}-\bar{y}=r\cdot\frac{Sy}{Sx}(x-\bar{x})$$

예제 8 x의 표준편차는 4이고, y의 표준편차는 8이다. 그리고 추정회귀직선은

$$\hat{y}=0.5x+4.5$$

이다. 두 변수 X와 Y 사이의 상관계수를 구하라.

풀이 $\beta=r\cdot\frac{s_y}{s_x}$이므로 $0.5=r\frac{8}{4}$이다. 그러므로 상관계수 $r=\frac{1}{4}$이다.

예제 9 두 변수 X와 Y 사이의 상관계수 $r=0.8$이다. x의 평균은 20이고 x의 분산은 64이고, y의 평균은 30이고 y의 분산은 625이다. 추정회귀직선을 구하라.

풀이 $\beta=r\cdot\frac{s_y}{s_x}=0.8\cdot\frac{25}{8}=2.5$이므로 $\hat{y}-\bar{y}=\beta(x-\bar{x})$는 $\hat{y}-30=2.5(x-20)$가 된다. 따라서 다음을 얻는다.

$$\hat{y}=2.5x-20$$

6.3 SAS 실습

6장에서 사용한 SAS 프로시저는 다음과 같다.

(1) PLOT 프로시저: 두 변수 사이의 관계를 산점도로 보여준다.

형식

```
PROC PLOT 선택사항;
      PLOT 세로축 변수* 가로축변수 /선택사항;
      BY 변수명;
```

(2) CORR 프로시저: 여러 가지 상관계수를 제공한다.

형식

```
PROC CORR 선택사항;
      VAR 변수명; /*상관계수를 구할 변수 지정*/
      WITH 변수명; /*특별히 상관관계를 알고 싶은 변수들만 지정할
                 경우*/
      BY 변수명; /*변수별로 결과 출력*/
```

(3) REG 프로시저: 선형회귀모형의 회귀계수를 구할 때 사용한다.

형식

```
PROC REG 선택사항;
      MODEL 종속변수=독립변수/선택사항; /*회귀모형 선언*/
      BY 변수명; /*변수별로 회귀분석 실시*/
      OUTPUT OUT=자료 세트명 선택사항; /*결과 저장*/
```

예제 10 대학교 다니는 남매가 있는 11가족을 임의로 추출하여 각 가족에 속하는 남매의 키를 측정하였더니 다음과 같았다(단위:cm). 남매 구성원의 키 사이의 상관계수를 SAS를 이용하여 구하라.

가족	1	2	3	4	5	6	7	8	9	10	11
남자	180	173	168	170	178	180	178	185	183	165	168
여자	175	163	165	160	165	157	165	163	168	150	157

풀이

```
DATA height;
       INPUT x y @@ ;
       CARDS;
       180 175 173 163 168 165 170 160 178 165 180 157
       178 165 185 163 183 168 165 150 168 157
RUN;
PROC PLOT; /*산점도*/
      PLOT y*x ;
PROC CORR; /*상관분석*/
      VAR x ;
      WITH y ;
RUN;
```

결과

1. 산점도

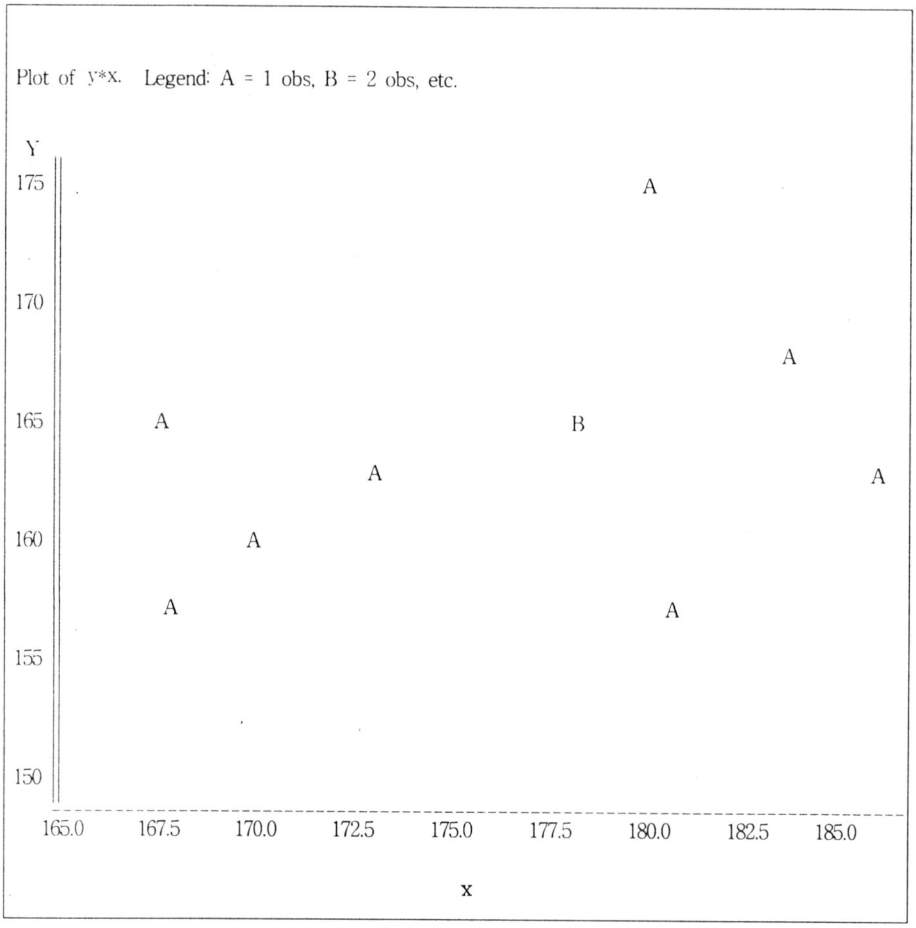
Plot of y*x. Legend: A = 1 obs, B = 2 obs, etc.
Y
175
170
165
160
155
150
165.0
167.5
170.0
172.5
175.0
177.5
180.0
182.5
185.0
x

2. 상관분석

```
CORR 프로시저
                        2변수: x        y
                           단순 통계
변수   N     평균       표준편차     합       최소값        최대값
 x    11   175.27273   6.76891    1928   165.00000   185.00000
 y    11   162.54545   6.54773    1788   150.00000   175.00000
                    피어슨 상관 계수, N=11
               H0: Rho=0 검정에 대한 Prob>|r|
                          x
                   y   0.57842
                        0.0623
```

산점도에서 x는 남자의 키를 뜻하고 y는 여자의 키를 뜻한다. 결과로부터 간단한 기술 통계량을 볼 수 있으며 남매 구성원의 키 사이의 상관계수는 음영으로 나타난 값 0.57842임을 알 수 있다.

예제 11 어떤 공장에서 작업 경험과 여러 개인적인 여건이 비슷한 근로자 10명을 추출하여 6개월 동안 근로자의 결근 일수가 일일 평균 생산량에 미치는 영향을 조사하였다. 조사한 결과 다음과 같은 자료를 얻었다. SAS를 이용하여 이 자료에 대한 회귀직선을 구하라.

근로자	1	2	3	4	5	6	7	8	9	10
결근일수	1	1	2	2	3	3	3	4	4	5
생 산 량	50	45	31	30	28	25	23	28	22	21

```
DATA  rework;
      INPUT id x y @@;
      CARDS;
      1 1 50 2 1 45 3 2 31 4 2 30 5 3 28 6 3 25
      7 3 23 8 4 25 9 4 22 10 5 21
```

```
RUN;
PROC PLOT; /*산점도*/
      PLOT y*x='+';
PROC CORR; /*상관계수*/
      VAR x;
      WITH y;
PROC REG; /*회귀분석*/
      MODEL y=x;
RUN;
```

결과

1. 산점도

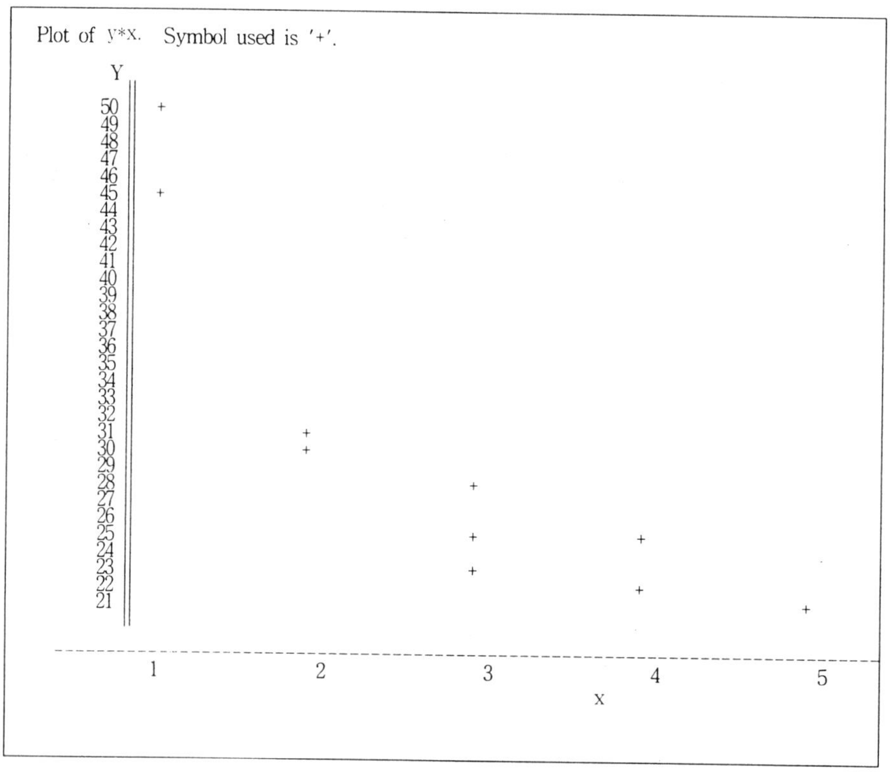

2. 상관계수

```
CORR 프로시저
                    2 변수:x      y
              피어슨 상관 계수, N=10
          H0: Rho=0 검정에 대한 Prob>|r|
                       x
          y      -0.87354
                  0.0010
```

3. 회귀분석

```
                    The REG Procedure
                     Model: MODEL1
                 Dependent Variable: y
                  Analysis of Variance
                       Sum of        Mean
  Source          DF   Squares       Square      F Value   Pr>F
Model              1   666.92308     666.92308    25.77    0.0010
Error              8   207.07692      25.88462
Corrected Total    9   874.00000
       Root MSE             5.08769    R-Square    0.7631
       Dependent Mean      30.00000    Adj R-Sq    0.7335
       Coeff Var           16.95898
                  Parameter Estimates
                    Parameter     Standard
  Variable    DF    Estimate      Error       t Value   Pr>|t|
  Intercept    1    48.30769     3.94932      12.23     <.0001
  x            1    -6.53846     1.28813      -5.08     0.0010
```

PROC REG 프로시저를 이용할 때 MODEL문에서 '종속변수=독립변수'의 형태를 만든다. 결과 2로부터 상관계수는 -0.87354임을 알 수 있다. 결과 3에서 Parameter Estimates 부분에 음영으로 나타난 값이 회귀계수인데 이것은 다음을 뜻한다.

$$\beta=-6.53846, \quad \alpha=48.30769$$

그러므로 추정회귀직선은 다음과 같다.

$$\hat{y}=48.30769-6.53846x$$

음영으로 나타난 부분의 R-square의 값은 전체 자료의 산포의 76.31%가 선형회귀에 의해서 설명될 수 있음을 뜻하므로 단순선형회귀 모형이 관측결과를 비교적 잘 설명해 주고 있음을 나타낸다.

연습문제(6)

□ 1. 다음과 같은 표가 주어졌을 때 변수 X와 Y 사이의 상관계수를 구하라.

(1)

x	1	3	4	6	9
y	16	18	20	21	19

(2)

x	2	4	6	8
y	1	3	3	6

□ 2. 다음 자료에서 X와 Y 사이의 상관계수를 구하라.

x	1	2	3	4	5
y	17	14	13	11	9

□ 3. 다음 자료는 A, B, C, D 학생의 학업순위 X와 체력순위 Y를 나타낸 것이다. X와 Y 사이의 순위상관계수를 구하라.

x	1	2	3	4
y	3	1	2	4

□ 4. 다음은 초등학교 1학년 학생들의 키와 몸무게를 조사한 표이다.

키	115	113	119	117	122	121	110	130	132	128
몸무게	20	21	19	22	24	23	18	30	35.4	28

(1) 상관계수를 구하라. (2) 산점도를 그려라.
(3) 추정회귀직선을 구하라.

□ 5. 다음 자료에 알맞은 추정회귀직선을 구하라.

x	1	2	3	4	5
y	1	5	9	10	17

□ 6. 다음과 같은 자료가 있다.

x	1	2	2	3	3	4	6	7	8	10
y	2.5	1.8	2.0	2.0	1.7	1.2	1.2	0.7	0.6	0.5

(1) 산점도를 그려라. (2) 추정회귀직선을 구하라.

□ 7. 추정회귀직선이 $\hat{y}=2x-3$이고 x의 표준편차와 y의 표준편차가 각각 3과 8일 때 X와 Y 사이의 상관계수 r의 값을 구하라.

□ 8. 어떤 반 학생의 신장(x)과 체중(y)을 조사했더니 $\bar{x}=170$ cm, $\bar{y}=60$ kg, $s_x=5$ cm, $s_y=4$ kg, $r=0.7$이었다. 신장이 180 cm인 학생의 체중을 추정하라.

□ 9. 다음은 어떤 대학교에서 임의로 추출한 신입생 20명의 대학입학 성적(x)과 1학년 1학기 중간고사 성적(y)을 나타낸 것이다.

학생	1	2	3	4	5	6	7	8	9	10
x	370	347	366	325	382	333	346	325	336	379
y	698	518	725	485	745	538	485	625	471	798

학생	11	12	13	14	15	16	17	18	19	20
x	374	328	352	357	374	385	371	302	350	392
y	645	578	625	558	698	745	611	458	538	778

SAS를 이용하여

(1) 대학입학 성적과 중간고사 사이의 표본상관계수를 구하라.

(2) 산점도를 그리고 회귀직선을 구하라.

CHAPTER

7 이산확률분포

본장의 개요

5장에서 확률변수의 확률분포 및 이와 관련된 일반적인 성질에 대하여 알아보았다. 여러 가지 확률분포가 있지만, 이 장에서는 통계적 추론에 많이 이용되고 실제 현상에서도 많이 나타나는 대표적인 이산확률분포에 대하여 알아본다. 1절에서는 베르누이 시행과 이항실험의 개념을 이해하고 2절에서는 1절의 내용을 바탕으로 하여 이산확률분포 중에서 가장 기본적이고 중요한 이항분포에 대하여 알아본다. 3절에서는 베르누이 시행이 독립이라는 조건을 만족시키지 못할 경우에 이용하는 초기하분포에 대하여 알아보고 4절에서는 일정한 시간 또는 일정한 크기의 공간에서 어떤 사상이 희귀하게 발생하는 경우에 사용하는 푸아송분포에 대하여 알아본다. 5절과 6절에서는 기하분포, 음이항분포에 대하여 다룬다.

7.1 베르누이 시행과 이항실험

어떤 시행이 오직 두 가지 가능한 결과, 즉 성공(S)과 실패(F) 중의 하나만을 가질 때, 이런 시행을 **베르누이 시행**(Bernoulli random trial)이라 한다. 이렇게 시행 결과를 둘 중의 하나로 분류할 수 있는 경우는 여러 분야에서 찾을 수 있다.

예를 들면, 달걀의 부화를 관찰해서 부화된 병아리를 암컷과 수컷 중 하나로 분류하는 경우, 생산된 제품을 하나씩 검사해서 검사 결과를 양호 또는 불량 중 하나로 분류하는 경우, 동전을 던지는 실험에서 결과를 앞면 또는 뒷면 중 하나로 분류하는 경우, 어떤 정책에 대한 의견을 찬성 또는 반대 중 하나로 분류하는 경우 등이다. 성공과 실패는 편의상 선택된 용어이며, 사전적인 의미를 갖지 않을 수도 있다.

다음에는 **이항실험**(binomial experiment)에 대해서 살펴보자. 이항실험은 베르누이 시행이 독립적으로 반복되는 실험을 말한다. 여기서 '독립적'이란 각 시행의 결과가 다른 시행의 결과에 영향을 미치지 않는다는 뜻이다. 이항실험의 특징을 요약하면 다음과 같다.

이항실험

1. 시행의 결과는 반드시 성공과 실패 둘 중의 하나로 나타난다.
2. 각 시행마다 성공의 확률은 같으며, 성공의 확률을 p, 실패의 확률을 q로 나타내면 $p+q=1$이다.
3. 시행은 독립적이다.

예제 1 한 개의 동전을 4번 던지는 실험을 생각하자. 앞면이 나오는 횟수를 X라 할 때 X의 확률분포를 구하라.

풀이 앞면이 나오면 성공이라 하고 s로 표시하고, 뒷면이 나오면 실패라 하고 f로 표시하자. X를 앞면이 나오는 횟수라 하면, 앞면은 0번, 1번, 2번, 3번, 4번이 나올 수 있기 때문에 X는 0, 1, 2, 3, 4 중에서 값을 취한다. 모든 가능한 경우를 조사해 보면 앞면의 수가 0인 경우는 1가지, 1인 경우는 4가지, 2인 경우는 6가지, 3인 경우는 4가지, 4인 경우는 1가지로 모두 16가지이며 모든 경우는 다음 표에 주어졌다. 16가지의 각 경우는 일어날 확률이 모두 같으므로 각 경우의 확률은 $\frac{1}{16}$이다. 이를 정리하면 다음 표와 같다.

	ffff	sfff fsff ffsf fffs	ssff sfsf sffs fssf fsfs ffss	sssf ssfs sfss fsss	ssss
X의 값	0	1	2	3	4
각 결과의 확률	1/16	1/16	1/16	1/16	1/16
경우의 수	1	4	6	4	1

따라서 앞면이 나오는 횟수 X의 확률분포는 다음과 같다.

x	0	1	2	3	4
$P[X=x]$	1/16	4/16	6/16	4/16	1/16

7.2 이항분포

7.1절의 예에서 본 대로, 동일한 성공의 확률을 가진 베르누이 시행을 독립적으로 반복하여 시행할 때 성공의 횟수에 대한 확률분포를 **이항분포**(binomial distribution)라고 한다.

이항분포에서 확률변수 X를 성공의 확률 p인 베르누이 시행을 n번 반복시행할 때의 성공의 횟수라 하면 그 확률은 다음과 같이 정의되며 이항분포를 $b(x;n, p)$ 또는 간단히 $b(n, p)$로 표시한다.

이항분포

$$P[X=x]=\binom{n}{x}p^x(1-p)^{n-x}, \qquad x=0, 1, 2, \cdots, n$$

예제 2 멘델의 유전자 이론에 의하면 빨간꽃과 흰꽃을 교배시키면 20%가 빨간꽃이 나타난다고 한다. 원예학자가 7쌍의 빨간꽃과 흰꽃을 교배시키기를 원할 때 다음 확률을 구하라.

(1) 꼭 2개가 빨간꽃이 나타날 확률

(2) 2개 이하가 빨간꽃이 나타날 확률

풀이 일곱쌍은 조상이 다르기 때문에 독립적이다. X를 교배 후 나타나는 빨간꽃의 갯수라 하자. $n=7$, $p=0.2$이므로 다음과 같이 확률을 구할 수 있다.

(1) $P[X=2]=\binom{7}{2}0.2^2 0.8^5=\frac{7!}{2!5!}0.2^2 0.8^5=0.3114$

(2) $P[X\leq 2]=\binom{7}{2}0.2^2 0.8^5+\binom{7}{1}0.2^1 0.8^6+\binom{7}{0}0.2^0 0.8^7$

$=0.852$

예제 2(2)의 풀이에서 계산이 상당히 복잡함을 느끼는데 이때 부록의 누적이항분포표를 이용하면 편리하게 확률을 구할 수 있다.

즉 $P[X\leq 2]$를 구하려면 부록의 누적이항분포표로부터 $n=7$인 부분에서 $p=0.2$의 열과 $c=2$인 행이 만나는 위치의 수 0.852를 읽는다. 따라서 $P[X\leq 2]=0.852$이다.

예제 3 예제 1에서 확률변수 X의 평균과 분산을 구하라.

풀이 $E(X)=\sum_i x_i P[X=x_i]=0\cdot\frac{1}{16}+1\cdot\frac{4}{16}+2\cdot\frac{6}{16}+3\cdot\frac{4}{16}+4\cdot\frac{1}{16}$

$=\frac{32}{16}=2=4\cdot\frac{1}{2}$

$\mathrm{Var}(X)=\sum_i x_i^2 P[X=x_i]-[E(X)]^2=0^2\cdot\frac{1}{16}+1^2\cdot\frac{4}{16}+2^2\cdot\frac{6}{16}$

$+3^2\cdot\frac{4}{16}+4^2\cdot\frac{1}{16}-2^2$

$=\frac{80}{16}-4=1=4\cdot\frac{1}{2}\cdot\frac{1}{2}$

X가 이항분포를 따를 때 X의 평균과 분산은 다음과 같다.

시행횟수 n, 성공의 확률 p인 이항분포의 평균과 분산

평균$=np$, 분산$=np(1-p)$

표준편차$=\sqrt{np(1-p)}$

예제 4 주사위 1개를 900회 던졌다. 5의 눈이 나타나는 횟수를 X라 할 때 X의 평균과 분산을 구하라.

풀이 시행횟수 n은 900이고 5의 눈이 나올 확률 p는 $\frac{1}{6}$이므로, X는 $b\left(900, \frac{1}{6}\right)$인 이항분포를 따른다. 그러므로 X의 평균과 분산은 다음과 같다.

$$\text{평균 } E(X)=np=900\times\frac{1}{6}=150$$

$$\text{분산 } \mathrm{Var}(X)=npq=900\times\frac{1}{6}\times\frac{5}{6}=125$$

7.3 초기하분포

유한 모집단에서 표본을 비복원추출할 경우에는 베르누이 시행이 독립이라는 조건을 만족시키지 못하므로 이항분포를 사용하지 못한다. 이런 경우에는 다음과 같은 **초기하분포**(hypergeometric distribution)를 사용한다.

크기 N인 유한 모집단은 특별한 속성 A를 가진 집단과 속성 A를 갖지 않는 집단으로 나누어진다고 가정하자. 예를 들면, 남성과 여성, 취업자와 실직자, 양품과 불량품 등과 같이 모집단을 나눌 수 있다. 모집단에서 속성 A를 가진 집단의 원소의 개수를 D라 하면 나머지 $N-D$개는 속성을 갖지 않는 집단의 원소의 개수이다. 이런 모집단에서 n개의 표본을 임의로 비복원추출할 때 추출된 표본에서 속성 A를 가진 집단의 원소의 개수 X의 확률분포를 초기하분포라 한다. 초기하분포의 확률분포는 다음과 같다.

초기하분포

$$P[X=x]=\frac{\binom{D}{x}\binom{N-D}{n-x}}{\binom{N}{n}},\ n\leq D,\ n\leq N-D,\ x=0,\ 1,\ \cdots,\ n$$

여기서 N은 모집단의 크기, D는 모집단에서 속성 A를 가진 집단의 개수, n은 표본의 크기, X는 표본에서 속성 A를 가진 집단의 개수를 나타낸다.

X가 초기하분포를 따를 때 X의 평균과 분산은 각각 다음과 같다.

초기하분포의 평균과 분산

$$평균=np \quad 단,\ p=\frac{D}{N}$$

$$분산=npq\left(\frac{N-n}{N-1}\right) \quad 단,\ q=1-p$$

여기서 $\frac{N-n}{N-1}$을 **유한 모집단 수정계수**라 하며, N이 크면 클수록 1에 접근한다.

7.4 푸아송분포

어떤 사상 S가 성공할 확률 $P(S)$를 p라고 할 때, n번의 베르누이 시행에서의 성공의 횟수에 대한 분포를 이항분포라 한다. 시행횟수 n이 매우 크고 p가 작으면 이항분포에서의 확률을 계산하기가 어렵다. 이 경우에 **푸아송분포**(Poisson distribution)라 부르는 확률분포를 정의하게 된다. 푸아송분포는 n을 매우 크게 하고 p를 매우 작게 하며 평균을 $np=m$으로 일정하게 하는 경우의 이항분포의 근사적인 확률분포라고 정의할 수 있다.

푸아송분포는 일정한 시간 또는 일정한 크기의 공간에서 어떤 사상이 희귀하게 발생할 때 그 사상이 일어날 횟수와 이에 대응하는 확률을 나타내는 확률분포이다. 예를 들어, 일정한 시간 내의 전화 통화 횟수, 어떤 상점에서 하루동안 팔린 냉장고의 수, 어느 복잡한 지역에서의 1일 교통사고의 수, 문서작성기로 작성한 페이지당 오자의 수 등에 푸아송분포를 적용할 수 있다.

푸아송분포의 사상 S는 다음과 같은 조건을 만족시켜야 한다.

(1) 독립성: 일정한 시간이나 일정한 크기의 공간에서 일어나는 사상 S의 횟수와 중복되지 않은 다른 일정한 시간이나 일정한 크기의 공간에서 일어나는 사상 S의 횟수는 서로 독립이다.

(2) 비집락성: 극히 작은 시간이나 공간에서 둘 또는 그 이상의 사상이 일어날 확률은 극히 작기 때문에 무시할 수 있다.

(3) 비례성: 일정한 시간이나 일정한 크기의 공간에서의 사상의 평균 출현 횟수는 일정하며, 통상 m으로 표시한다. 그리고 이것은 시간 또는 공간에 따라 변하지 않는다.

교통사고의 경우 푸아송분포를 따르고 있는지 다음의 예를 통하여 살펴보자. 오후 4시부터 5시까지 시청 앞에서 10분당 평균 1건의 교통사고가 발생한다고 하여 교통경찰은 이를 조사해 보려고 한다. 조사대상 시간인 4시에서 5시까지의 1시간을 아주 작은 단위시간인 1초 간격으로 나누어 생각할 수 있으며, 1초 동안에는 2건 이상의 교통사고가 발생할 확률이 아주 작다. 또한 4시 20분부터 30분까지 일어난 교통사고의 건수와 4시 30분부터 40분까지 일어난 교통사고의 건수는 서로 관계가 없다. 즉 각 시간대별로 발생하는 교통사고 건수는 독립이라고 할 수 있다. 이런 상황은 위의 세 가지 조건을 만족시키고 있으므로 매 시간 발생하는 교통사고의 건수는 푸아송분포를 따른다고 할 수 있다.

X를 일정한 시간 구간에서 일어나는 성공의 횟수라 하면, 위의 세 가지 조건 아래에서 X의 푸아송분포는 다음과 같이 정의된다.

푸아송분포

$$P[X=x]=\frac{e^{-m}m^x}{x!}, \qquad x=0,\ 1,\ 2,\ \cdots$$

여기서 m은 평균이다.

X가 푸아송분포를 따를 때 평균과 분산은 다음과 같다.

푸아송분포의 평균과 분산

평균$=m$, 분산$=m$

7.5 기하분포

기하분포(geomertic distribution)는 베르누이 시행에서 생기는 다른 종류의 이산확률분포이다. 이항분포와 달리 시행횟수 n을 미리 정하지 않고 베르누이 시행을 계속하다가 처음으로 성공이 나타나면 시행을 중단하자. 그러면 성공의 횟수는 1로 고정되고 시행횟수는 확률변수가 된다.

확률변수 X를 첫 번째 성공이 나올 때까지의 시행횟수라고 정의하면, X의 확률분포를 유도할 수 있다. X가 취하는 값은 1, 2, ⋯ 인데, 처음 $x-1$회까지는 실패이고 마지막 x번째가 성공인 경우는 확률변수 X가 x를 취하는 경우이므로 실패를 F, 성공을 S라고 하면 그 확률은 다음과 같다.

$$P[X=x]=P(\underbrace{FF\cdots F}_{x-1}\cdot S)=q^{x-1}p, \qquad x=1,\ 2,\ \cdots$$

성공할 확률 $P(S)$가 p이고, 실패할 확률 $P(F)$가 $q=1-p$인 반복독립시행에서 확률변수 X를 처음으로 성공이 나타날 때까지의 시행횟수라고 하면, X의 확률분포는 다음과 같으며 이 확률분포를 기하분포라 한다.

기하분포

$$P[X=x]=q^{x-1}p, \qquad x=1,\ 2,\ \cdots$$

X가 기하분포를 따를 때 평균과 분산은 다음과 같다.

기하분포의 평균과 분산

$$\text{평균}=\frac{1}{p}, \qquad \text{분산}=\frac{q}{p^2}$$

예제 5 어떤 사람이 운전면허시험에 합격할 확률은 0.7이라고 한다. 이 사람이 네 번만에 비로소 시험에 합격할 확률을 구하라.

풀이 X를 운전면허시험을 본 횟수라고 하면 $x=4$, $p=0.7$인 기하분포를 따른다. 따라서 다음을 얻는다.

$$P[X=4]=0.3^3 \cdot 0.7=0.0189$$

7.6 음이항분포

음이항분포(negative binomial distribution)는 이항분포의 역으로 생각할 수 있는 확률분포이다. 이항분포에서는 베르누이 시행을 n번 반복 시행할 때 얻은 성공의 횟수를 확률변수라 하는데 시행의 횟수는 고정시키고 성공의 횟수를 변하게 한다. 반면에, 음이항분포에서는 마지막 시행에서 성공하여 전체적으로 r번 성공하는 데 필요한 시행의 횟수를 확률변수 X라 하며, 이때 성공의 횟수는 고정되어 있고 시행의 횟수가 변한다. 예를 들면, $r=3$인 경우에 음이항분포의 실험에 대한 전형적인 결과는 다음과 같다.

ssffffs   sffffss   ffffsss   sss   ssfs

위의 각 경우에 확률변수 X의 값은 각각 7, 7, 7, 3, 4이다.

시행횟수 n을 미리 정하지 않고 마지막 시행에서 성공하여 전체적으로 성공의 횟수가 r번 나올 때까지 베르누이 시행을 독립적으로 반복하는 경우에, 성공할 확률을 p, 실패할 확률 $q=1-p$라 하면 r번 성공하기까지의 시행횟수 X에 대한 확률분포는 다음과 같다. 이 확률분포를 음이항분포라 한다.

음이항분포

$$P[X=x]=\binom{x-1}{r-1}p^r q^{x-r}, \qquad x=r,\ r+1,\ \cdots$$

X가 음이항분포를 따를 때 평균과 분산은 다음과 같다.

> **음이항분포의 평균과 분산**
>
> $$평균=\frac{r}{p}, \quad 분산=\frac{rq}{p^2}$$
>
> 여기서 $q=1-p$이다.

예제 6 눈수술을 받은 환자의 40%가 후유증이 없다고 한다. 이 눈수술을 7명의 환자까지 시행하여 비로소 4명의 환자가 후유증이 없을 확률을 구하라.

풀이 X를 r번 성공하기까지 시행한 횟수라고 하면 $X=7$, $r=4$, $p=0.4$인 음이항분포를 따르므로 구하는 확률은 다음과 같다.

$$P[X=7]=\binom{6}{3}0.4^4\,0.6^3=0.133$$

7.7 SAS 실습

직접 실험을 통해서 자료를 얻기 어려울 때는 모의실험을 하게 된다. 이때 실제 자료를 대신하여 난수를 통해 객관성을 확보할 수 있다. RANBIN 명령문을 이용하여 베르누이 시행과 이항분포에서 난수를 얻을 수 있다.

또 확률분포나 표본분포의 확률을 누적분포함수를 이용하여 계산할 수 있다. 7장에서 사용한 난수함수와 분포함수는 다음과 같다.

(1) 확률 p, 시행회수 n, 초기치(임의의 수를 입력) seed인 이항난수

형식

```
RANBIN(seed, n, p)
```

예제 7 동전 던지기를 100번 반복하는 모의실험을 실행하고 동전의 앞면이 나온 횟수에 대한 도수분포표를 작성하라.

풀이 동전을 던지는 실험은 성공확률이 0.5인 베르누이 시행에 해당하므로 $n=1$, $p=0.5$이다. 이에 대한 SAS 프로그램은 다음과 같다.

SAS 프로그램

```
DATA random;
      DO j=1 TO 100;
            x=RANBIN(0, 1, 0.5);
      OUTPUT;
      END;
RUN;
PROC FREQ DATA=random;
      TABLE x;
RUN;
```

예제 8 5개의 동전을 동시에 던져 앞면의 수를 기록하는 모의실험을 100회 실시하여 앞면의 수에 대한 막대그래프를 그리고 여러 가지 기술 통계량을 구하라.

풀이 이것은 $n=5$, $p=0.5$인 이항분포에 해당하므로 SAS 프로그램은 다음과 같다.

SAS 프로그램

```
DATA random5;
      DO j=1 TO 100;
            x=RANBIN(0, 5, 0.5);
      OUTPUT;
      END;
RUN;
PROC CHART;
      HBAR x/MIDPOINTS=0 TO 5;
RUN;
PROC MEANS;
      VAR x;
RUN;
PROC EREQ DATA=random5;
            TABLE x;
RUN;
```

앞면의 수에 대한 이론적인 평균은 $5\times0.5=2.5$, 표준편차는 $\sqrt{5\times0.5\times0.5}$ $=1.1180$이다. 100번 반복 실험한 결과는 평균이 2.55, 표준편차 1.2092이다 실험횟수를 더욱 크게 하면 실험 결과는 이론적인 값들로 수렴해 갈 것이다.

(2) 확률 p, 시행횟수 n인 이항분포에서의 분포함수 $F(x)$

형식 | PROBBNML(p, n, x) |

(3) 모집단의 크기 N, 표본의 크기 n, 확률 p인 초기하분포에서의 분포함수 $F(x)$

형식 | PROBHYPR(N, Np, n, x) |

(4) 평균 m인 푸아송분포에서의 분포함수 $F(x)$

형식 | POISSON(m, x) |

예제 9 어떤 식물의 발아율이 40%라고 알려졌다. 15개의 씨를 뿌렸을 때 다음 확률을 구하라.

(1) 꼭 10개가 발아할 확률 (2) 2개 이하가 발아할 확률

풀이 각 씨에 대한 결과는 독립적이라 가정하고, X는 발아할 씨의 수라 하자. 이항분포로부터 $n=15$, $p=0.4$이므로 $q=1-0.4=0.6$이다. 따라서 다음과 같이 확률을 구할 수 있다.

(1) $P[X=10]=\dfrac{15!}{10!5!}0.4^{10}0.6^{5}=0.025$

SAS프로그램을 이용할 때는 다음 식을 이용한다.

$$P(X=10)=P(X\leq10)-P(X\leq9)=F(10)-F(9)$$

SAS프로그램

```
DATA  bloom;
      a=PROBBNML(0.4, 15, 10);
      b=PROBBNML(0.4, 15, 9);
      prob=a-b;
RUN;
```

```
PROC PRINT;
RUN;
```

프로그램에서 $p=0.4$, $n=15$, $x=10$과 9이다.

결과

Obs	a	b	prob
1	0.99065	0.96617	0.024486

(2) 2개 이하가 발아할 확률

$$\begin{aligned} P[X \le 2] &= P[2\text{개 발아}] + P[1\text{개 발아}] + P[0\text{개 발아}] \\ &= \binom{15}{2}0.4^2 0.6^{13} + \binom{15}{1}0.4^1 0.6^{14} + \binom{15}{0}0.4^0 0.6^{15} \\ &= 0.027 \end{aligned}$$

SAS프로그램을 이용하면 $P=0.4$, $n=15$, $x=2$이다.

```
DATA  blooml;
      prob=PROBBNML(0.4, 15, 2);
RUN;
PROC PRINT;
RUN;
```

결과

Obs	prob
1	0.027114

예제 10 흰 구슬 3개와 검은 구슬 2개가 들어 있는 주머니에서 3개를 임의로 비복원추출할 때, 이 중에서 1개가 검은 구슬일 확률을 구하라.

풀이 5개의 구슬에서 3개를 추출하는 경우의 수는 $\binom{5}{3}$이고, 검은 구슬 2개 중에서 1개의 구슬을 추출하는 경우의 수는 $\binom{2}{1}$이며, 흰 구슬 3개 중에서 2개의 구슬을 추출하는 경우의 수는 $\binom{3}{2}$이다.

이제, X를 검은 구슬의 개수라 하면 X는 $N=5$, $D=2$, $n=3$인 초기하분포를 따른다. 따라서 다음을 얻는다.

$$P[X=1]=\frac{\binom{2}{1}\binom{3}{2}}{\binom{5}{3}}=\frac{2\cdot 3}{\frac{5\cdot 4}{2}}=\frac{3}{5}$$

SAS 프로그램을 이용할 때는 다음 식을 이용한다.
X를 검은 구슬의 개수라 하면 $N=5$, $Np=2$, $n=3$, $x=1$이다.

```
DATA  ball;
        a=PROBHYPR(5, 2, 3, 1)-PROBHYPR(5, 2, 3, 0);
RUN;
PROC PRINT;
RUN;
```

결과

Obs	a
1	0.6

예제 11 어느 교과서가 페이지당 평균 여섯 자의 오자가 있다고 한다. 이 교과서의 각 페이지에 있는 오자의 수가 푸아송분포를 따른다면 어느 한 페이지에 네 자의 오자가 있을 확률을 구하라.

풀이 교과서의 각 페이지에 있는 오자의 수를 X라 하면 $X=4$이고 평균 $m=6$이다. 따라서 $P[X=4]=\frac{e^{-6}6^4}{4!}=0.13385$이다.

SAS 프로그램을 이용할 때는 다음 식을 이용한다.

$$P(X=4)=P(X\leq 4)-P(X\leq 3)=F(4)-F(3)$$

SAS프로그램

```
DATA  miss;
        a=POISSON(6, 4)-POISSON(6, 3);
RUN;
PROC PRINT;
RUN;
```

프로그램에서 $m=6$, $x=4$와 3이다.

결과

Obs	a
1	0.13385

연습문제(7)

□ 1. 어떤 축구팀이 경기에서 이길 확률은 4/7이다. 이 팀이 경기를 5번 치르는 동안 정확히 3번 이길 확률을 구하라.

□ 2. 12개의 제품 중 4개가 불량품이다. 이 중에서 4개를 비복원추출했을 경우의 불량품의 수를 X라 하자.
(1) 확률변수 X의 확률분포를 구하라.
(2) $E(X)$, $\mathrm{Var}(X)$를 구하라.

□ 3. 5개의 동전을 던져서 앞면이 나오는 개수를 X라 할 때 X의 평균과 분산을 구하라.

□ 4. 10%의 불량품이 들어 있는 제품상자에서 임의로 25개를 꺼낼 때, 불량품의 평균개수와 표준편차를 구하라.

□ 5. 흰 공 5개와 검은 공 3개가 들어 있는 주머니에서 비복원으로 3개의 공을 꺼낼 때 흰 공 1개가 포함될 확률을 구하라.

□ 6. 어떤 레슬링 선수가 경기에서 이길 확률은 3/5 이다. 이 선수가 6번 경기에 출전해서 적어도 2번 이길 확률을 구하라.

□ 7. 새로 개발된 소프트웨어는 1년 동안 품질을 보증한다. 1년 동안 한 대당 서비스 요구 횟수는 평균이 4.0인 푸아송분포를 따른다고 한다면 1년 동안 3번 서비스를 요구할 확률을 구하라.

□ 8. 오전 10시에서 11시 사이에 어느 회사 교환대에 걸려오는 전화의 평균 횟수는 매분 3회이다. 이 시간에 1분간 걸려오는 전화의 횟수가 2회 이하일 확률을 구하라.

□ 9. 우리나라 왼손잡이의 비율은 1%라고 한다. 400명 중 왼손잡이가 3명 이상 있을 확률을 구하라.

□ 10. 종업원 200명이 있는 회사가 있다. 결근자의 수가 평균 3인 푸아송분포를 따른다면 결근자가 한 사람도 없을 확률을 구하라.

□ 11. 어떤 대학의 컴퓨터정보과 3학년 학생수가 40명이라고 한다. 이들 중 30명이 정보처리기사 시험에 합격했다고 하면 한 학생이 4번만에 기사시험에 합격할 확률을 구하라.

□ 12. 어떤 실험이 성공할 확률은 0.6이다. 5회 실험했을 때 비로소 3회 성공할 확률을 구하라.

□ 13. 어떤 약을 복용한 환자의 60%가 약의 효과를 보았다. 이 약을 8번째 환자까지 복용하여 5명의 환자가 효과를 볼 확률을 구하라.

□ 14. 고혈압 환자에게 어떤 약을 투여할 때 약에 대한 부작용이 5%라고 알려졌다. 이 병원에 다니는 환자 중 30명의 환자를 추출하여 투여할 때 다음 확률을 구하라.

(1) 부작용인 환자가 6명일 확률

(2) 부작용인 환자가 10명 이상 15명 이하일 확률

CHAPTER

8 연속확률분포

본장의 개요

이 장에서는 어떤 구간의 모든 값을 취할 수 있는 확률변수의 확률분포를 알아본다. 신장, 체중, 기온, 강수량 등의 측정값은 이런 형태의 확률변수이다. 이런 형태의 측정값을 기록할 때 측정기기의 제약 때문에 가장 적당한 정수값 또는 적당한 소수를 사용하긴 하지만 적절한 범위 내의 연속적인 값을 취하는 것이 더 바람직한 일이다.

실제 현상에서 연속확률분포는 확률변수의 분포의 상태를 잘 나타내는 이론적 모형으로 유용하게 쓰인다. 이 장에서는 연속확률분포에 포함되는 균등분포, 정규분포에 대하여 알아보기로 하겠다. 특히 4절에서는 무한모집단의 분포로서 가장 대표적인 확률분포인 정규분포의 성질을 다루고 대표적인 이산확률분포인 이항분포를 연속확률분포의 정규분포에 근사시키는 방법에 대하여 알아본다.

8.1 연속확률분포

어떤 실수 구간의 모든 값을 취하는 확률변수의 확률분포를 생각해보자. 온도, 체중, 신장, 강수량 등의 측정치가 이에 해당되는데, 이런 측정치를 기록할 때 단위에 따른 정수값이나 소수점 아래의 적당한 자리까지만을 근사값을 사용하는 것보다는 어떤 범위 내의 모든 값을 실험의 결과로 생각하는 것이 편리할 때가 있다. 이와 같이, 확률변수 X가 어떤 구간 내의 모든 값을 취할 때 X를 **연속확률변수**(continuous random variable)라 하고 연속확률변수의 확률분포를 **연속확률분포**(distribution of a continuous random variable)라 한다.

그림 8.1과 같은 문자판에 점 O를 중심으로 하여 자유로이 돌릴 수 있는 바늘이 붙은 장치가 있다. 바늘을 세게 돌려서 자연스럽게 멈춘 위치에서 바늘이 가리키는 눈금을 X라 하자. X는 0부터 1까지의 값을 취하는 확률변수이다.

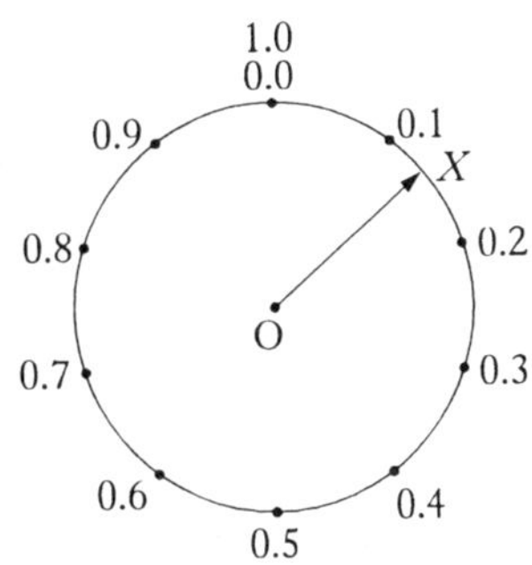

[그림 8.1] 연속확률변수 X

바늘이 멈추는 모든 경우가 동일한 가능성을 가지고 일어날 수 있으므로, X가 구간 $[a, b]$의 점을 가리키는 확률은 전체구간 $[0, 1]$의 길이와 구간 $[a, b]$의 길이의 비와 같다고 할 수 있다. 즉 다음과 같다.

$$P[a \le X \le b] = \frac{b-a}{1-0} = b-a \qquad (\text{단, } 0 \le a < b \le 1)$$

함수 f를 다음과 같이 정의하자.

$$f(x)=\begin{cases}1, & x\in[0,\ 1]\\ 0, & x\notin[0,\ 1]\end{cases}$$

그러면 다음이 성립한다.

$$P[a\le X\le b]=b-a=\int_a^b f(x)dx$$

이 식으로부터 X에 관한 확률은 함수 f에 의해서 결정됨을 알 수 있다. 이와 같은 함수 f를 X의 **확률밀도함수**(probability density function)라고 한다. 연속확률변수 X의 확률밀도함수를 다음과 같이 정의한다.

> **확률밀도함수의 정의: 연속확률변수의 경우**
>
> 다음을 만족시키는 f를 연속확률변수 X의 확률밀도함수라 한다.
>
> 1. 임의의 실수값 x에 대하여 $f(x)\ge 0$
> 2. $\int_{-\infty}^{\infty} f(x)dx=1$
> 3. $P[a\le X\le b]=\int_a^b f(x)dx \quad (-\infty<a<b<\infty)$

확률변수 X가 구간 $[a,\ b]$에 있을 확률 $P[a\le X\le b]$는 $x=a$와 $x=b$ 사이에서 함수 f의 그래프로 둘러싸인 영역의 넓이이다. $P[a\le X\le b]$는 그림 8.2로 나타나 있다.

확률밀도함수의 정의로부터 X가 연속확률변수일 때 다음이 성립함을 알 수 있다.

(1) 임의의 실수 $x\in X$에 대하여 $P[X=x]=\int_x^x f(x)dx=0$

(2) $P[a\le X\le b]=P[a\le X<b]=P[a<X\le b]=P[a<X<b]$

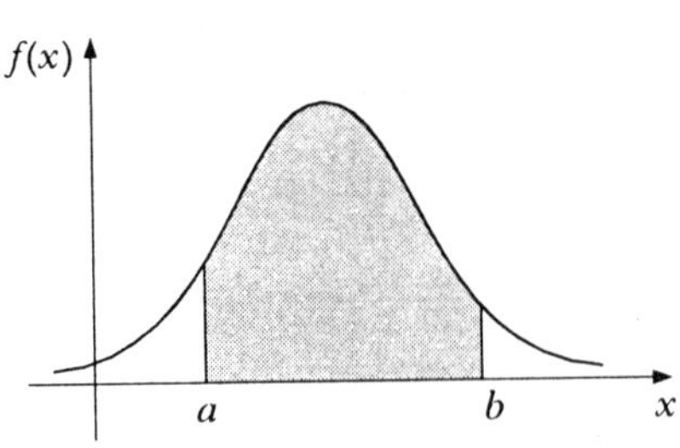

[그림 8.2] $P[a\le X\le b]$

예제 1 연속확률변수 X의 확률밀도함수가 다음과 같을 때, 확률 $P[0\le X\le 1\frac{1}{2}]$을 구하라.

$$f(x)=\begin{cases} 2x-2, & 1\le x\le 2 \\ 0, & x<1 \text{ 또는 } x>2 \end{cases}$$

풀이 구하는 확률은 다음과 같다.

$$\begin{aligned} P[0\le X\le 1\tfrac{1}{2}] &= \int_0^{1\frac{1}{2}} f(x)dx \\ &= \int_0^1 0dx+\int_1^{1\frac{1}{2}}(2x-2)dx \\ &= \Big[x^2-2x\Big]_1^{1\frac{1}{2}} \\ &= \left[\left(\frac{3}{2}\right)^2-2\cdot\frac{3}{2}\right]-[1^2-2\cdot 1] \\ &= \frac{1}{4} \end{aligned}$$

예제 2 확률밀도함수가 다음과 같을 때 상수 a의 값을 구하라.

$$f(x)=\begin{cases} ax^2, & 0<x<2 \\ 0, & x\le 0 \text{ 또는 } x\ge 2 \end{cases}$$

풀이 $\int_{-\infty}^{\infty} f(x)=1$이므로 $\int_0^2 ax^2dx=1$이다. 그런데

$$\int_0^2 ax^2dx=\left[\frac{ax^3}{3}\right]_0^2=\frac{8}{3}a=1$$

이어야 하므로 $a=\frac{3}{8}$이다.

연속확률변수 X가 모든 실수값을 취하고 X의 확률밀도함수가 f일 때 $\int_{-\infty}^{\infty} xf(x)dx$를 연속확률변수 X의 평균 또는 기대값이라 한다.

확률변수의 기대값

확률변수 X의 확률밀도함수를 f라 할 때 X의 기대값을 다음과 같이 정의한다.

$$E(X)=\int_{-\infty}^{\infty} xf(x)dx$$

예제 3 확률변수 X의 확률밀도함수가 다음과 같을 때 X의 기대값을 구하라.

$$f(x)=\begin{cases} \frac{1}{2}x, & 0\le x\le 2 \\ 0, & x<0 \text{ 또는 } x>2 \end{cases}$$

풀이 $E(X)=\int_{-\infty}^{\infty} xf(x)dx=\int_{0}^{2} x\left(\frac{x}{2}\right)dx=\frac{4}{3}$

확률변수 X의 분산과 표준편차

X의 기대값이 μ일때 다음이 성립한다.

1. $\mathrm{Var}(X)=E[(X-\mu)^2]=E(X^2)-\mu^2$
$$=\int_{-\infty}^{\infty}(x-\mu)^2 f(x)dx=\int_{-\infty}^{\infty}x^2 f(x)dx-\mu^2$$
2. $\mathrm{sd}(X)=\sqrt{\mathrm{Var}(X)}$

예제 4 예제 3의 확률밀도함수에 대하여 X의 분산과 표준편차를 구하라.

풀이 X의 기대값은 $\frac{4}{3}$이기 때문에 X의 분산은 다음과 같다.

$$\mathrm{Var}(X)=\int_{-\infty}^{\infty}x^2 f(x)dx-\left(\frac{4}{3}\right)^2=\int_{0}^{2}x^2\cdot\frac{1}{2}xdx-\frac{16}{9}=\frac{2}{9}$$

표준편차는 $\mathrm{sd}(X)=\frac{\sqrt{2}}{3}$이다.

8.2 분포함수

연속확률변수의 분포함수는 합 대신에 적분을 사용하는 것을 제외하면 이산확률변수의 경우와 똑같이 정의된다.

확률변수 X가 확률밀도함수 f를 가진 연속확률변수이면 임의의 실수 x에 대하여 다음이 성립한다.

$$F(x)=P[X\leq x]=\int_{-\infty}^{x} f(t)dt$$

어떤 실수 x_0에 대하여 $F(x_0)$를 구하기 위하여, x_0보다 작거나 같은 구간 위에서 확률밀도함수를 적분하면 된다. 이때 $F(x_0)$는 확률밀도함수와 x축과 x_0보다 작거나 같은 쪽으로 둘러싸인 부분의 넓이를 뜻한다.

예제 5 X가 다음과 같은 확률밀도함수를 가진다.

$$f(x)=\begin{cases} \frac{x}{2}, & 0<x<2 \\ 0, & x\leq 0,\ x\geq 2 \end{cases}$$

X의 분포함수 $F(x)$와 $P\left[\frac{1}{2}<X\leq 1\right]$를 구하고, $F(x)$의 그래프를 그려라.

풀이 X의 분포함수 F는 정의에 의해 다음과 같다.

$$P[X\leq x]=F(x)=\int_{-\infty}^{x} f(t)dt$$

구간별로 함수가 다르기 때문에 다음과 같이 구간을 나누어 분포함수를 구한다.

$x<0$일 때: $F(x)=P[X\leq x]=\int_{-\infty}^{x} f(t)dt=\int_{-\infty}^{x} 0dt=0$

$0\leq x\leq 2$일 때: $F(x)=\int_{-\infty}^{x} f(t)dt=\int_{0}^{x} \frac{t}{2}dt=\frac{x^2}{4}$

$x>2$일 때: $F(x)=\int_{-\infty}^{0} f(t)dt+\int_{0}^{2} f(t)dt+\int_{2}^{x} f(t)dt$

$$=\int_{0}^{2} \frac{t}{2}dt+\int_{2}^{x} 0dt=\left[\frac{t^2}{4}\right]_0^2=1$$

그러므로 다음을 얻는다.

$$F(x)=\begin{cases} 0, & x<0 \\ \dfrac{x^2}{4}, & 0\le x<2 \\ 1, & x\ge 2 \end{cases}$$

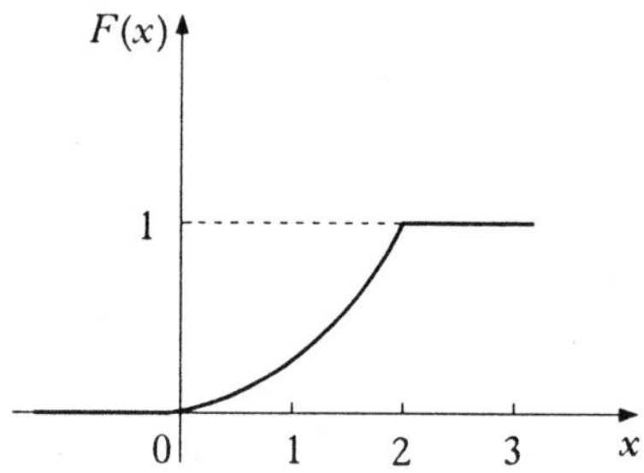

[그림 8.3] $F(x)$의 그래프

$P\left[\frac{1}{2}<X\le 1\right]$을 분포함수로 나타내면 다음과 같다.

$$P\left[\frac{1}{2}<X\le 1\right]=P[X\le 1]-P\left[X\le\frac{1}{2}\right]=F(1)-F\left(\frac{1}{2}\right)$$

그런데 $F\left(\frac{1}{2}\right)=\frac{1}{4}\left(\frac{1}{2}\right)^2=\frac{1}{16}$ 이고 $F(1)=\frac{1}{4}(1)^2=\frac{1}{4}$ 이므로 다음을 얻는다.

$$P\left[\frac{1}{2}<X\le 1\right]=F(1)-F\left(\frac{1}{2}\right)=\frac{1}{4}-\frac{1}{16}=\frac{3}{16}$$

이 값은 적분을 직접 이용해서 구한 것과 같다.

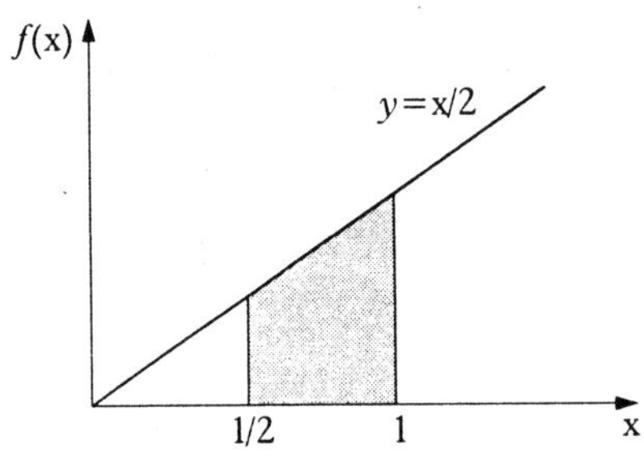

[그림 8.4] $P\left[\frac{1}{2}<X\le 1\right]$

그림에 나타낸 대로 $F(1)$은 1의 왼쪽에 있는 넓이이고 $F\left(\frac{1}{2}\right)$은 $\frac{1}{2}$의 왼쪽에 있는 넓이이다. $F(1)-F\left(\frac{1}{2}\right)$은 함수 $f(x)=\frac{x}{2}$이 $\frac{1}{2}$과 1 사이에 둘러싸인 부분의 넓이를 뜻한다.

8.3 균등분포

어떤 구간 안에서 일어날 확률이 항상 일정한 경우를 생각하자. 확률변수 X의 확률밀도함수 f가 다음과 같을 때, X는 **균등분포**(uniform distribution)를 따른다고 한다.

균등분포

$$f(x)=\begin{cases}\dfrac{1}{b-a}, & a\le x\le b\\ 0, & x<a \text{ 또는 } x>b\end{cases}$$

확률변수 X가 균등분포를 따르면 X의 분포함수는 다음과 같다.

$$F(x)=\begin{cases}0, & x<a\\ \dfrac{x-a}{b-a}, & a\le x\le b\\ 1, & b<x\end{cases}$$

균등분포의 확률밀도함수와 분포함수의 그래프는 다음과 같다.

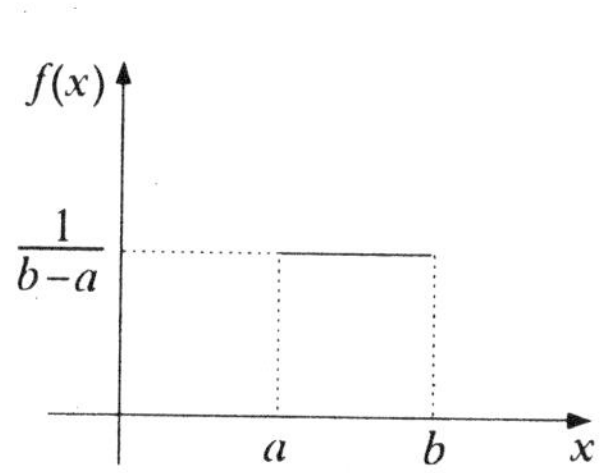

[그림 8.5] 확률밀도함수

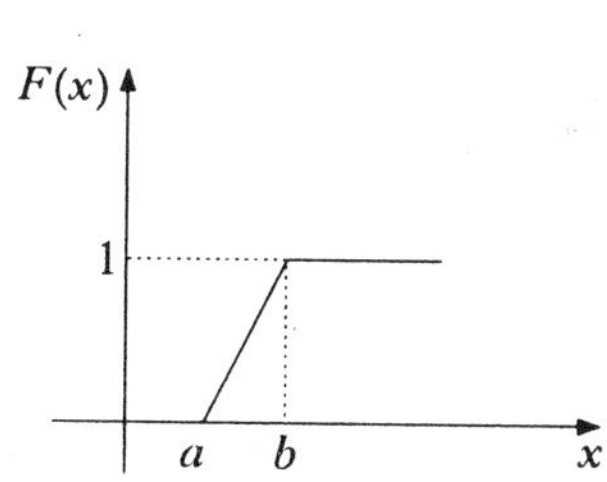

[그림 8.6] 분포함수

확률변수 X가 균등분포를 따를 때 평균과 분산은 기대값의 성질과 적분에 의해서 쉽게 구할 수 있는데 다음과 같다.

균등분포의 평균과 분산

$$\text{평균} = \frac{a+b}{2}, \qquad \text{분산} = \frac{(b-a)^2}{12}$$

예제 6 확률밀도함수가 다음과 같은 균등분포가 있다.

$$f(x)=\begin{cases} \frac{1}{4}, & 2\leq x\leq 6 \\ 0, & x<2 \text{ 또는 } x>6 \end{cases}$$

분포함수를 구하고, 평균과 분산을 구하라.

풀이 $2\leq x\leq 6$에 대하여 $F(x)=\int_2^x \frac{1}{4}dt=\left[\frac{t}{4}\right]_2^x=\frac{x-2}{4}$이므로, 분포함수는 다음과 같다.

$$F(x)=\begin{cases} 0, & x<2 \\ \frac{x-2}{4}, & 2\leq x\leq 6 \\ 1, & x>6 \end{cases}$$

그리고 공식에 의하여, 평균과 분산은 다음과 같다.

$$\text{평균}=\frac{a+b}{2}=\frac{2+6}{2}=4$$

$$\text{분산}=\frac{(b-a)^2}{12}=\frac{(6-2)^2}{12}=\frac{4}{3}$$

8.4 정규분포

가우스(Carl Gauss)는 물리학 실험이나 천문학 실험을 할 때 나타나는 계측의 오차에 대한 확률분포로서 **정규분포**(normal distribution)를 유도하였다. 정규분포는 다음과 같은 이유 때문에 가장 중요한 연속확률분포이다.

(1) 실제의 실험 또는 현상과 관련해서 나타나는 여러 개의 확률변수는 정규분포를 한다.
(2) 여러 가지 복잡한 확률분포를 정규분포로 근사시킬 수 있다.
(3) 통계적 검정의 기초가 되는 어떤 확률변수들은 정규분포를 하고 있다.

정규분포는 평균 μ와 표준편차 σ에 의해 결정되며, 다음과 같은 확률밀도함수를 가진다.

평균이 μ이고 표준편차가 σ인 정규분포의 확률밀도함수

$$f(x)=\frac{1}{\sqrt{2\pi}\,\sigma}e^{-\frac{(x-\mu)^2}{2\sigma^2}}, \qquad -\infty<x<\infty$$

정규분포는 다음과 같은 성질을 가진다.
(1) 확률밀도함수 $f(x)$의 곡선은 종모양을 하고 있으며 $x=\mu$에 대하여 대칭이고 이 점에서 최대값 $\frac{1}{\sqrt{2\pi}\sigma}$을 가진다.
(2) 정규분포를 따르는 확률변수는 평균 주위의 값을 많이 취하며 평균으로부터 좌우로 표준편차의 3배 이상 떨어진 값은 거의 취하지 않는다.
(3) 왜도는 0이고 첨도는 3이다.

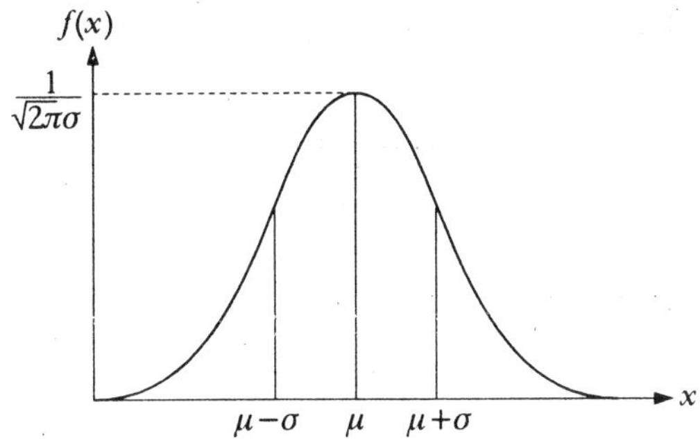

[그림 8.7] 정규분포곡선

확률변수 X가 평균이 μ이고 표준편차가 σ인 정규분포를 따를 때,

$$X \sim N(\mu,\ \sigma^2)$$

으로 나타낸다. X가 $N(\mu,\ \sigma^2)$인 정규분포를 따를 때 평균과 분산은 다음과 같다.

정규분포의 평균과 분산

평균$=\mu$, 분산$=\sigma^2$

정규분포에서 가장 많이 쓰이는 대표적인 확률은 다음과 같다.

정규분포에서의 대표적인 확률

X가 $N(\mu,\ \sigma^2)$를 따를 때 다음이 성립한다.

$$P[\mu-\sigma<X<\mu+\sigma]=0.6826$$
$$P[\mu-2\sigma<X<\mu+2\sigma]=0.9544$$
$$P[\mu-3\sigma<X<\mu+3\sigma]=0.9974$$

정규확률변수 X가 어떤 구간의 값을 취할 확률을 계산하기는 매우 복잡하므로, 적당한 변환을 통해 다른 정규확률변수로 바꾼다. 즉 어떤 정규확률변수 X가 평균이 μ이고 표준편차가 σ일 때,

$$Z=\frac{X-\mu}{\sigma}$$

는 평균이 0이고 표준편차 1인 정규분포를 따른다. 이 확률변수 Z를 **표준정규확률변수**(standard normal variable)라 하고, 이 확률분포를 **표준정규분포**(standard normal distribution)라 하며 다음과 같은 확률밀도함수를 가진다.

표준정규분포

$$f(z)=\frac{1}{\sqrt{2\pi}}e^{-\frac{z^2}{2}},\qquad -\infty<z<\infty$$

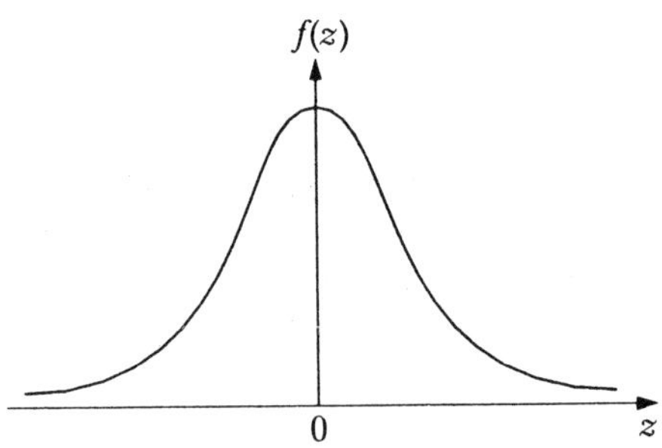

[그림 8.8] 표준정규분포곡선

Z가 표준정규분포를 따를 때, $N(0, 1)$로 나타내며 평균과 기대값은 다음과 같다.

표준정규분포의 평균과 분산
평균=0, 분산=1

부록에 있는 표준정규분포표의 값은 주어진 z값의 왼쪽 넓이이다.

즉 $P[Z \leq z]$=곡선 아래의 $Z=z$의 왼쪽의 넓이.

$[a, b]$ 구간의 확률을 구하기 위해서 다음 식을 이용한다.

$$P[a \leq Z \leq b] = [Z=b\text{의 왼쪽 넓이}] - [Z=a\text{의 왼쪽 넓이}]$$

확률밀도함수는 원점에 대하여 대칭이기 때문에 다음이 성립한다.

(a) $P[Z \leq 0] = 0.5$

(b) $P[Z \leq -z] = 1 - P[Z \leq z]$

표준정규분포의 확률계산은 부록에 주어진 수표를 이용하면 된다.

예제 7 Z가 표준정규분포 $N(0, 1)$을 따를 때, 다음 확률을 구하라.

(1) $P[Z \leq 1.03]$ (2) $P[Z > 2.54]$

풀이 (1) 구하려는 확률은 부록의 표 3으로부터 $Z=1.03$의 왼쪽의 넓이 0.8485이다.

(2) $P[Z > 2.54]$는 $Z=2.54$의 오른쪽 넓이로 다음과 같이 구한다.

$$\begin{aligned} P[Z > 2.54] &= 1 - P[Z \leq 2.54] \\ &= 1 - 0.9945 = 0.0055 \end{aligned}$$

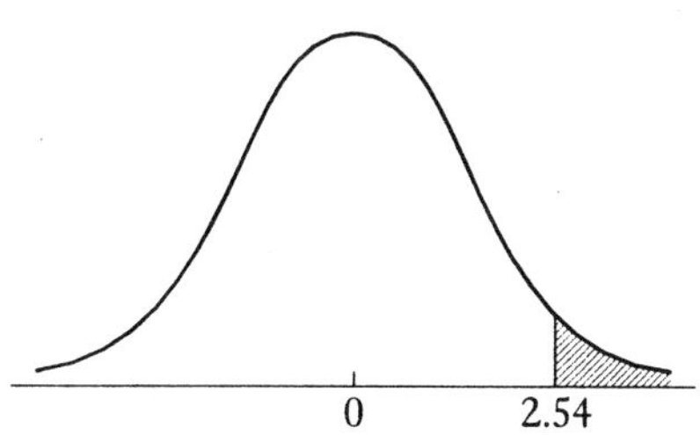

[그림 8.9] $P[Z > 2.54]$

예제 8 Z가 표준정규분포 $N(0, 1)$을 따를 때, $P[0.56<Z<2.13]$의 값을 구하라.

풀이 부록의 표 3으로부터 다음을 얻는다.

$$P[Z<2.13]=(Z=2.13\text{의 왼쪽 넓이})=0.9834$$
$$P[Z\le 0.56]=(Z=0.56\text{의 왼쪽 넓이})=0.7123$$

따라서 구하는 확률은 다음과 같다.

$$P[0.56<Z<2.13]=0.9834-0.7123=0.2711$$

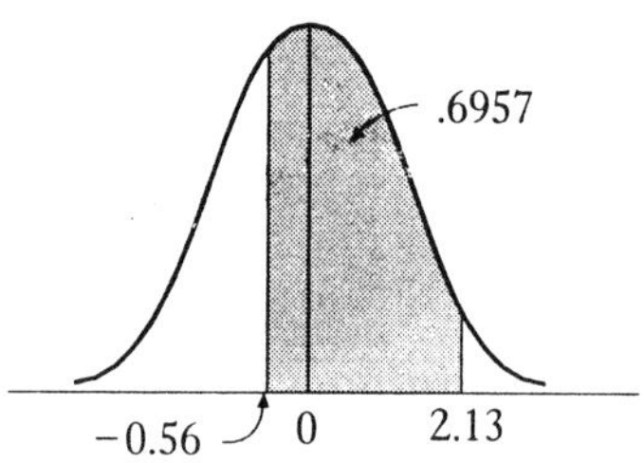

[그림 8.10] $P[-0.56<Z<2.13]$

확률변수 X가 평균 μ와 분산 σ^2을 가진 정규분포 $N(\mu, \sigma^2)$을 따를 때 확률 $P[a<X<b]$를 표준정규분포 $N(0, 1)$을 이용하여 다음과 같이 구한다.

$$\begin{aligned} P[a<X<b] &= P\left[\frac{a-\mu}{\sigma}<\frac{X-\mu}{\sigma}<\frac{b-\mu}{\sigma}\right] \\ &= P\left[\frac{a-\mu}{\sigma}<Z<\frac{b-\mu}{\sigma}\right] \end{aligned}$$

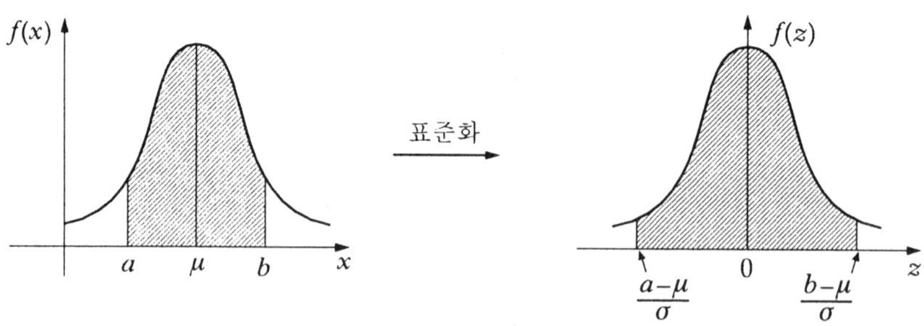

[그림 8.11] 정규분포의 표준화

예제 9 확률변수 X가 평균이 30이고 표준편차가 5인 정규분포를 따를 때 다음을 구하라.

(1) $P[X<25]$ (2) $P[X>40]$ (3) $P[40<X<45]$

풀이 (1) $P[X<25]=P\left[\frac{X-30}{5}<\frac{25-30}{5}\right]$

$=P[Z<-1]=1-P[Z\leq 1]$

$=0.1587$

(2) $P[X>40]=P\left[\frac{X-30}{5}>\frac{40-30}{5}\right]$

$=P[Z>2]$

$=1-P[Z\leq 2]$

$=1-0.9772=0.0228$

(3) $P[40<X<45]=P\left[\frac{40-30}{5}<\frac{X-30}{5}<\frac{45-30}{5}\right]$

$=P[2<Z<3]$

$=P[Z<3]-P[Z\leq 2]$

$=0.9987-0.9772=0.0215$

예제 10 평균이 μ이고 표준편차가 σ인 정규분포에서 다음을 구하라.

(1) $P[\mu-\sigma<X<\mu+\sigma]$ (2) $P[\mu-2\sigma<X<\mu+2\sigma]$

(3) $P[\mu-3\sigma<X<\mu+3\sigma]$

풀이 (1) $P[\mu-\sigma<X<\mu+\sigma]=P\left[\frac{(\mu-\sigma)-\mu}{\sigma}<\frac{X-\mu}{\sigma}<\frac{(\mu+\sigma)-\mu}{\sigma}\right]$

$=P[-1<Z<1]=P[Z<1]-P[Z\leq -1]$

$=2P[Z<1]-1$

$=2\cdot 0.8413-1$

$=0.6826$

(2) $P[\mu-2\sigma<X<\mu+2\sigma]=P\left[\frac{(\mu-2\sigma)-\mu}{\sigma}<\frac{X-\mu}{\sigma}<\frac{(\mu+2\sigma)-\mu}{\sigma}\right]$

$=P[-2<Z<2]=P[Z<2]-P[Z\leq -2]$

$=2P[Z<2]-1$

$=2\cdot 0.9772-1$

$=0.9544$

(3) $P[\mu-3\sigma<X<\mu+3\sigma]=P\left[\frac{(\mu-3\sigma)-\mu}{\sigma}<\frac{X-\mu}{\sigma}<\frac{(\mu+3\sigma)-\mu}{\sigma}\right]$

$=P[-3<Z<3]=P[Z<3]-P[Z\leq-3]$

$=2P[Z<3]-1$

$=2\cdot 0.9987-1$

$=0.9974$

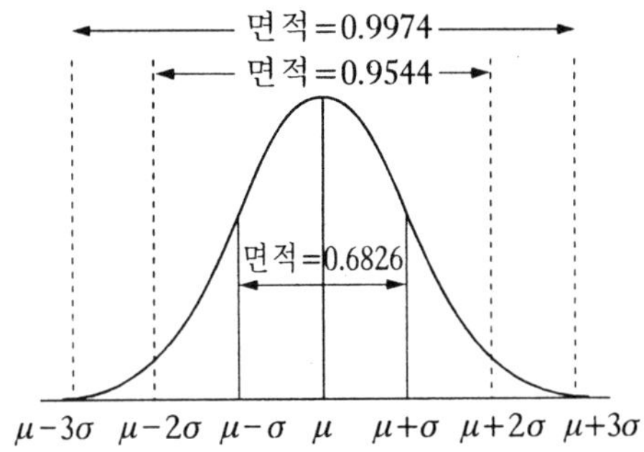

[그림 8.12] $k=1, 2, 3$일 때의 $P[\mu-k\sigma<X<\mu+k\sigma]$

예제 11 컴퓨터정보과 학생 200명의 통계학 성적분포는 평균 70점, 표준편차 10점인 정규분포를 이룬다. 통계학 성적이 60점 미만인 학생은 약 몇 명인지 구하라.

풀이 컴퓨터정보과 학생의 통계학 성적을 X라 하면

$$Z=\frac{X-70}{10}$$

은 표준정규분포를 따른다. 그러므로 다음을 얻는다.

$$P[X<60]=P\left[\frac{X-70}{10}<\frac{60-70}{10}\right]$$

$$=P[Z<-1]$$

$$=0.1587$$

따라서 60점 미만의 학생은 $200\times0.1587=32$명이다.

예제 12 $P[Z>z]=0.025$를 만족하는 z값을 구하라.

풀이 전체 넓이는 1이므로 $Z=z$의 왼쪽의 넓이는 $1-0.025=0.975$이어야 한다. 부록의 표 3으로부터 0.975에 대응하는 $z=1.96$임을 알 수 있다.

앞의 예제에서와 같이 Z가 표준정규분포를 따를 때 $P[Z>z_\alpha]=\alpha$를 만족하는 z_α의 값은 표준정규분포표의 $100(1-\alpha)\%$ 백분위수 또는 상위 $100\alpha\%$ 백분위수라 한다.

표준정규분포에서 많이 사용되는 백분위수에는 다음과 같은 것이 있다.

$$z_{0.005}=2.58$$
$$z_{0.025}=1.96$$
$$z_{0.05}=1.645$$

성공의 확률이 p인 베르누이 시행을 독립적으로 n번 반복시행하여 나타나는 성공횟수 X의 분포로서 이항분포 $b(n,\ p)$를 이미 앞에서 살펴보았다. 이항분포에서 확률을 계산할 때 n이 어느 정도 커지면 매우 복잡하고 시간도 많이 걸린다. 그러나 다행스럽게도 이항분포에서 n이 충분히 크면 p가 0이나 1에 가깝지 않은 경우라도 이항분포는 정규분포에 매우 가까워진다는 사실이 알려져 있다. 실제로 $np>5$이고 $n(1-p)>5$를 만족할 만큼 n이 충분히 클 때 정규분포를 이용하여 이항분포의 확률에 대한 좋은 근사값을 얻을 수 있다. 이항분포 $b(n,\ p)$를 따르는 확률변수 X에 대하여

$$\frac{X-E(X)}{\sqrt{\mathrm{Var}(X)}}=\frac{X-np}{\sqrt{np(1-p)}}$$

의 분포는 근사적으로 표준정규분포 $N(0,\ 1)$에 가까워진다.

즉 이항분포 $b(n,\ p)$를 하는 확률변수 X에 대하여 표준정규확률변수

$$Z=\frac{X-np}{\sqrt{npq}}$$

의 분포는 근사적으로 표준정규분포 $N(0,\ 1)$을 따른다.

이항분포의 확률을 정규분포에 근사시킬 때 근사 계산의 정밀도를 높이기 위하여 **연속성 수정**(continuity correction)을 한다. 이런 수정은 이산형 분포를 연속형 분포로 근사시켜서 계산할 때 필요한 것이다.

이항분포의 확률을 표준정규분포에 근사시키는 방법

$$P[a \le X \le b] \fallingdotseq P\left[\frac{a-np}{\sqrt{np(1-p)}} \le Z \le \frac{b-np}{\sqrt{np(1-p)}}\right]$$

(연속성 수정을 안 한 경우)

$$\fallingdotseq P\left[\frac{a-0.5-np}{\sqrt{np(1-p)}} \le Z \le \frac{b+0.5-np}{\sqrt{np(1-p)}}\right]$$

(연속성 수정을 한 경우)

8.5 SAS 실습

8장에서 사용한 분포함수는 다음과 같다.

표준정규분포에서 확률값

형식

```
PROBNORM(z)
```

예제 13 어느 직장의 신입사원들의 키는 근사적으로 평균이 175 cm, 표준편차가 5 cm인 정규분포를 따른다고 한다. 임의로 선택한 신입사원의 키가 170 cm보다 크고 180 cm보다 작을 확률을 구하라.

풀이 뽑힌 신입사원의 키를 X라 하면

$$Z=\frac{X-175}{5}$$

은 표준정규분포를 따른다. 그러므로 다음을 얻는다.

$$\begin{aligned} P[170<X<180] &= P\left[\frac{170-175}{5}<Z<\frac{180-175}{5}\right] \\ &= P[-1<Z<1] \\ &= 0.6826 \end{aligned}$$

SAS 프로그램을 이용할 때는 다음 식을 이용한다.

$$P[-1<Z<1]=P[Z<1]-P[Z\le -1]$$

SAS 프로그램

```
DATA  tall;
      a=PROBNORM(1)-PROBNORM(-1);
RUN;
PROC PRINT;
RUN;
```

결과

Obs	a
1	0.68269

예제 14 50원짜리 동전을 2개 던지는 실험을 1200회 시행하여 2개 모두 뒷면이 나올 횟수를 X라 할 때 다음 확률을 구하라.

(1) X가 280회 이상 310회 이하가 나타날 확률

(2) X가 260회 이상 나타날 확률

풀이 (1) 1) 이항분포를 이용한 경우

2개의 동전을 던져서 모두 뒷면이 나올 확률은 $\frac{1}{4}$이다. X는 $n=1200$, $p=0.25$인 이항분포를 따르므로 다음을 얻는다.

$$\begin{aligned}P[280\le X\le 310]&=\sum_{x=280}^{310}\binom{1200}{x}(0.25)^x(0.75)^{1200-x}\\&=F(310)-F(279)\end{aligned}$$

SAS 프로그램은 다음과 같다.

```
DATA  coin;
      a=PROBBNML(0.25,1200,310);
      b=PROBBNML(0.25,1200,279);
      p=a-b;
RUN;
PROC PRINT;
RUN;
```

결과

Obs	a	b	p
1	0.75891	0.085073	0.67384

2) 정규분포를 이용한 경우

이 계산은 몹시 복잡하고 n이 충분히 크므로 정규분포를 이용하여 이항분포 확률의 근사값을 구한다.

$$X\text{는 평균 } \mu=np=1200\times\frac{1}{4}=300,$$

$$\text{분산 } \sigma^2=np(1-p)=1200\times\frac{1}{4}\times\frac{3}{4}=225$$

인 정규분포에 근사시킬 수 있다.

$$\begin{aligned} P[280\le X\le 310] &\fallingdotseq P\left[\frac{280-300}{15}\le Z\le\frac{310-300}{15}\right] \\ &\fallingdotseq P[-1.33\le Z\le 0.67] \\ &=P[Z\le 0.67]-P[Z<-1.33] \\ &=F(0.67)-F(-1.33) \end{aligned}$$

SAS 프로그램은 다음과 같다.

```
DATA  coinl;
      a=PROBNORM(0.67);
      b=PROBNORM(-1.33);
      p=a-b;
RUN;
PROC PRINT;
RUN;
```

결과

Obs	a	b	p
1	0.74857	0.091759	0.65681

(2) $P[X\ge 260]\fallingdotseq P\left[Z\ge\frac{260-300}{15}\right]\fallingdotseq P[Z\ge -2.67]=1-P[Z\le -2.67]$

$=1-F(-2.67)$

SAS 프로그램은 다음과 같다.

```
DATA  coin2;
      p=1-PROBNORM(-2.67);
RUN;
PROC PRINT;
RUN;
```

결과

Obs	p
1	0.99621

연습문제(8)

□ 1. 다음 확률밀도함수에 대해 $P[X<a]=\frac{1}{4}$로 되는 양의 정수 a의 값을 구하라.

$$f(x)=\begin{cases} x^3, & 0\le x\le\sqrt{2} \\ 0, & x<0,\ x>\sqrt{2} \end{cases}$$

□ 2. 연속확률변수 X의 확률밀도함수가 다음과 같을 때 물음에 답하라.

$$f(x)=\begin{cases} k(1-x^2), & -1<x<1 \\ 0, & x\le -1,\ x\ge 1 \end{cases}$$

(1) 상수 k의 값을 구하라.

(2) $P[0\le X\le 1]$을 구하라.

(3) $E(X)$와 $\mathrm{Var}(X)$를 구하라.

(4) $E[(2X-1)^2]$을 구하라.

□ 3. 확률변수 X의 확률밀도함수가 다음과 같을 때 X의 기대값을 구하라.

$$f(x)=\begin{cases} \frac{1}{4}x^3, & 0<x<2 \\ 0, & x\le 0,\ x\ge 2 \end{cases}$$

□ 4. X가 다음과 같은 확률밀도함수를 가지는 확률변수라 할 때 $g(X)=2X-1$의 기대값을 구하라.

$$f(x)=\begin{cases} \frac{x^2}{3}, & -1<x<2 \\ 0, & x\le -1,\ x\ge 2 \end{cases}$$

□ 5. 확률변수 X의 분포함수가 다음과 같을 때 $X>2$일 확률을 구하라.

$$F(x)=\begin{cases} 1-e^{-2x}, & x\ge 0 \\ 0, & x<0 \end{cases}$$

□ 6. 확률밀도함수 $f(x)=\begin{cases} x, & 0<x\le 1 \\ 2-x, & 1<x\le 2 \\ 0, & x\le 0,\ x>2 \end{cases}$ 일 때 X의 분포함수를 구하라.

□ 7. 표준정규확률변수 Z에 대하여 다음 확률을 구하라.

(1) $P[Z<0.81]$ (2) $P[Z<-0.81]$ (3) $P[Z>3.18]$

(4) $P[Z>-3.18]$ (5) $P[-2.1<Z<3.59]$

□ 8. Z가 표준정규확률변수일 때 b를 구하라.

(1) $P[Z<b]=0.9505$ (2) $P[Z<b]=0.9945$

(3) $P[Z>b]=0.0495$ (4) $P[Z>b]=0.7910$

□ 9. X가 평균 $\mu=200$, 표준편차 $\sigma=8$인 정규분포를 따를 때 다음을 구하라.

(1) $P[X<220]$ (2) $P[X>180]$

(3) $P[X>220]$ (4) $P[190<X<210]$

□ 10. X가 평균 $\mu=200$, 표준편차 $\sigma=8$인 정규분포를 따를 때 다음을 만족하는 b를 구하라.

(1) $P[X<b]=0.9505$ (2) $P[X<b]=0.0055$

(3) $P[X>b]=0.0495$ (4) $P[X>b]=0.7910$

□ 11. 확률변수 X는 평균 1/2이고 분산이 16인 정규분포를 따른다. 이때 확률 $P[X<2.5]$의 값을 구하라.

□ 12. 40대 여자의 혈압이 평균 130, 표준편차가 10인 정규분포를 따른다고 알려졌다. 한 명의 성인여자를 임의로 뽑았을 때 그의 혈압이 150 이상이 될 확률을 구하라.

□ 13. 남자 대학생 500명의 몸무게를 재었더니 평균 65 kg이고 표준편차가 5 kg이었다. 몸무게가 정규분포를 따른다고 할 때 몸무게가 60 kg 이상 70 kg 사이에 들어갈 학생수를 구하라.

□ 14. 어떤 시험에서 응시자의 점수는 평균 60점이고 표준편차는 4인 정규분포를 따른다고 알려져 있다. 응시자의 점수가 64점 이상이면 합격한다. 총 응시자 수가 2000명이라 할 때 합격자수를 구하라.

□ 15. 올해 수학능력 시험의 수리 영역과 외국어 영역의 평균 점수는 120점이고 표준편차가 10이라고 한다. 수학능력 시험의 수리영역과 외국어 영역의 점수가 정규분포를 따른다고 할 때 이 시험에서 한 학생이 150점 이상을 득점할 확률을 구하라.

□ 16. 어떤 회사의 취직시험이 있었다. 이 시험의 평균은 150점, 표준편차는 40점으로 시험성적은 정규분포를 따르고 시험에 2000명이 응시하였다고 한다.

(1) 성적이 70점 이상 230점 미만인 응시자는 대략 몇 명인지 구하라.

(2) 270점 이상인 응시자는 전체의 약 몇 %인지 구하라.

(3) 270점을 얻은 학생은 몇 등 정도 되는지 구하라.

□ 17. 어떤 학생이 버스를 타고 통학하는데 걸리는 시간은 평균 40분, 표준편차 4인 정규분포를 한다. 이 학생이 집에서 오전 8시 35분에 출발하여 9시 20분에 도착할 수 있는 확률은 얼마인가?

□ 18. 항공기 조정사가 되기 위해서는 몇 가지 작업을 연속적으로 빨리 수행하는 자격시험을 치러야 한다. 자격시험을 끝마치는데 걸리는 시간은 평균 80분, 표준편차 20분인 정규분포를 따른다고 한다.

(1) 이 시험에 통과하려면 70분 이내에 마쳐야 한다면 전체의 몇 %가 이 시험에 통과하는지 구하라.

(2) 지원자의 5% 내에 들려면 얼마나 빨리 마쳐야 하는가?

□ 19. 주사위를 720회 던져 1의 눈이 나올 횟수를 X라 할 때 $P[115 \le X \le 135]$을 구하라.

□ 20. 100원짜리 동전을 2개 던지는 실험을 1200회 시행하여 2개 모두 앞면이 나온 횟수를 X라 할 때 확률 $P[285 < X < 315]$의 값을 구하라.

□ 21. 주사위를 1620회 던져 6의 눈이 300회 이하로 나올 확률을 구하라.

□ 22. 어떤 조사 결과에 의하면 5년 전에 성인의 30%가 규칙적으로 술을 마셨던 것으로 나타났다. 이 비율이 현재까지 적용되는 비율이라 할 때 성인 1000명을 임의로 뽑아 이 조사를 할 경우 규칙적으로 술을 마시는 사람의 수가 다음과 같을 확률을 구하라.

(1) 259명 이하일 확률 (2) 320명 이상일 확률

CHAPTER

9 표본분포

본장의 개요

모집단에 대한 어떤 정보나 특성을 알고자 할 때 모집단 전체를 조사하지 않고 모집단에서 추출한 표본을 조사하여 정보를 얻는 경우가 많다. 모집단에서 추출한 표본은 모집단의 일부에 지나지 않기 때문에 모집단에 대한 정보를 정확히 알려줄 수는 없으며 반드시 오차가 생기게 된다.

그러므로 모집단을 잘 대표하는 표본을 추출하여 이러한 오차를 줄여야 한다. 이때 표본에서 필요한 정보를 조사하여 모집단 전체의 관계를 조사함으로써 모집단 전체의 특성을 이해하는 데 큰 도움이 될 것이다.

9.1 표본추출법

인구조사와 같이 모집단에 관한 어떤 지식이나 특성을 얻기 위하여 모집단 전체를 하나도 빠짐없이 모두 조사하는 통계조사를 **전수조사**(complete survey)라고 한다. 그리고 여론조사와 같이 모집단의 일부분인 표본을 추출하여 추출한 표본을 조사하여 그 결과를 바탕으로 모집단에 대한 특징을 추정하는 통계조사를 **표본조사**(sample survey)라 한다.

제품의 품질검사나 여론조사를 할 때 전수조사를 하면 결과는 정확하겠지만 많은 경비와 시간이 필요하게 되어 현실적으로 활용 가치가 적어진다. 따라서 이런 경우에는 표본조사를 하게 된다.

표본조사는 모집단의 일부분을 조사하기 때문에 전체를 조사할 때보다 시간과 비용을 절감할 수 있을 뿐 아니라 수집한 자료의 양이 적으므로 결과를 빨리 얻을 수 있다. 또한 조사규모가 작으므로 조사요원과 조사업무에 대한 관장을 좀더 철저하게 함으로써 오히려 전수조사보다 정확성이 높은 결과를 기대할 수 있다. 그러나 표본조사할 때 중요한 점은 모집단을 잘 대표하는 표본을 추출하여 조사해야 한다는 것이다. 그렇지 않으면 모집단의 특성과 차이가 큰 결과를 얻을 수 있다.

표본을 추출하는 방법에는 크게 나누어 **유의추출법**(purporsive selection)과 **임의추출법**(random sampling) 두 가지가 있다. 유의추출법은 모집단으로부터 표본을 추출할 때 주관적인 판단, 즉 조사자의 지식 또는 경험을 토대로 하여 적당하다고 생각되는 표본을 추출하는 방법을 말한다. 이러한 유의추출법에 의하여 추출된 표본을 **유의표본**(purposive sample)이라 한다. 임의추출법은 모집단의 모든 원소가 표본으로 뽑힐 확률을 같도록 하여 객관적으로 공정하게 표본을 추출하는 방법을 말한다. 이러한 임의추출법에 의하여 추출된 표본을 **임의표본**(random sample) 또는 **확률표본**이라 한다.

대표적인 임의추출법인 단순임의추출법, 층화임의추출법, 계통추출법에 대하여 알아보자.

9.1.1 단순임의추출법

크기 N인 모집단에서 크기 n인 표본을 추출할 때, 모집단의 모든 원소가 동일한 확률로 뽑혀지도록 표본을 추출하는 방법을 **단순임의추출법**(simple random sampling)이라 한다. 이 방법은 가장 기본적인 추출법으로 조사자의 주관에 입각하지 않고 카드를 뽑거나 정십이면체를 이용한 난수주사위나 난수표를 이용하여 표본을 추출하는 방법이다.

카드를 이용하는 방법 중 하나는 다음과 같다. 모집단 전체 대상의 번호를 각각 크기가 같은 카드 1장에 하나씩 적어서 주머니에 넣는다. 그리고 여러 번 흔들어서 카드를 잘 섞는다. 표본의 크기만큼 카드를 주머니에서 뽑아서 이런 카드에 적힌 번호를 표본으로 이용한다. 이와 같은 방법은 모집단의 크기가 매우 클 때는 실질적으로 사용하기가 불가능하다. 또한 모집단의 크기가 적당할 때도 매우 번거롭고 시간과 경비가 많이 드는 단점이 있다. 이에 반하여 난수표를 이용하는 방법은 좀 더 체계적이고 편리하다.

난수표(random number table)란 0부터 9까지의 숫자들이 동일한 확률 $\frac{1}{10}$을 가지면서 나타나도록 한 **난수**(random number)들의 집합이다. 난수표를 만드는 단순한 방법은 다음과 같다. 0, 1, …, 9의 숫자를 적은 공 10개를 항아리에 넣는다. 공들을 잘 섞은 후 하나를 꺼내 그 숫자를 기록하고 그 공을 다시 항아리에 넣는 과정을 반복한다. 그러나 요즘은 컴퓨터를 이용하여 난수표를 만들고 있다.

다음은 부록의 난수표를 이용하는 방법을 소개하겠다. 1부터 900까지의 숫자 중에서 10개의 숫자를 임의로 선택하고 싶다고 하면 먼저 난수표의 시발점(행과 열)을 임의로 결정한다. 그리고 10개의 숫자가 모두 뽑힐 때까지 시발점으로부터 아래로 세 자리의 난수를 읽어 나간다.

예를 들어, 난수의 시발점을 29행 33열로 택했다고 하자. 29행 33열에서 세 자리씩 읽어 가면 뽑히는 난수는 다음과 같다.

252, 962, 692, 974, 021, 910, …

이 중에서 900을 넘는 숫자와 중복되는 숫자를 버리면 선택되는 10개의 숫자가 난수표에 의해 추출된 표본이 된다. 추출된 10개의 숫자는 다음과 같다.

252, 692, 021, 743, 674, 047, 540, 094, 695, 016

9.1.2 층화임의추출법

층화임의추출법(stratified random sampling)은 모집단을 동질적인 성질을 가진 것끼리 몇 개의 집단 또는 층으로 분류한 다음 각 층에서 어떤 규칙에 따라 표본을 단순임의추출하는 방법이다. 층화임의추출법은 단순임의추출법보다 더욱 발전된 추출법이다. 모집단을 동질적인 층으로 나눌 수 있을 때 층화임의추출법을 사용하면 추정량의 분산을 줄일 수 있는 장점이 있다. 그 외에도 다음과 같은 경우에 층화임의추출법을 사용한다.

(1) 부분 집단별로 정확도가 요구될 때
(2) 간편한 조사가 요구될 때
(3) 모집단의 분포가 한쪽으로 치우쳐 있다고 생각될 때

층을 나누는 기본 원리는 부분집단 내에서의 동질성을 이용하는 것이다. 즉 층간의 이질성을 크게 하고 층 내부에서의 이질성을 작게 하는 것이다. 따라서 각 층에서는 상대적으로 작은 표본을 갖고도 정확하게 추정할 수 있게 된다.

예를 들어, 고소득층이 서울의 강북지역보다 강남지역에 많이 산다고 하자. 그리고 서울의 월생계비를 추정하자. 이 경우에 서울의 월생계비는 강북지역과 강남지역 내의 변동보다 두 지역간의 변동이 클 것이므로 모집단을 강북지역과 강남지역으로 층화하고 각 지역별로 표본을 추출하는 것이 서울 전체를 대상으로 표본조사하는 것보다 더 정확한 추정값을 얻게 될 것이다. 층화임의추출법은 각 층별로 추정값을 계산할 수도 있고 표본이 모든 층에 분포되어 있어 모집단을 대표하는 표본을 추출할 가능성이 높으나 층을 나누는데 별도의 경비가 든다는 단점이 있다.

9.1.3 집락추출법

집락추출법(cluster sampling)은 모집단을 **집락**(cluster)이라 부르는 몇 개의 부분집단으로 분류하고 그 집락들 가운데서 몇 개의 집락을 임의추출하여 추출된 집락을 전수조사하거나 그 집락에서만 표본을 추출하는 방법이다.

집락추출법에서는 층화임의추출법과는 달리 부분집단, 즉 집락 사이에 이질성이 적어야 한다. 그래야만 추출된 집락이 모집단을 잘 대표할 수 있어 올바르게 추정

할 수 있다.

예를 들어, 물건이 10개씩 포장되어 밀봉된 3000개의 상자가 있다고 하자. 불량품을 조사하기 위해서 100개의 물건을 조사할 때 100개의 상자를 모두 뜯어서 물건 1개씩 조사할 수 있다. 그러나 뜯어진 상자는 창고에 보관하거나 취급하기가 어려우므로 가능한 한 적은 수의 상자를 조사하기를 원한다. 이때 3000개의 상자 중 10개의 상자를 임의추출하여 각 상자에 들어 있는 물건들을 모두 조사하면 된다.

이 경우에 각 상자는 집락에 해당되고 선택된 집락속에 있는 모든 물건이 표본에 포함된다.

여기서 설명한 방법이 **1단계 집락추출법**(single-stage cluster sampling)이다. 집락추출법에서 2단계 또는 그 이상의 다단계 추출에 의해 표본을 추출하는 방법을 **다단계 집락추출법**(multi stage cluster sampling)이라 한다.

집락추출법의 장점은 비용을 절약하고 표본을 쉽게 관리하는 것인데, 집락추출법에서 주의할 점은 다음과 같다.

(1) 1단계 집락추출법과 다단계 집락추출법은 각 단계에서 단순임의추출을 하는 것보다는 집락의 크기에 비례해서 추출하는 것이 더 좋다.
(2) 집락이 도, 군, 면(시, 구, 동) 등의 지역단위이면 집락추출법을 지역추출법(area sampling)이라고도 부른다.
(3) 집락추출법은 층화임의추출법과 병행해서 사용되기도 한다. 예를 들어, 농촌가계를 집락추출법으로 조사할 때 우선 군들을 층화하여 도단위에서 군단위를 추출하고 다음 단계에서 선택된 군에서 면도 층화추출한다.

9.1.4 계통추출법

계통추출법(systematic sampling)은 표본을 시간적으로나 공간적으로 일정한 간격을 두고 계통적으로 취하는 추출법으로 방법이 간편하고 쉬워서 널리 이용된다. 또 모집단 전체에서 골고루 표본이 추출되는 장점이 있다.

모집단과 표본의 크기를 각각 N과 n이라 할 때 $k=\dfrac{N}{n}$을 **추출간격**(sampling interval)이라 하면 계통추출법은 모집단의 처음 k개의 추출단위에서 임의로 하나를 추출하고, 그로부터 k번째마다 원소를 표본으로 추출해 나가는 것이다. 첫 번째 추출단위는 임의로 추출되지만 첫 번째 추출단위가 선택되면 표본의 나머지는 앞의 과정에 의하여 결정된다.

계통추출법의 주요한 장점은 편리함인데, 예를 들어 학생등록명부나 가나다 순으로 정리된 전화번호부나 주민등록표에서 표본을 추출할 때 계통추출법을 사용하면 매우 편리하다. 그러나 모집단의 순서에 주기성이 숨겨져 있을 때 계통추출법을 이용하면 모집단을 대표하지 못하는 표본이 나올 가능성이 있으므로 유의해야 한다. 예를 들어, 야구선수의 이름이 적혀 있는 장부에서 2번째 열마다 포수의 이름이 적혀져 있다고 할 때, 2번째 열만을 추출하는 계통추출은 포수 이름만을 선택한 표본이 되어 모집단을 대표하지 못하는 결과를 나타내게 된다.

모집단이 가나다 순으로 정리되었을 때, 모집단의 순서가 학생의 나이와 같은 특성과 관계없다면 이때 계통추출법을 단순임의추출법에 매우 가깝게 접근시킬 수 있다. 또한 계통추출법은 그 밖의 다른 추출법과 병행해서 사용할 수 있다. 예를 들어, 층화추출을 하는 경우에 각 층 내에서 단순임의추출을 하는 대신에 계통추출을 하면 층화계통추출이 된다.

9.2 표본분포

모집단의 모형은 모집단의 평균 및 분산과 같은 모집단의 특성값에 의하여 결정되는데 이와 같은 모집단의 특성값을 **모수**(parameter)라 한다. 모수는 모집단 전체를 조사해야 알 수 있는데 모집단 전체에 대한 조사가 불가능하기 때문에 일반적으로 모수는 미지로 남게 된다.

모수를 추정하기 위하여 표본을 추출하여 표본으로부터 표본의 평균 또는 분산과 같은 표본의 특성값을 계산하는데 이와 같이 계산되는 표본의 특성값을 **통계량**(statistic)이라 한다.

모집단에서 추출된 표본의 상태에 따라서 각 표본은 각각 다른 평균을 가지고 그 표본의 평균들은 하나의 분포가 생겨서 표본평균의 분포를 갖게 된다. 이와 같은 현상은 표본의 분산에 대해서도 마찬가지로 생겨서 표본분산의 분포를 갖게 된다. 즉 모집단으로부터 어떤 표본을 뽑느냐에 따라 표본의 특성값인 통계량은 그 값이 달라지고 그 값에 의해 하나의 분포를 이루게 되는데 이와 같은 통계량의 확률분포를 **표본분포**(sampling distribution)라 한다.

9.2.1 평균의 표본분포

표본분포 중에서 가장 중요한 평균의 표본분포에 대하여 생각해 보자. 어떤 항아리에 0, 2, 4, 6이라고 씌어진 구슬 4개가 들어 있는데 이 중에서 2개를 무작위로 뽑아 평균을 구하는 경우를 살펴보자. 먼저 모집단으로부터 크기 2인 임의표본을 복원추출하는 경우를 생각해 보면 추출될 수 있는 가능한 표본의 수는 $4^2=16$이다. 평균은 다음 표와 같으며 통계량 $\bar{X}$는 0부터 6까지 변동한다.

표 9.1 임의표본과 그 평균(복원추출)

표 본	(0, 0)	(0, 2)	(0, 4)	(0, 6)	(2, 0)	(2, 2)	(2, 4)	(2, 6)
$\bar{x}$	0	1	2	3	1	2	3	4
표 본	(4, 0)	(4, 2)	(4, 4)	(4, 6)	(6, 0)	(6, 2)	(6, 4)	(6, 6)
$\bar{x}$	2	3	4	5	3	4	5	6

표 9.1에서 평균이 0인 표본은 (0, 0)뿐이고 평균이 4인 표본은 (2, 6), (4, 4), (6, 2)의 세 가지이므로 표본을 복원추출할 때 표본의 평균이 0과 4가 될 확률은 각각 $\frac{1}{16}$과 $\frac{3}{16}$이 된다. 이와 같은 방법으로 하여 평균 $\bar{X}$의 표본분포를 구하면 표 9.2와 같다.

표 9.2 평균의 표본분포(복원추출)

$\bar{x}$	0	1	2	3	4	5	6	합 계
도수	1	2	3	4	3	2	1	16
$p(\bar{x})$	$\frac{1}{16}$	$\frac{2}{16}$	$\frac{3}{16}$	$\frac{4}{16}$	$\frac{3}{16}$	$\frac{2}{16}$	$\frac{1}{16}$	1
$\bar{x}p(\bar{x})$	0	$\frac{2}{16}$	$\frac{6}{16}$	$\frac{12}{16}$	$\frac{12}{16}$	$\frac{10}{16}$	$\frac{6}{16}$	3
$\bar{x}^2p(\bar{x})$	0	$\frac{2}{16}$	$\frac{12}{16}$	$\frac{36}{16}$	$\frac{48}{16}$	$\frac{50}{16}$	$\frac{36}{16}$	$\frac{23}{2}$

표 9.2에서 본 바와 같이 표본평균 $\bar{X}$의 평균은 $\sum\bar{x}p(\bar{x})=3$이다.

이제 주어진 항아리에서 크기가 2인 임의표본을 비복원추출로 뽑을 때를 생각해 보자. 비복원추출로 크기 2인 표본을 뽑을 때의 가능한 표본의 수는 ${}_4C_2=6$이다. 비복원추출로 표본을 뽑을 때의 가능한 표본과 평균이 표 9.3에 주어졌다. 표 9.3에서 평균이 1인 표본은 {0, 2}뿐이고 평균이 3인 표본은 {0, 6}, {2, 4}의 두 가지이므로 표본을 비복원추출할 때 표본의 평균이 1과 3이 될 확률은 각각 $\frac{1}{6}$과 $\frac{2}{6}$가 된다. 이러한 방법으로 얻어진 비복원추출하는 경우의 평균의 표본분포가 표 9.4에 주어졌다.

표 9.3 임의표본과 그 평균(비복원추출)

표 본	{0, 2}	{0, 4}	{0, 6}	{2, 4}	{2, 6}	{4, 6}
$\bar{x}$	1	2	3	3	4	5

표 9.4 평균의 표본분포(비복원추출)

$\bar{x}$	1	2	3	4	5	합 계
도수	1	1	2	1	1	6
$p(\bar{x})$	$\frac{1}{6}$	$\frac{1}{6}$	$\frac{2}{6}$	$\frac{1}{6}$	$\frac{1}{6}$	1
$\bar{x}p(\bar{x})$	$\frac{1}{6}$	$\frac{2}{6}$	$\frac{6}{6}$	$\frac{4}{6}$	$\frac{5}{6}$	3
$\bar{x}^2p(\bar{x})$	$\frac{1}{6}$	$\frac{4}{6}$	$\frac{18}{6}$	$\frac{16}{6}$	$\frac{25}{6}$	$\frac{32}{3}$

표 9.4에 나타난 바와 같이 표본평균 $\bar{x}$의 평균은 $\sum \bar{x}p(\bar{x})=3$이다. 즉 $E(\overline{X})=3$이다.

주어진 문제는 모집단 {0, 2, 4, 6}에서 크기 2인 임의표본을 뽑는 경우로 생각할 수 있다. 그러므로 모집단의 확률분포를 구하면 다음과 같다.

표 9.5 모집단의 확률분포

x	0	2	4	6	합 계
$p(x)$	$\frac{1}{4}$	$\frac{1}{4}$	$\frac{1}{4}$	$\frac{1}{4}$	1
$xp(x)$	0	$\frac{1}{2}$	1	$\frac{3}{2}$	3

9.2.2 표본평균의 기대값

대부분의 연구에서 모집단 전체를 조사할 수 없고 모평균, 모분산, 모비율과 같은 모수는 미지이기 때문에 표본평균, 표본분산, 표본비율과 같은 통계량을 계산하여 모수의 값을 추정한다.

이 절에서는 모평균 μ와 표본평균 $\overline{X}$ 사이의 관계를 이용하여 표본평균의 기대값을 구하고자 한다.

모평균 μ와 표본평균 $\overline{X}$ 사이에 어떤 관계가 있는지 알아보기 위하여 9.2.1절에서 다루었던 모집단 $\{0, 2, 4, 6\}$으로부터 크기 2인 표본을 뽑는 경우를 생각해보자.

표 9.5로부터 모평균은 $\mu=\sum xp(x)=3$이다. 복원추출이나 비복원추출의 경우에 표본평균 $\overline{X}$의 기대값 $E(\overline{X})$는 공식 $E(\overline{X})=\sum\bar{x}p(\bar{x})$를 사용하면 표 9.2와 9.4에 나타난 바와 같이 다음을 얻는다.

$$E(\overline{X})=\sum\bar{x}p(\bar{x})=3$$

즉 9.2.1절의 예를 통해서 표본평균 $\overline{X}$는 모집단으로부터 어떤 표본이 뽑히느냐에 따라 그 값이 달라질 수 있으나 평균값들의 평균은 모집단의 평균 $\mu=3$과 같게 된다는 사실을 알 수 있다.

> **표본평균의 기대값**
>
> 모평균이 μ인 모집단에서 크기 n인 임의표본을 뽑을 때 표본평균 $\overline{X}$에 대하여 다음이 항상 성립한다.
>
> $$E(\overline{X})=\mu$$

9.2.3 표본평균의 분산

표본평균의 분산은 임의표본을 비복원추출하느냐 또는 복원추출하느냐에 따라 그 값이 다르다. 9.2.1절의 예를 다음의 분산 공식에 적용해 보자.

$$\text{Var}(\overline{X})=E[(\overline{X}-E(\overline{X}))^2]=E(\overline{X}^2)-[E(\overline{X})]^2$$

비복원추출의 경우: $\text{Var}(\overline{X})=\sum \bar{x}^2p(\bar{x})-[E(\overline{X})]^2=\frac{32}{3}-9=\frac{5}{3}$

복원추출의 경우: $\text{Var}(\bar{X})=\sum \bar{x}^2p(\bar{x})-[E(\bar{X})]^2=\frac{23}{2}-9=\frac{5}{2}$

표본평균의 분산과 모집단의 분산 사이에는 다음과 같은 관계가 성립한다.

> **표본평균의 분산**
>
> 모분산이 σ^2이고 크기가 N인 모집단에서 크기 n인 임의표본을 뽑을 때 표본평균 $\bar{X}$에 대하여 다음이 항상 성립한다.
>
> 비복원추출 : $\text{Var}(\bar{X})=\frac{N-n}{N-1}\cdot\frac{\sigma^2}{n}$
>
> 복원추출 : $\text{Var}(\bar{X})=\frac{\sigma^2}{n}$

여기서, $\frac{N-n}{N-1}$을 **유한 모집단 수정계수**(finite population correction factor)라고 한다. 또, 표본평균의 표준편차 $\sqrt{\text{Var}(\bar{X})}$를 **표준오차**(standard error)라 한다.

공식을 이용하여 $\bar{X}$의 분산을 다시 구해보자. $N=4$, $n=2$이고 모집단에서의 분산은 $\sigma^2=5$이므로 $\bar{X}$의 분산은 다음과 같다.

비복원추출의 경우: $\text{Var}(\bar{X})=\frac{4-2}{4-1}\cdot\frac{5}{2}=\frac{5}{3}$

복원추출의 경우: $\text{Var}(\bar{X})=\frac{5}{2}$

예제 1 어떤 공장에서 생산하는 전구 3000개의 평균수명은 800시간이고 분산은 400시간으로 알려져 있다. $n=70$인 표본을 임의로 뽑을 때 표본평균의 분산을 구하라.

비복원추출의 경우: $\text{Var}(\bar{X})=\frac{3000-70}{3000-1}\cdot\frac{400}{70}\cong 5.5828$

복원추출의 경우: $\text{Var}(\bar{X})=\frac{400}{70}\cong 5.7143$

9.3 표본분포의 모양과 중심극한정리

이 절에서는 모집단의 분포가 정규분포인 경우와 정규분포가 아닌 경우로 나누어서 $\overline{X}$의 표본분포의 모양에 대해서 알아보자.

9.3.1 정규 모집단의 경우

먼저 모집단이 정규분포를 따를 때 $\overline{X}$는 어떤 분포를 따르는지 살펴보자. 모집단과 표본의 크기가 아주 작을 때는 $\overline{X}$의 분포를 얻는 것은 어려운 일이 아니나 일반적으로는 그렇게 쉽지만은 않다. 그러나 다행스럽게도 모집단의 분포가 정규분포 $N(\mu, \sigma^2)$를 따르는 경우에 표본평균 $\overline{X}$의 분포도 표본의 크기 n에 관계없이 정규분포를 이루게 된다는 사실이 알려져 있다. 이는 표본평균의 분포를 나타내는데 널리 사용되는 사실이다. 정규 모집단은 무한 모집단이므로 비복원추출과 복원추출에 관계없이

$$E(\overline{X})=\mu, \quad \mathrm{Var}(\overline{X})=\frac{\sigma^2}{n}$$

이기 때문에 다음과 같이 정리할 수 있다.

평균의 표본분포

모집단이 평균 μ, 분산 σ^2인 정규분포를 따를 때 크기 n인 임의표본을 추출하면 표본평균 $\overline{X}$는 정규분포 $N\left(\mu, \dfrac{\sigma^2}{n}\right)$을 따른다.

또한, $Z=\dfrac{\overline{X}-\mu}{\sigma/\sqrt{n}}$의 분포는 표준정규분포 $N(0, 1)$를 따른다.

예제 2 어떤 공장에서 생산하는 타이어의 평균수명은 300일, 표준편차가 9일인 정규분포를 따른다고 한다. 36개의 타이어를 임의로 뽑아 평균 수명을 잴 때 그 값이 297일 이하일 확률을 구하라.

풀이 모집단은 모평균 $\mu=300$, 모표준편차 $\sigma=9$인 정규분포를 따르므로 36개 표본의 평균 $\overline{X}$도 정규분포를 따른다.

$\overline{X}$의 분포는 $N\left(300, \frac{9^2}{36}\right)$을 따르고 $\overline{X}$를 표준화하면 다음과 같다.

$$Z=\frac{\overline{X}-300}{\frac{9}{\sqrt{36}}}$$

따라서

$$P[\overline{X}\le 279]=P\left[Z\le\frac{297-300}{\frac{9}{6}}\right]$$
$$=P[Z\le -2]=0.0228$$

9.3.2 비정규 모집단의 경우

9.3.1절의 내용은 모집단이 정규분포를 따르지 않을 때도 성립되는 일반적인 사실은 아니다. 즉 모집단의 분포가 정규분포를 따르지 않으면 표본평균은 정규분포를 따른다고 할 수 없다. 그렇다면 모집단이 정규분포를 따르지 않는다면 표본평균의 분포는 어떻게 될까? 모집단에서 추출한 표본의 크기가 충분히 클 때는 표본평균의 표본분포는 모집단의 분포에 관계없이 정규분포에 근사한다는 사실이 알려져 있다. 이러한 사실을 **중심극한정리**(central limit theorem)라고 부른다.

중심극한정리

평균이 μ이고 분산이 σ^2인 임의의 모집단으로부터 충분히 큰 크기 n의 임의표본을 뽑으면 모집단의 분포에 관계없이 표본평균 $\overline{X}$는 근사적으로 정규분포 $N\left(\mu, \frac{\sigma^2}{n}\right)$을 따른다.

또, $Z=\frac{\overline{X}-\mu}{\sigma/\sqrt{n}}$의 분포는 근사적으로 표준정규분포 $N(0, 1)$을 따른다.

중심극한정리에서 표본의 크기가 충분히 크다함은 $n\ge 30$을 의미한다.

예제 3 어떤 공장에서 생산되는 건전지의 평균수명은 1000시간, 분산이 2500

시간이다. 만일 100개의 건전지를 임의표본으로 추출했을 때 표본평균이 995시간 이상 1010시간 미만일 확률을 구하라.

풀이 모평균 $\mu=1000$, 모분산 $\sigma^2=2500$이고 표본의 크기 $n=100$이다. 모집단의 분포는 알려져 있지 않으나 표본의 크기 n이 크므로 중심극한정리에 의해서 $\bar{X}$는 근사적으로 정규분포를 따른다. $\bar{X}$의 분포는 $N\left(1000, \dfrac{2500}{100}\right)$이므로 $\bar{X}$를 표준화시키면 다음과 같다.

$$Z=\frac{\bar{X}-1000}{\dfrac{50}{10}}$$

따라서 다음을 얻는다.

$$P[995\leq\bar{X}<1010]=P\left[\frac{995-1000}{\dfrac{50}{10}}\leq Z<\frac{1010-1000}{\dfrac{50}{10}}\right]$$
$$=P[-1\leq Z<2]=0.8185$$

9.4 비율의 표본분포

정규분포가 이항분포의 근사라는 사실은 중심극한정리로부터 비롯된다. 이 관계를 알아보기 위하여 각 베르누이 시행마다 확률변수를 다음과 같이 정의하자.

$X_i=1$, i번째 시행이 성공일 때

$X_i=0$, i번째 시행이 실패일 때

그러면 확률변수 $X_1, \cdots, X_n$은 독립이고 각각은 평균 p, 표준편차 $\sqrt{p(1-p)}$인 다음과 같은 확률분포를 갖는다.

x	0	1
$f(x)$	$1-p$	p

확률변수의 정의로부터 다음 사실을 알 수 있다.

$$\text{표본합계 } T=\sum_{i=1}^{n} X_i = n\text{번 시행에서의 성공의 총 횟수}$$

$$\text{표본평균 } \overline{X}=\frac{T}{n}=\frac{n\text{번 시행에서의 성공의 총 횟수}}{n}$$

따라서 $X_1, \cdots, X_n$으로부터의 표본평균 $\overline{X}=\frac{\sum_{i=1}^{n} X_i}{n}$에 중심극한정리를 적용하면 n이 클 때 $\overline{X}$는 근사적으로 정규분포 $N\left(p, \frac{p(1-p)}{n}\right)$를 따르게 된다.

여기서 표본평균은 n번 베르누이 시행에서 성공횟수의 비율만을 나타내고 성공의 모비율(population proportion)은 p로 나타내기 때문에 표본비율(sample proportion)을 나타내는데 $\overline{X}$ 대신에 보통 $\hat{p}$을 이용한다. 이러한 사실을 요약하면 다음과 같다.

> n번의 베르누이 시행에서 성공횟수의 표본비율 $\hat{p}$은 n이 충분히 클 때 근사적으로 $N\left(p, \frac{p(1-p)}{n}\right)$을 따르게 된다. 그리고 다음 통계량 Z는 근사적으로 $N(0, 1)$을 따르게 된다.
>
> $$Z=\frac{\hat{p}-p}{\sqrt{\frac{p(1-p)}{n}}}$$

예제 4 도시 인구의 60%가 복지시설에 기부금을 내는 제안에 호의적이라고 하자. 임의로 뽑은 150명 중 이 제안에 호의적인 사람들의 비율이 0.52보다 작을 확률을 구하라.

풀이 여기서 $n=150$, $p=0.6$이고 구하고자 하는 확률은 $P[\hat{p}<0.52]$이다. 따라서

$$\sqrt{\frac{p(1-p)}{n}}=\sqrt{\frac{0.24}{150}}=0.040$$

이고 정규분포의 근사를 이용하면 다음을 얻는다.

$$P[\hat{p}<0.52] \fallingdotseq P\left[Z<\frac{0.52-0.60}{0.040}\right]=P[Z<-2]=0.0228$$

9.5 카이제곱분포

$X_1, \cdots, X_n$을 정규분포 $N(\mu, \sigma^2)$을 따르는 모집단에서 추출한 표본이라 할 때 표본분산

$$s^2 = \frac{1}{n-1} \sum_{i=1}^{n} (X_i - \overline{X})^2$$

에 대한 표본분포는 모분산 σ^2을 추론하는데 유용하게 사용된다. 표본분산 s^2에 관계되는 분포가 다음과 같은 **카이제곱분포**(chi-squared distribution)이다.

확률변수 $Z_1, \cdots, Z_n$이 서로 독립이고, 각각 평균이 0이고, 분산이 1인 표준정규분포 $N(0, 1)$을 따른다고 할 때 다음과 같이 이들의 제곱의 합을 일반적으로 χ^2(카이제곱)으로 나타낸다.

$$\chi^2 = Z_1^2 + \cdots + Z_n^2$$

여기에 대응하는 분포를 **자유도**(degree of freedom) n인 카이제곱분포라 한다. 이를 기호로 다음과 같이 나타낸다.

$$Z_1^2 + \cdots + Z_n^2 \sim \chi^2(n)$$

또, 카이제곱분포는 다음과 같이 정의하기도 한다. 정규분포 $N(\mu, \sigma^2)$을 따르는 모집단에서 추출한 표본을 $X_1, \cdots, X_n$이라 하자. 그러면 다음 분포는 $n-1$의 자유도를 갖는 카이제곱분포가 된다.

$$\chi^2 = \frac{\sum_{i=1}^{n} (X_i - \overline{X})^2}{\sigma^2} = \frac{(n-1)s^2}{\sigma^2}$$

정규분포와 달리 카이제곱분포의 형태는 오른쪽으로 긴 꼬리를 갖는 비대칭곡선이고 자유도 n의 크기에 따라 변하며, 이를 그림으로 나타내면 다음과 같다.

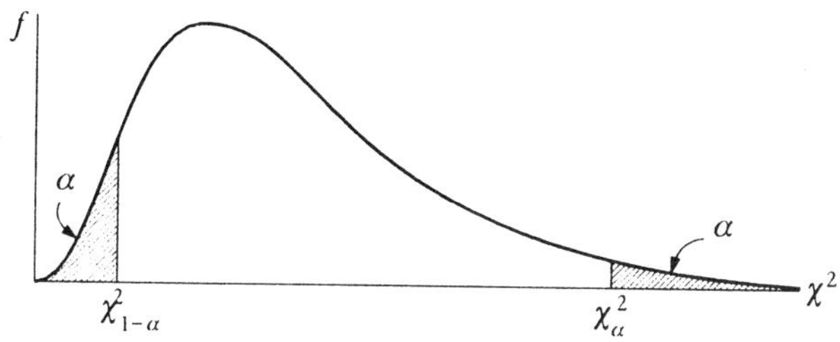

[그림 9.1] χ^2 분포

부록의 표 5에는 α값과 여러 가지 자유도의 값에 대한 카이제곱분포의 분포표가 주어져 있다. 이 표를 이용하여 다음 예제를 풀 수 있다.

예제 5 확률변수 X가 자유도 3인 카이제곱분포를 따른다고 할 때

$$P[X \geq x] = 0.05$$

가 성립하는 x의 값을 구하라.

풀이 자유도는 3, $\alpha=0.05$이므로 부록의 카이제곱 표로부터 자유도 3인 행과 확률이 0.05인 열과의 교차점이 구하고자 하는 x이다. 따라서 다음을 얻는다.

$$x = \chi^2(3,\ 0.05) = 7.815$$

다음은 카이제곱분포의 중요한 성질이다.

카이제곱분포의 성질

1. 카이제곱분포의 형태는 자유도 n의 크기에 따라 변한다.
2. 카이제곱분포의 가법성: $X_1, \cdots, X_n$이 자유도 $k_1, \cdots, k_n$인 카이제곱분포를 따르고 $X_1, \cdots, X_n$이 서로 독립이면 $Y = \sum_{i=1}^{n} X_i$은 자유도 $\sum_{i=1}^{n} k_i$인 카이제곱분포를 따른다.

9.6 t 분포

t **분포**(t distribution)는 W. S. Gosset이 도입했는데 t 분포에 대한 연구결과를 'Student'라는 가명으로 발표하였다.

정규분포 $N(\mu, \sigma^2)$을 따르는 모집단에서 추출한 크기 n인 임의표본을 $X_1, \cdots, X_n$이라 하고, 표본평균과 표본표준편차를 각각

$$\overline{X}=\frac{1}{n}\sum_{i=1}^{n} X_i, \quad s=\sqrt{\frac{\sum_{i=1}^{n}(X_i-\overline{X})^2}{n-1}}$$

이라 할 때 다음 분포는 $n-1$의 자유도를 갖는 t 분포를 따른다.

$$t=\frac{\overline{X}-\mu}{\frac{s}{\sqrt{n}}}$$

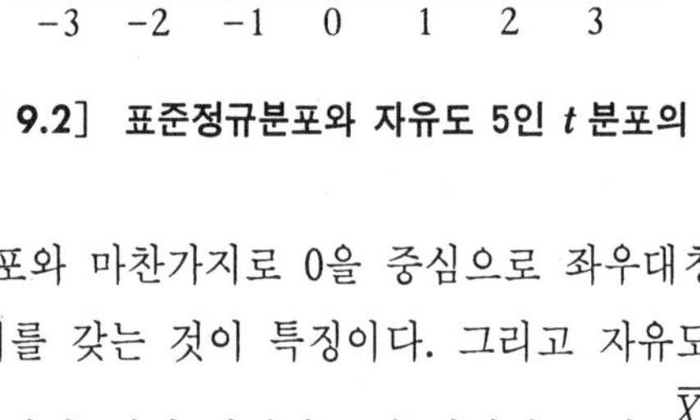

[그림 9.2] 표준정규분포와 자유도 5인 t 분포의 비교

t 분포는 표준정규분포와 마찬가지로 0을 중심으로 좌우대칭이지만 표준정규분포에 비하여 두터운 꼬리를 갖는 것이 특징이다. 그리고 자유도가 커질수록 t 분포는 표준정규분포에 가까워진다. 다시 말해서, n이 상당히 크면 $\frac{\overline{X}-\mu}{\frac{s}{\sqrt{n}}}$는 표준정규분포에 매우 가깝게 된다.

t 분포의 성질

1. t 분포는 카이제곱분포와 같이 자유도 n에 따라 분포의 형태가 달라진다.
2. t 분포는 모평균, 모평균의 차, 또는 회귀계수의 추정이나 검정에 쓰인다.
3. 표본의 크기 n이 작을 때, 즉 $n<30$인 경우에 주로 t 분포를 이용한다.

9.7 F 분포

이 절에서는 피셔(R. A. Fisher)가 도입한 **F 분포**(F distribution)에 대하여 알아보자. F 분포는 두 정규 모집단의 분산의 비교에 대한 추론에 주로 사용하고 있다.

정규분포 $N(\mu_1, \sigma_1)$과 $N(\mu_2, \sigma_2)$를 따르는 두 모집단에서 추출한 서로 독립인 임의표본을 각각 $X_1, \cdots, X_n$과 $Y_1, \cdots, Y_n$라 하고 s_1^2과 s_2^2을 각각 임의표본에서의 표본분산이라 하자. 그러면 다음 분포는 n_1-1과 n_2-1의 자유도를 갖는 F 분포라 한다.

$$F=\frac{s_1^2/\sigma_1^2}{s_2^2/\sigma_2^2}=\frac{\sum_{i=1}^{n}(X_i-\overline{X})^2/(n_1-1)\sigma_1^2}{\sum_{i=1}^{n}(Y_i-\overline{Y})^2/(n_2-1)\sigma_2^2}$$

F 분포 역시 카이제곱분포나 t 분포처럼 자유도에 따라 그 분포형태가 다르지만 χ^2 분포와 비슷하게 오른쪽으로 긴 꼬리를 가진 비대칭의 분포이며 대체적인 형태는 그림 9.3과 같다.

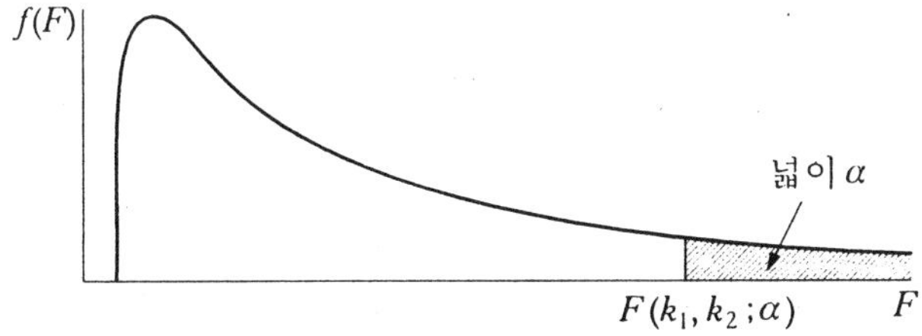

[그림 9.3] F 분포의 그래프

확률변수 F가 자유도 (k_1, k_2)인 F 분포를 따를 때

$$P[F \geq f] = \alpha$$

가 성립하는 f의 값을 자유도 (k_1, k_2)인 F 분포에서의 $100(1-\alpha)\%$ 백분위수 또는 상위 $100\alpha\%$ 백분위수라 하며 $F(k_1, k_2;\ \alpha)$로 나타낸다. 하위 백분위수를 구하기 위해서 F에 역수를 취하는데 $F^* = \frac{1}{F}$은 F와 같은 구조를 갖지만 자유도는 (k_2, k_1)으로 바뀐다. 하위 백분위수와 상위 백분위수의 관계와 t 분포와 F 분포와의 중요한 관계를 정리하면 다음과 같다.

F 분포의 성질

1. 확률변수 F가 자유도 (k_1, k_2)인 F 분포를 따를 때 다음이 성립한다.

$$\text{자유도 } (k_2, k_1)\text{인 } F \text{ 분포의 하위 } 100\alpha\% \text{ 백분위수} = \frac{1}{\text{자유도}(k_1, k_2)\text{인 } F \text{ 분포의 상위 } 100\alpha\% \text{ 백분위수}}$$

즉

$$F(k_2, k_1;\ 1-\alpha) = \frac{1}{F(k_1, k_2;\ \alpha)}$$

2. t가 자유도 n인 t 분포를 할 때 t^2은 자유도 $(1, n)$인 F 분포를 한다.

부록의 표 6에는 α값과 여러 가지 자유도의 값에 대한 F 분포의 분포표가 주어져 있다. 이 표와 F 분포의 성질을 이용하여 다음과 같은 예제를 풀 수 있다.

예제 6 부록의 F 분포표를 이용하여 다음을 구하라.

(1) 자유도가 (15, 8)일 때 F분포의 상위 5% 백분위수

(2) 자유도가 (8, 15)일 때 F분포의 하위 5% 백분위수

풀이 (1) 부록의 F 분포표로부터 $k_1=15$, $k_2=8$, $\alpha=0.05$에 해당하는 f값을 찾는다. 그러므로 $f=3.22$이다. 따라서 자유도가 (15, 8)일 때 상위 5% 백분위수는 3.22이다.

(2) F분포의 성질로부터 자유도가 (8, 15)일 때 F분포의 하위 5% 백분위수는 자유도가 (15, 8)인 F 분포의 상위 5% 백분위수의 역수이므로 구하고자 하는 답은 $\frac{1}{3.22} \fallingdotseq 0.311$이다.

9.8 SAS 실습

9장에서 사용한 $100(1-\alpha)\%$ 또는 상위 $100\alpha\%$ 백분위수는 다음과 같다.

(1) 표준정규분포에서 상위 $100\alpha\%$ 백분위수

형식
```
PROBIT(1−α)
```

(2) 자유도 n인 카이제곱분포에서 상위 $100\alpha\%$ 백분위수

형식
```
CINV(1−α, n)
```

(3) 자유도 n인 t분포에서 상위 $100\alpha\%$ 백분위수

형식
```
TINV(1−α, n)
```

(4) 자유도(n_1, n_2)인 F분포에서 상위 $100\alpha\%$ 백분위수

형식
```
FINV(1−α, n1, n2)
```

예제 7 확률변수 Z가 표준정규분포를 따를 때 $P(Z>z)=0.05$를 만족하는 z값을 구하라.

풀이 SAS 프로그램

```
DATA ninel;
        z=PROBIT(0.95);
RUN;
PROC PRINT;
RUN;
```

상위 5% 백분위수를 구하고자 하므로 PROBIT을 이용한다. 또 $\alpha=0.05$이므로 $1-\alpha=0.95$이다.

결과

Obs	z
1	1.64485

예제 8 어떤 공장에서 공급되는 형광등은 평균수명이 600시간, 표준편차가 49시간인 정규분포를 따른다고 한다. 49개의 형광등을 임의로 뽑아 평균수명을 잴 때 그 값이 607시간 이상일 확률을 구하라.

풀이 모집단은 모평균 $\mu=600$, 모표준편차 $\sigma=49$인 정규분포를 따르므로 49개 표본의 평균 $\bar{X}$도 정규분포를 따른다. $\bar{X}$의 분포는 $N\left(600,\ \frac{49^2}{49}\right)$을 따르고 $\bar{X}$를 표준화시키면 다음과 같다.

$$Z=\frac{\bar{X}-600}{\frac{49}{7}}$$

그러므로

$$P[\bar{X}\geq 607]=P\left[Z\geq \frac{607-600}{\frac{49}{7}}\right]=P[Z\geq 1]$$
$$=1-P[Z<1]=1-F(1)$$

SAS 프로그램은 다음과 같다.

```
DATA  nine;
        p=1-PROBNORM(1);
RUN;
PROC PRINT;
RUN;
```

표준정규분포에서 확률값을 구하고자 하므로 PROBNORM을 이용한다.

결과

Obs	p
1	0.15866

즉 49개의 형광등을 뽑을 때 그 평균수명이 607시간 이상이 될 확률은 15.87%이다.

예제 9 확률변수 X가 자유도 3인 카이제곱분포를 따른다고 할 때

$$P[X \geq x] = 0.05$$

가 성립하는 x의 값을 구하라.

풀이 자유도는 3, $\alpha = 0.05$이므로 부록의 카이제곱 표로부터 자유도 3인 행과 확률이 0.05인 열과의 교차점이 구하고자 하는 x이다. 따라서 다음을 얻는다.

$$x = \chi^2(3,\ 0.05) = 7.815$$

SAS 프로그램

```
DATA  nine2;
        x=CINV(0.95, 3);
        RUN;
PROC PRINT;
RUN;
```

카이제곱분포에서 상위 5% 백분위수를 구하고자 하므로 CINV를 이용한다.

결과

Obs	x
1	7.81473

예제 10 확률변수 t가 자유도 11인 t 분포를 따른다고 할 때 $P[t > t_0] = 0.025$를 만족시키는 t_0를 구하라.

풀이 자유도는 11, $\alpha = 0.025$이므로 부록의 t 분포표로부터 자유도 11인 행과 확률이 0.025인 열과의 교차점이 구하고자 하는 t_0이다. 따라서 $t_0 = t_{0.025}(11) = 2.201$이다.

SAS 프로그램

```
DATA  nine3;
        p=TINV(0.975, 11);
RUN;
PROC PRINT;
RUN;
```

t 분포에서 상위 2.5%의 백분위수를 구하고자 하므로 TINV를 이용한다.

결과

Obs	p
1	2.20099

예제 11 확률변수 F가 자유도 (3, 5)인 F 분포를 따를 때, $P[F \geq f] =$ 0.05가 되는 f의 값을 구하라.

풀이 부록의 F 분포표로부터 $k_1=3$, $k_2=5$, $\alpha=0.05$에 해당하는 f값을 찾는다. 그러므로 $f=5.41$이다.

SAS 프로그램을 이용할 때는 다음 식을 이용한다.

$$P[F \geq f]=0.05$$

```
DATA  nine4;
        f=FINV(0.95, 3, 5);
RUN;
PROC PRINT;
RUN;
```

F 분포에서 상위 5%의 백분위수를 구하고자 하므로 FINV를 이용한다.

결과

Obs	b
1	5.40945

연습문제(9)

□ 1. 모집단은 평균이 $\mu=1.2$이고, 표준편차는 $\sigma=3$인 정규분포를 따른다. 100개의 표본을 임의추출했을 때 표본의 평균이 1.2와 1.5 사이에 있을 확률을 구하라.

□ 2. 어떤 대학 신입생의 몸무게는 평균 60kg, 분산 16인 정규분포를 따른다고 한다. 36명의 학생을 추출하여 몸무게를 측정한 경우 표본의 평균 몸무게가 62kg 이상일 확률을 구하라.

□ 3. 어떤 공장에서 생산하는 치즈의 평균은 6g이고 표준편차는 2.5g이라 한다. 이 공장에서 생산되는 제품 중 49개를 임의추출할 때 평균무게가 5.75g과 6.25g 사이일 확률을 구하라.

□ 4. 시계를 조립하는 공장에서 시계를 조립하는데 걸리는 시간은 평균 40분, 표준편차 7분이라고 알려졌다. 임의로 49명의 작업자를 표본으로 택할 때 표본평균이 43분 이상일 확률을 구하라.

□ 5. 어떤 대학 신입생의 키는 평균 167cm, 표준편차 4cm인 정규분포를 따른다고 한다. 이 모집단에서 임의로 64명을 추출하였을 때, 이 표본의 평균이 166.5cm 이상 168cm 이하가 될 확률을 구하라.

□ 6. 어떤 구청에서 서류를 하루 평균 478매(표준편차 88매) 복사한다고 한다. 그런데 1매당 비용은 40원씩이라고 한다. 이 때 144일 동안의 서류복사 비용이 1일 평균 20,000원을 넘게 될 확률을 구하라.

□ 7. 어떤 회사의 자동차 타이어의 수명은 평균 50000km이고 표준편차 6000km인 정규분포를 따른다고 한다. 한 사람이 36개의 타이어를 샀을 때 이 36개의 평균수명이 52000km 이상으로 될 확률을 구하라.

□ 8. 정규분포 $N(12, 4)$를 따르는 확률변수 X로부터 크기 n개의 표본을 뽑았다. 표본평균이 10과 14 사이에 있을 확률이 0.997이 되도록 n의 크기를 결정하라.

□ 9. K 항공사 소속 비행기의 승객 1인당 평균 가방의 무게는 18kg, 표준편차는 6kg이라고 한다. 임의로 추출한 64명의 승객들의 평균가방의 무게가 19kg 이상일 확률을 구하라.

□ 10. χ^2 분포표를 이용하여 다음 백분위수를 구하라.

(1) 자유도 3일때 상위 1% 백분위수

(2) 자유도 5일때 상위 2.5% 백분위수

(3) 자유도 9일때 상위 5% 백분위수

□ 11. t 분포표를 이용하여 다음 백분위수를 구하라.

(1) 자유도 7일때 상위 1% 백분위수

(2) 자유도 9일때 상위 2.5% 백분위수

(3) 자유도 11일때 상위 5% 백분위수

CHAPTER

10 추 정

본장의 개요

일상생활에서 미래를 예측하거나 어떤 결정을 내려야 하는 경우가 흔히 있다. 이를 위하여 관심의 대상인 모집단으로부터 표본을 추출하여 모수에 대응하는 것들을 연구하고 모수에 대한 정보를 얻는다. 그리하여 좀더 근거있는 여러 상황을 고려하고 가장 타당한 과학적 근거에 따라 결론을 얻어야 할 것이다. 이때 사용되는 과정이 **통계적 추론**(statistical inference)이다. 다시 말해서 통계적 추론이란 모집단으로부터 표본을 추출하여 자료를 얻고 이 자료를 이용하여 모집단의 미지의 값을 추측하거나 결정하는 과정을 말한다. 통계적 추론은 크게 **추정**(estimation)과 **가설검정**(hypothesis testing)의 두 분야로 분류된다. 추정은 모집단에서 추출한 표본의 데이터를 이용하여 모집단의 어떤 미지의 값을 추측하는 과정을 말하고 가설검정이란 모집단에서 추출한 표본을 이용하여 모집단에 대한 가설을 세우고 이 가설의 채택이나 기각을 결정하는 과정을 말한다.

10.1 점 추 정

미지의 모수를 추정하는 방법에는 두 가지가 있다. 하나는 추출된 표본을 이용하여 모수를 하나의 수치로 추정하는 **점추정**(point estimation)이며, 다른 하나는 모수가 포함되리라고 기대하는 범위를 구하는 **구간추정**(interval estimation)이다.

10.1.1 추정량과 그 성질

점추정을 하는 목적은 추출된 표본으로부터 모수에 가장 가까운 하나의 수치를 추정하는 것이다. 앞으로 모비율, 모평균, 모분산과 같은 모수를 나타내는 데 기호 θ를 사용한다. θ는 미지수이지만 상수라는 점을 유념해야 한다.

미지 모수 θ로써 특징지어지는 모집단으로부터의 임의표본을 $X_1, \cdots, X_n$이라 하자. 이때 모수 θ의 추정에 사용되는 통계량 $\hat{\theta}(X_1, \cdots, X_n)$을 θ의 **추정량**(estimator)이라 하고, 어떤 특정한 한 표본에서 구한 추정량의 관측값 $\hat{\theta}(x_1, \cdots, x_n)$을 θ의 **추정값**(estimate)이라 한다. 즉 추정량은 확률변수이고 측정값은 하나의 주어진 표본에서 계산된 추정량의 값이다.

바람직한 추정량은 어떻게 선택할 수 있을까? 이러한 선택에 도움이 되는 바람직한 성질을 설명하겠다. 어떤 추정량 $\hat{\theta}$의 좋고 나쁨은 추정량의 표본분포가 모수 θ 주위에 어떤 형태로 나타나는가에 따라서 결정된다. 좋은 추정량이 되기 위해서 추정량이 가져야 하는 바람직한 성질로는 **불편성, 유효성, 일치성, 충분성** 등을 들 수 있다. 이제 네 가지 성질에 대해서 자세히 알아보자.

(1) 불편성

불편성은 추정량의 분포에서 중심 위치에 대하여 요구되는 성질로서 다음과 같이 정의된다.

불편성

모수 θ의 모든 값에 대하여 $E(\hat{\theta})=\theta$이면 $\hat{\theta}(X_1, \cdots, X_n)$을 θ의 **불편추정량**(unbiased estimator)이라 한다.

불편추정량이 아닌 추정량을 **편의추정량**(biased estimator)이라 하며, $\hat{\theta}$이 θ의 편의추정량이면 $b(\hat{\theta})=E(\hat{\theta})-\theta$를 **편의**(bias)라 한다.

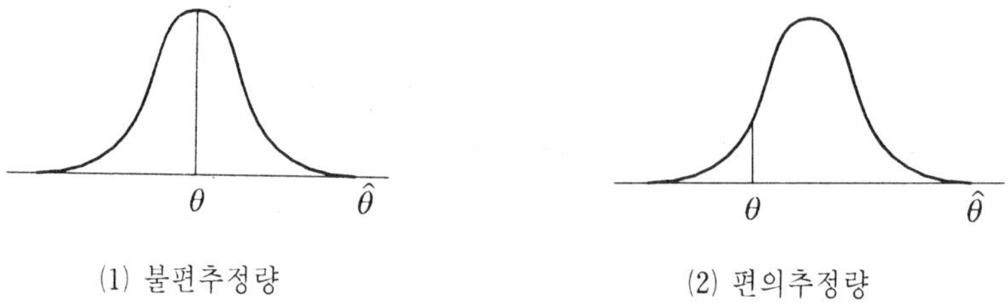

[그림 10.1] 불편추정량과 편의추정량의 분포

예제 1 모평균과 모분산이 각각 μ, σ^2인 모집단으로부터 추출한 임의표본을 X_1, X_2, X_3이라 할 때 이를 이용하여 모평균 μ를 추정하는 다음 세 가지 추정량을 생각해 보자.

$$\hat{\mu}_1=\frac{X_1+X_2+X_3}{3},\quad \hat{\mu}_2=\frac{2X_1+X_2+2X_3}{5},\quad \hat{\mu}_3=\frac{2X_1+X_2+2X_3}{4}$$

$\hat{\mu}_1$, $\hat{\mu}_2$, $\hat{\mu}_3$ 중에서 불편추정량을 찾아라.

풀이 $$E(\hat{\mu}_1)=E\left(\frac{X_1+X_2+X_3}{3}\right)=\frac{1}{3}\{E(X_1)+E(X_2)+E(X_3)\}=\frac{1}{3}\cdot 3\mu=\mu$$

$$E(\hat{\mu}_2)=E\left(\frac{2X_1+X_2+2X_3}{5}\right)=\frac{1}{5}\{2E(X_1)+E(X_2)+2E(X_3)\}=\frac{1}{5}\cdot 5\mu=\mu$$

$$E(\hat{\mu}_3)=E\left(\frac{2X_1+X_2+2X_3}{4}\right)=\frac{1}{4}\{2E(X_1)+E(X_2)+2E(X_3)\}=\frac{1}{4}\cdot 5\mu$$

$E(\hat{\mu}_1)=\mu$, $E(\hat{\mu}_2)=\mu$, $E(\hat{\mu}_3)\neq\mu$이므로 $\hat{\mu}_1$과 $\hat{\mu}_2$은 불편추정량이고 $\hat{\mu}_3$은 편의추정량이다.

예제 2 표본평균 $\overline{X}=\frac{1}{n}\sum_{i=1}^{n}X_i$는 모평균 μ의 불편추정량임을 보여라.

풀이 $$E(\overline{X})=E\left(\frac{1}{n}\sum_{i=1}^{n}X_i\right)=\frac{1}{n}E\left(\sum_{i=1}^{n}X_i\right)$$

$$=\frac{n\mu}{n}=\mu$$

그러므로 표본평균 $\overline{X}$는 모평균 μ의 불편추정량이다.

(2) 유효성

추정량의 분포에 대한 흩어짐의 정도를 나타내는 성질로서 유효성을 들 수 있다.

> **유효성**
>
> 모수 θ에 대한 두 불편추정량을 $\hat{\theta}_1$, $\hat{\theta}_2$라 하고 각각의 분산을 $\mathrm{Var}(\hat{\theta}_1)$, $\mathrm{Var}(\hat{\theta}_2)$라 할 때 $\mathrm{Var}(\hat{\theta}_1) < \mathrm{Var}(\hat{\theta}_2)$이면 추정량 $\hat{\theta}_1$은 $\hat{\theta}_2$보다 더 유효한 추정량(more efficient estimator)이라 한다.

또, 모수 θ의 가능한 모든 불편추정량 중에서 가장 작은 분산을 가진 추정량을 **최량유효추정량**(the most efficient estimator) 또는 **최소분산불편추정량**(minimum variance unbiased estimator)이라 한다.

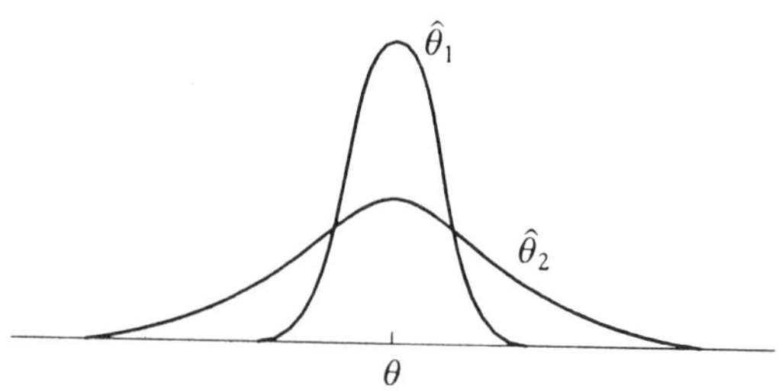

[그림 10.2] 두 불편추정량 $\hat{\theta}_1$과 $\hat{\theta}_2$의 분포

예제 3 예제 1에서 어떤 것이 더 유효한 추정량인지 말하라.

풀이 $\hat{\mu}_1$과 $\hat{\mu}_2$은 μ의 불편추정량이다. σ^2을 모분산이라 하면 $\hat{\mu}_1$과 $\hat{\mu}_2$에 대한 분산은 다음과 같다.

$$\mathrm{Var}(\hat{\mu}_1) = \mathrm{Var}\left(\frac{X_1+X_2+X_3}{3}\right) = \frac{1}{9}(\sigma^2+\sigma^2+\sigma^2) = \frac{\sigma^2}{3}$$

$$\begin{aligned}\mathrm{Var}(\hat{\mu}_2) &= \mathrm{Var}\left(\frac{2X_1+X_2+2X_3}{5}\right) \\ &= \frac{1}{25}\{4\mathrm{Var}(X_1)+\mathrm{Var}(X_2)+4\mathrm{Var}(X_3)\} \\ &= \frac{1}{25}(4\sigma^2+\sigma^2+4\sigma^2) = \frac{9}{25}\sigma^2\end{aligned}$$

$\mathrm{Var}(\hat{\mu}_1) < \mathrm{Var}(\hat{\mu}_2)$이므로 $\hat{\mu}_1$은 $\hat{\mu}_2$보다 더 유효한 추정량이다.

지금까지 설명한 유효성을 표준오차를 사용해서 설명하기도 하는데 추정량의 표준편차를 **표준오차**(standard error)라고 한다. 즉 추정량 $\hat{\theta}$의 표준편차를 표준오차라고 하고 $S.E.(\hat{\theta})$으로 나타낸다.

유효성의 개념을 표준오차를 이용해서 정의하면 다음과 같다.

두 불편추정량 $\hat{\theta}_1$, $\hat{\theta}_2$에 대하여

$$S.E.(\hat{\theta}_1) < S.E.(\hat{\theta}_2)$$

이면, 추정량 $\hat{\theta}_1$이 $\hat{\theta}_2$보다 유효하다고 한다.

(3) 일치성

표본의 크기 n이 상당히 클 때 추정량이 모수에 매우 가까워지기를 기대한다. 이때의 추정량을 **일치추정량**(consistent estimator)이라 한다.

일치성

모집단으로부터 크기 n인 표본을 추출하여 나온 추정량을 $\hat{\theta}_n = \hat{\theta}(X_1, \cdots, X_n)$라 할 때 모수 θ와 임의의 양수 ε에 대하여

$$\lim_{n \to \infty} P(|\hat{\theta}_n - \theta| < \varepsilon) = 1$$

이 성립하면 $\hat{\theta}_n$을 θ의 일치추정량이라 한다.

즉 임의의 고정된 $\varepsilon > 0$에 대하여 θ와 θ의 근사값의 차가 ε보다 작아질 확률은 표본의 크기가 한없이 커질 때, 1에 접근한다는 뜻이다. 이 성질을 가진 추정량 $\hat{\theta}_n$을 θ의 일치추정량이라 한다. 추정량의 일치성을 밝히는 데는 다음의 **체비셰프**(Chebyshev)**의 부등식**이 매우 유용하게 쓰인다.

체비셰프의 부등식

확률변수 X의 평균과 분산을 각각 μ와 σ^2이라 할 때 임의의 양수 ε에 대하여 다음 부등식이 성립한다.

$$P(|X-\mu| \geq \varepsilon) \leq \frac{\sigma^2}{\varepsilon^2} \text{ 또는 } P(|X-\mu| < \varepsilon) \geq 1 - \frac{\sigma^2}{\varepsilon^2}$$

(4) 충분성

추정량 $\hat{\theta}$을 사용하여 표본으로부터 모수 θ에 대한 정보를 모두 얻을 수 있다면 추정량 $\hat{\theta}$을 θ의 **충분추정량**(sufficient estimator)이라 한다. 즉 충분추정량을 사용하면 다른 추정량은 θ에 대해 더 이상의 정보를 주지 못하므로 이 추정량 하나로 충분하게 된다. 그러나 이와 같은 충분성의 개념은 기초 통계학에서는 이해하기 힘든 것이다.

위의 네 가지 성질을 모두 만족하는 가장 적합한 추정량을 **최우추정량**이라 하는데 최우추정량에는 다음과 같은 것이 있다.

모 수	최우추정량
모평균(μ)	표본평균 $\bar{X}$
모분산(σ^2)	표본분산 $\dfrac{\sum(X_i-\bar{X})^2}{n-1}$
모비율(p)	표본비율 $\dfrac{X}{n}$

10.1.2 모평균의 추정

임의표본으로부터 모평균을 추정할 때 아마도 가장 직관적인 추정량은 표본평균 $\bar{X}$일 것이다. 직관성을 보완하기 위해서 9장에서 살펴본 추정량의 다음과 같은 성질을 기억하자.

모평균이 μ이고 모표준편차가 σ인 임의의 모집단으로부터 추출한 임의표본을 X_1, X_2, ⋯, X_n이라 할 때,

$$\bar{X}=\frac{1}{n}\sum_{i=1}^{n}X_i,\quad s^2=\frac{1}{n-1}\sum_{i=1}^{n}(X_i-\bar{X})^2$$

을 각각 **표본평균**(sample mean), **표본분산**(sample variance)이라 하고, 표본분산의 양의 제곱근 s를 **표본표준편차**(sample standard deviation)라고 한다.

무한 모집단의 경우에 모집단의 평균이 μ이고 분산이 σ^2일 때 표본평균 $\bar{X}$에 대하여 다음이 성립한다.

$$E(\bar{X})=\mu,\quad \mathrm{sd}(\bar{X})=\sigma/\sqrt{n},\quad S.E.(\bar{X})=\sigma/\sqrt{n}$$

위의 첫 번째 결과는 모평균 μ의 추정량인 $\bar{X}$의 기대값은 다시 μ가 된다는 사실을 보여준다. 따라서 표본평균 $\bar{X}$는 모평균 μ의 불편추정량이고 표준오차가 $\sigma/\sqrt{n}$

임을 보여준다. 모표준편차 σ를 모를 경우에는 표준오차의 공식 $\frac{\sigma}{\sqrt{n}}$를 계산하는데 어려움이 있으므로 모표준편차 σ의 추정값을 이용해야 한다. σ의 추정량으로는 표본표준편차 s를 사용한다. 따라서 표준오차의 추정량은 $\frac{s}{\sqrt{n}}$가 된다.

> **모평균 μ의 점추정**
>
> 추정량 : 표본평균 $\hat{\mu}=\overline{X}$
>
> 표준오차 : $S.E.(\hat{\mu})=\sigma/\sqrt{n}$
>
> 표준오차의 추정량 : $S.E.(\hat{\mu})=s/\sqrt{n}$

예제 4 1년생 소나무의 성장률을 연구하기 위해 묘목 40그루를 추출하여 키를 측정한 결과 다음과 같았다(단위 : cm).

2.6	1.9	1.8	1.6	1.4	2.2	1.2	1.6	1.6	1.5
1.4	1.6	2.3	1.5	1.1	1.6	2.0	1.5	1.7	1.5
1.6	2.1	2.8	1.0	1.2	1.2	1.8	1.7	0.8	1.5
2.0	2.2	1.5	1.6	2.2	2.1	3.1	1.7	1.7	1.2

이 자료로부터 묘목의 평균 키 μ를 추정하고 표준오차를 구하라.

풀이 40그루의 묘목으로부터 계산된 표본평균과 표본표준편차는 다음과 같다.

$$\bar{x}=\frac{\sum x_i}{40}=1.715$$

$$s=\sqrt{\frac{\sum(x_i-\bar{x})^2}{39}}=\sqrt{0.2254}=0.475$$

따라서 모평균의 추정값은 $\hat{\mu}=1.715$ cm이고, 표준오차의 추정값은 다음과 같다.

$$\frac{s}{\sqrt{40}}=\frac{0.475}{6.325}=0.075\text{ cm}$$

10.1.3 모분산의 추정

모분산(population variance)은 모집단의 분포가 흩어져 있는 정도를 나타내는 양으로 표본분산, 평균편차, 범위 등의 통계량을 모분산에 대한 정보를 나타내는 데 이용할 수 있다.

이 중 가장 많이 사용되는 표본분산을 다음과 같이 정의한다.

$$s^2 = \frac{\sum_{i=1}^{n}(X_i-\overline{X})^2}{n-1}$$

이 사실로부터 다음 식이 성립함을 알 수 있다.

$$\begin{aligned}E(s^2) &= \frac{1}{n-1}E[\sum_{i=1}^{n}(X_i-\overline{X})^2] \\ &= \frac{1}{n-1}E[\sum_{i=1}^{n}\{(X_i-\mu)-(\overline{X}-\mu)\}^2] \\ &= \frac{1}{n-1}E[\sum_{i=1}^{n}(X_i-\mu)^2-n(\overline{X}-\mu)^2] \\ &= \frac{1}{n-1}\left[n\sigma^2-n\cdot\frac{\sigma^2}{n}\right] \\ &= \frac{1}{n-1}(n-1)\sigma^2=\sigma^2\end{aligned}$$

위의 식이 성립하므로 표본분산 s^2은 모분산 σ^2의 불편추정량이다.

모분산의 점추정

모분산의 추정량은 다음과 같다.

$$\hat{\sigma}^2 = s^2 = \frac{\sum_{i=1}^{n}(X_i-\overline{X})^2}{(n-1)}$$

10.1.4 모비율의 추정

불량률, 실업률, 지지율과 같이 모집단에서 어떤 특정한 속성을 가진 것의 비율 p를 **모비율**(population proportion)이라 한다. 이와 같은 모비율에 대해 알고자 할 때는 모비율 p를 모수로 하는 이항분포가 이용된다. 모집단에서 크기가 n인 표본을 임의추출할 때 이 표본에서 특정한 속성을 가진 것의 개수를 X라고 하자. 그러면 **표본비율**(sample proportion)은 $\hat{p}=\frac{X}{n}$이고 $\hat{p}=\frac{X}{n}$를 모비율 p의 추정량으로 생각할 수 있다.

실제로 X는 이항분포 $b(n, p)$를 따르므로 $E(X)=np$, $\mathrm{Var}(X)=npq$가 성립한다. 여기서 $q=1-p$이다.

따라서 표본비율 $\hat{p}=\dfrac{X}{n}$에 대하여 다음이 성립한다.

$$E(\hat{p})=\frac{1}{n}E(X)=\frac{np}{n}=p$$

$$\mathrm{Var}(\hat{p})=\frac{1}{n^2}\mathrm{Var}(X)=\frac{npq}{n^2}=\frac{pq}{n}$$

위의 사실로부터 $\hat{p}$은 p의 불편추정량이며 추정량의 표준오차는 $S.E.(\hat{p})=\sqrt{\dfrac{pq}{n}}$ 임을 알 수 있다. 그러나 p와 q가 미지이므로 표준오차의 추정량은 p와 q 대신에 각각 이것들의 추정량 $\hat{p}$와 $\hat{q}=1-\hat{p}$을 대입하여 구할 수 있다. 즉, 표준오차의 추정량은 $\widehat{S.E.(\hat{p})}=\sqrt{\dfrac{\hat{p}\hat{q}}{n}}$ 이다.

비율의 점추정

추정량 : 표본비율 $\hat{p}=\dfrac{X}{n}$

표준오차 : $S.E.(\hat{p})=\sqrt{\dfrac{pq}{n}}$

표준오차의 추정량 : $\widehat{S.E.(\hat{p})}=\sqrt{\dfrac{\hat{p}\hat{q}}{n}}$

예제 5 어떤 통신판매 회사는 특별한 제품의 구매율을 알아보기 위하여 9000명 이상의 가입자 명단에서 250명을 임의로 추출하였다. 이 제품을 구매한 고객의 수를 알아보니 70명이었다. 이 제품의 구매율의 추정값을 구하라.

풀이 주어진 자료로부터 $n=250$이고 구매한 사람의 수 $x=70$이므로 구매율은 $\hat{p}=\dfrac{70}{250}=0.28$이다.

10.2 구간추정

구간추정(interval estimation)이란 표본으로부터 미지인 모수의 참값이 속할 것으로 예상되는 구간을 추정하는 방법을 말한다. 구간추정법은 점추정의 단점을 보완하여 점추정에 오차의 개념을 포함시킨 추정법이다.

$\hat{\theta}_1$과 $\hat{\theta}_2$을 표본으로부터 계산한 미지모수 θ의 추정량이라 하고, 주어진 양수 α $(0<\alpha<1)$에 대하여 $P[\hat{\theta}_1<\theta<\hat{\theta}_2]=1-\alpha$가 성립할 때 구간 $(\hat{\theta}_1, \hat{\theta}_2)$을 θ의 $100(1-\alpha)\%$ **신뢰구간**(confidence interval)이라 하고 $(1-\alpha)$를 **신뢰수준**(confidence level) 또는 **신뢰도**라 한다. 또 $\hat{\theta}_1$을 **신뢰하한**, $\hat{\theta}_2$을 **신뢰상한**이라 한다.

10.2.1 모평균의 구간추정

모평균 μ의 구간추정에 대하여 알아보기 위하여 먼저 $\bar{X}$의 분포를 살펴보자. 이는 이미 9장에서 살펴보았다. 즉 σ가 기지의 표준편차이고 표본의 크기 n이 충분히 크면 중심극한정리에 따라서 $\bar{X}$는 근사적으로 정규분포 $N\left(\mu, \frac{\sigma^2}{n}\right)$를 따른다. 여기서 표본의 크기가 크다함은 대체적으로 $n\geq 30$임을 말한다. 이것은 모집단의 분포가 정규분포를 따르지 않더라도 표본의 크기가 충분히 큰 경우에 따르는 분포를 뜻한다. 그러나 모집단이 정규분포를 따를 때는 표본의 크기에 관계없이 정규분포를 따른다. 위의 사실을 정리하면 다음과 같다.

모집단이 정규분포를 따를 때 또는 표본의 크기가 충분히 큰 경우에 $\bar{X}$는 정규분포를 따르며 $\bar{X}$를 표준화시킨 Z 통계량 $Z=\frac{\bar{X}-\mu}{\sigma/\sqrt{n}}$은 표준정규분포 $N(0, 1)$을 따른다.

부록의 정규분포표로부터 다음이 성립한다.

$$P[-1.96<Z<1.96]=0.95$$

여기서 $-1.96<Z<1.96$을 변형하면 다음이 된다.

$$-1.96<\frac{\bar{X}-\mu}{\sigma/\sqrt{n}}<1.96$$

즉 $\overline{X}-1.96\frac{\sigma}{\sqrt{n}}<\mu<\overline{X}+1.96\frac{\sigma}{\sqrt{n}}$ 이므로 다음이 성립한다.

$$P\left[\overline{X}-1.96\frac{\sigma}{\sqrt{n}}<\mu<\overline{X}+1.96\frac{\sigma}{\sqrt{n}}\right]=0.95$$

L과 U를 $L=\overline{X}-1.96\frac{\sigma}{\sqrt{n}}$, $U=\overline{X}+1.96\frac{\sigma}{\sqrt{n}}$로 놓자. 그러면

$$P\left[\overline{X}-1.96\frac{\sigma}{\sqrt{n}}<\mu<\overline{X}+1.96\frac{\sigma}{\sqrt{n}}\right]=0.95$$

는 구간 (L, U)가 0.95의 확률로 모평균 μ를 포함할 것이란 뜻이다. 표준편차 σ는 기지의 수이기 때문에 표본의 자료값으로부터 L과 U의 값을 계산할 수 있다.

일반적으로, n이 충분히 크고 σ가 기지의 수이면 모평균 μ의 $100(1-\alpha)\%$ 신뢰구간은 다음과 같다.

$$\left(\overline{X}-z_{\alpha/2}\frac{\sigma}{\sqrt{n}},\ \ \overline{X}+z_{\alpha/2}\frac{\sigma}{\sqrt{n}}\right)$$

여기서 $z_{\alpha/2}$는 표준정규확률변수 Z에 대하여 $P[Z>z_{\alpha/2}]=\frac{\alpha}{2}$를 만족하는 점이다. 즉 그림에 나타난 대로 표준정규분포에서 오른쪽 꼬리의 면적이 $\frac{\alpha}{2}$인 점이 $z_{\alpha/2}$이다.

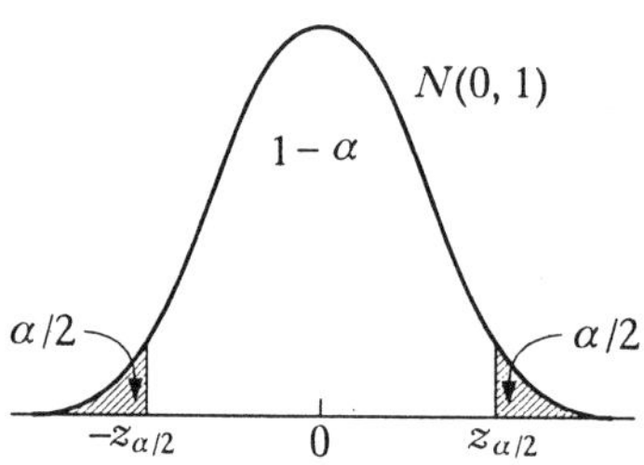

[그림 10.3] $\frac{\alpha}{2}$

위에서 신뢰구간을 간단히 $\overline{X}\pm z_{\alpha/2}\frac{\sigma}{\sqrt{n}}$로 쓰기도 하며, 이는 일반적으로 다음과 같은 꼴로 주어진다.

(μ의 추정량)$\pm z_{\alpha/2}$(추정량의 표준오차)

특별한 한 표본에서의 평균을 $\bar{x}$라 하면 $\left(\bar{x}-z_{\alpha/2}\frac{\sigma}{\sqrt{n}},\ \bar{x}+z_{\alpha/2}\frac{\sigma}{\sqrt{n}}\right)$가 μ의

$100(1-\alpha)\%$ 신뢰구간이 된다. 이것을 정리하면 다음과 같다.

> 표본의 크기가 크고 모분산 σ^2이 기지일 때의 모평균 μ의 $100(1-\alpha)\%$ 신뢰구간은 다음과 같다.
>
> $$\left(\bar{x}-z_{\alpha/2}\frac{\sigma}{\sqrt{n}},\quad \bar{x}+z_{\alpha/2}\frac{\sigma}{\sqrt{n}}\right)$$

모표준편차 σ가 미지인 조금 더 현실적인 문제에 대해서 생각해 보자. 대표본에서

$$P\left[\bar{X}-z_{\alpha/2}\frac{\sigma}{\sqrt{n}}<\mu<\bar{X}+z_{\alpha/2}\frac{\sigma}{\sqrt{n}}\right]=1-\alpha$$

는 여전히 성립한다. 그러나 모표준편차 σ가 미지이기 때문에 표본으로부터 신뢰구간을 계산할 수 없다. 표본의 크기 n이 클 때는 표본표준편차 s와 모표준편차 σ가 매우 가까우므로 신뢰구간 공식에서 σ 대신 s를 대입하여 모평균의 신뢰구간을 구한다. 이를 정리하면 다음과 같다.

> 표본의 크기가 크고 모분산 σ^2이 미지일 때의 모평균 μ의 $100(1-\alpha)\%$ 신뢰구간은 다음과 같다.
>
> $$\left(\bar{x}-z_{\alpha/2}\frac{s}{\sqrt{n}},\quad \bar{x}+z_{\alpha/2}\frac{s}{\sqrt{n}}\right)$$
>
> 여기서, s는 표본표준편차이다.

표본의 크기가 크고 σ^2을 모를 때 모평균 μ의 신뢰구간 중 가장 많이 사용되는 신뢰구간의 상한과 하한은 다음과 같다.

> 모평균 μ의 대표적인 신뢰구간은 다음과 같다.
>
> μ의 90% 신뢰구간: $\left(\bar{x}-1.645\frac{s}{\sqrt{n}},\quad \bar{x}+1.645\frac{s}{\sqrt{n}}\right)$
>
> μ의 95% 신뢰구간: $\left(\bar{x}-1.96\frac{s}{\sqrt{n}},\quad \bar{x}+1.96\frac{s}{\sqrt{n}}\right)$
>
> μ의 99% 신뢰구간: $\left(\bar{x}-2.576\frac{s}{\sqrt{n}},\quad \bar{x}+2.576\frac{s}{\sqrt{n}}\right)$

예제 6 어느 해 고등학교 3학년 학생의 모의고사 성적의 평균을 알아보기 위해서 임의로 36명을 뽑아 성적을 조사하였다. 모의고사 성적의 모평균 μ는 미지이고 모표준편차는 16이다. 이 표본의 표본평균을 $\bar{x}=140.8$이라고 할 때 μ에 대한 95% 신뢰구간을 구하라.

풀이 표본크기 $n=36$은 충분히 크므로 $\bar{X}$의 분포는 정규분포를 따른다. $\bar{x}=140.8$이고 $\sigma=16$이다. $1-\alpha=0.95$이므로 $\frac{\alpha}{2}=0.025$이고 $z_{\alpha/2}=1.96$이다.
$1.96\frac{\sigma}{\sqrt{n}}=\frac{1.96\times 16}{\sqrt{36}}=5.23$이기 때문에 μ에 대한 95% 신뢰구간은 다음과 같다.

$$\left(\bar{x}-1.96\frac{\sigma}{\sqrt{n}},\ \ \bar{x}+1.96\frac{\sigma}{\sqrt{n}}\right)=(140.8-5.23,\ 140.8+5.23)$$

따라서 모평균 μ에 대한 95% 신뢰구간은 (135.57, 146.03)이다.

예제 6에서 신뢰구간의 상한과 하한이 모두 상수이어서 확률변수를 포함하지 않으므로

$$P[135.57<\mu<146.03]=0.95$$

라는 표현을 사용하면 안된다. 이러한 확률적 표현보다는 모평균 μ가 구간 (135.57, 146.03)에 포함될 것을 95% 신뢰할 수 있다는 표현이 좀더 적절하다.

예제 7 어떤 도시의 공장에서 일하는 근로자의 한달간 임금을 알아보기 위하여 75명을 임의로 뽑아 조사한 결과, 평균과 표준편차는 다음과 같았다.

$$\bar{x}=130\,(\text{만원}),\quad s=22.5\,(\text{만원})$$

근로자의 평균 임금에 대한 99% 신뢰구간을 구하라.

풀이 $1-\alpha=0.99$일 때 $\alpha/2=0.005$이고 $z_{\alpha/2}=2.576$이므로 다음을 얻는다.

$$2.576\frac{s}{\sqrt{n}}=\frac{2.576\times 22.5}{\sqrt{75}}=6.693$$

따라서 모평균 μ에 대한 99% 신뢰구간은

$$\left(\bar{x}-2.576\frac{s}{\sqrt{n}},\ \ \bar{x}+2.576\frac{s}{\sqrt{n}}\right)=(130-6.693,\ 130+6.693)\ (\text{만원})$$

이고, 이를 계산하면 (123.307, 136.693)(만원)이다.

$100(1-\alpha)\%$ 신뢰수준을 가지고, 추정값 $\bar{x}$와 모평균 μ와의 차가 주어진 값보다 작게 하려면 얼마의 크기로 표본을 뽑아야 하는지를 살펴보자.

$100(1-\alpha)\%$ 신뢰구간의 하한값은 $\bar{x}-z_{\alpha/2}\dfrac{\sigma}{\sqrt{n}}$이고 신뢰구간의 상한값은 $\bar{x}+z_{\alpha/2}\dfrac{\sigma}{\sqrt{n}}$로 주어진다.

이 신뢰구간이 μ를 포함하면 $\mu\in(\bar{x},\ \bar{x}+z_{\alpha/2}\dfrac{\sigma}{\sqrt{n}})$ 또는 $\mu\in(\bar{x}-z_{\alpha/2}\dfrac{\sigma}{\sqrt{n}},\ \bar{x})$이다. 각 경우 오차는 모두 $z_{\alpha/2}\dfrac{\sigma}{\sqrt{n}}$보다 작다. 그러므로 최대 오차는 $z_{\alpha/2}\dfrac{\sigma}{\sqrt{n}}$이다. 이를 d로 나타내면 $d=z_{\alpha/2}\dfrac{\sigma}{\sqrt{n}}$이다.

이 식을 n에 관하여 풀면 $n=\left(z_{\alpha/2}\dfrac{\sigma}{d}\right)^2$이다. 이는 이 정도 크기의 표본이면 이 추정값의 오차가 d보다 작다는 것을 $100(1-\alpha)\%$ 정도 신뢰할 수 있음을 뜻한다.

이를 정리하면 다음과 같다.

> $100(1-\alpha)\%$ 신뢰수준으로 추정값 $\bar{x}$와 μ의 차가 d보다 작게 하려면 표본의 크기는 $n=\left(z_{\alpha/2}\dfrac{\sigma}{d}\right)^2$으로 하면 된다.

예제 8 어떤 공장에서 생산된 제품 한 개의 무게의 모표준편차는 5g이다. 모평균 μ를 신뢰도 95%로 추정할 때, 그것의 추정값 $\bar{x}$와 모평균 μ와의 차가 0.3g보다 작게 하기 위해서 표본의 크기를 구하라.

풀이 $\alpha=0.05$, $\sigma=5$, $d=0.3$으로 주어져 있고 $z_{\alpha/2}=z_{0.025}=1.96$이다.

따라서 $n=\left(\dfrac{1.96\times5}{0.3}\right)^2\approx1063$이다.

다음은 모분산 σ^2이 미지인 정규모집단 $N(\mu,\ \sigma^2)$에서 표본의 크기가 작을 때의 구간추정에 대해서 알아보자. 이때, 표본평균을 $\bar{X}$, 모평균을 μ, 표본의 크기를 n이라 하면 다음은 자유도 $n-1$인 t분포를 따르게 된다.

$$t=\frac{\bar{X}-\mu}{s/\sqrt{n}}$$

t분포로부터 다음이 성립한다.

$$P\left[-t_{\alpha/2}(n-1)<\frac{\overline{X}-\mu}{s/\sqrt{n}}<t_{\alpha/2}(n-1)\right]=1-\alpha$$

여기서 $t_{\alpha/2}(n-1)$은 자유도 $(n-1)$의 t분포에서 오른쪽 끝부분의 넓이가 $\frac{\alpha}{2}$가 되게 하는 값이다.

σ를 알 때 신뢰구간을 구하는 과정을 소표본의 구간추정에 그대로 이용하면 다음을 얻는다.

$$P\left[\overline{X}-t_{\alpha/2}(n-1)\frac{s}{\sqrt{n}}<\mu<\overline{X}+t_{\alpha/2}(n-1)\frac{s}{\sqrt{n}}\right]=1-\alpha$$

따라서 μ에 대한 $100(1-\alpha)\%$ 신뢰구간은 다음과 같다.

$$\overline{X}\pm t_{\alpha/2}(n-1)\frac{s}{\sqrt{n}}$$

정규모집단에서 σ가 미지일 때 모평균에 대한 $100(1-\alpha)\%$ 신뢰구간은 다음과 같다. 이것은 표본의 크기가 작을 때 특히 유용하다.

표본의 크기가 작을 때의 모평균 μ의 $100(1-\alpha)\%$ 신뢰구간

$$\left(\bar{x}-t_{\alpha/2}(n-1)\cdot\frac{s}{\sqrt{n}},\ \bar{x}+t_{\alpha/2}(n-1)\cdot\frac{s}{\sqrt{n}}\right)$$

여기서 $t_{\alpha/2}(n-1)$은 자유도 $n-1$인 t분포에서 $P[t>t_{\alpha/2}(n-1)]=\frac{\alpha}{2}$를 만족하는 상수이다.

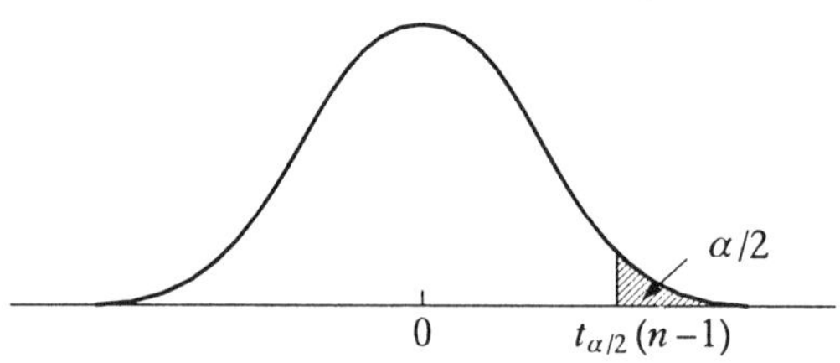

[그림 10.4] $P[t>t_{\alpha/2}(n-1)]=\frac{\alpha}{2}$

예제 9 어떤 공장에서 생산하는 비누무게의 평균을 알아보기 위하여 10개를 추출하여 알아본 결과 다음과 같았다. 실제 평균 비누무게 μ에 대한 95% 신뢰구간을 구하라. 단, 비누무게는 정규분포를 따른다고 한다.

94 96 97 85 86 79 93 89 92 78

풀이 주어진 자료로부터 $\bar{x}=88.9$, $s=6.74$, $\alpha=0.05$이다. 자유도는 $10-1=9$이므로 부록의 t분포표에서 $t_{0.025}(9)=2.262$이다. 따라서 실제 평균 비누무게의 95% 신뢰구간은 다음과 같다.

$$\bar{x}\pm t_{\alpha/2}(n-1)\cdot\frac{s}{\sqrt{n}}=88.9\pm(2.262)\frac{6.74}{\sqrt{10}}=88.9\pm4.822$$

이를 계산해서 다음을 얻는다.

(84.078, 93.722)

10.2.2 모비율의 구간추정

표본의 크기가 큰 경우에 모비율 p의 구간추정에 대하여 생각해 보자. 모집단에서 X를 n개의 표본 가운데 어떤 속성을 가진 것의 개수라 하고 p를 그 속성의 비율이라 하면 X는 이항분포 $b(n,\ p)$를 따른다. 그리고 n이 충분히 크고 p가 0이나 1에 가깝지 않을 때 X는 근사적으로 정규분포 $N(np,\ np(1-p))$에 가깝다.

그러므로 표본비율 $\hat{p}=\dfrac{X}{n}$는 근사적으로 평균 p, 표준편차 $\sqrt{\dfrac{p(1-p)}{n}}$ 를 가진 정규분포 $N\left(p,\ \dfrac{p(1-p)}{n}\right)$를 따른다. 이 정규분포는 평균과 표준편차에 미지변수 p가 존재하기 때문에 문제이다. 그러나 표본의 크기가 클 때는 $\hat{p}$과 p가 매우 가까우므로 표준편차 $\sqrt{np(1-p)}$는 $\sqrt{n\hat{p}(1-\hat{p})}$과 매우 가깝기 때문에 표준편차를 $\sqrt{n\hat{p}(1-\hat{p})}$로 사용하여 다음과 같은 Z 통계량을 구한다. 다음 Z 통계량은 근사적으로 표준정규분포 $N(0,\ 1)$을 따른다.

$$Z=\frac{X-np}{\sqrt{n\hat{p}(1-\hat{p})}}=\frac{\hat{p}-p}{\sqrt{\dfrac{\hat{p}(1-\hat{p})}{n}}}$$

이러한 사실과 모평균의 구간추정에 사용된 과정과 비슷한 방법을 이용해서 모비율 p의 $100(1-\alpha)\%$ 신뢰구간은 다음과 같이 구해진다.

대표본에서 모비율 p의 $100(1-\alpha)\%$ 신뢰구간

$$\left(\hat{p}-z_{\alpha/2}\sqrt{\frac{\hat{p}(1-\hat{p})}{n}},\quad \hat{p}+z_{\alpha/2}\sqrt{\frac{\hat{p}(1-\hat{p})}{n}}\right)$$

예제 10 전국에서 실업률을 조사하기 위해서 500명을 임의로 뽑아 실업자를 조사해보니 30명이 실업자였다. 실업률의 99% 신뢰구간을 구하여라.

풀이 X를 실업자 수라 하면 $n=1000$, $X=30$이다. 표본의 크기 n이 크기 때문에 모비율 p의 추정에 $\hat{p}$을 사용할 수 있다. 표본비율의 값은 $\hat{p}=\frac{30}{500}=0.06$이다. $1-\alpha=0.99$이기 때문에 $\alpha/2=0.005$이고 $z_{0.005}=2.576$이다. 그러므로 다음을 얻는다.

$$z_{0.005}\sqrt{\frac{\hat{p}(1-\hat{p})}{n}}=2.576\sqrt{\frac{0.06\cdot 0.94}{500}}=0.027$$

따라서 실업률 p의 99% 신뢰구간은 다음과 같다.

$$(0.06-0.027,\ 0.06+0.027)=(0.033,\ 0.087)$$

10.3 SAS 실습

10장에서 사용한 SAS 프로시저는 다음과 같다.

(1) MEANS 프로시저: 자료 세트의 관측값의 전부 또는 일부에 대한 기술 통계량을 제공하고, 기본적으로 관찰값의 수, 평균, 최대값, 최소값, 표준편차 등을 계산한다.

형식

```
PROC MEANS 선택사항;
      VAR 변수명; /*분석할 변수 지정*/
      BY 변수명; /*지정된 변수별로 결과 출력*/
```

```
CLASS 변수명; /*BY와 비슷하나 SORT가 불필요하고 출력시
              하나로 묶어 나와서 보기가 편리*/
OUTPUT OUT=자료 세트명 통계량=이름; /*해당 통계량 출
              력*/
```

예제 11 다음 자료는 고혈압 치료를 받고 있는 환자의 수축기 혈압이다(단위: mmHg). 이 자료로부터 SAS를 이용하여 수축기 혈압의 평균 μ와 표준편차 σ를 추정하고 평균에 대한 95% 신뢰구간을 구하라. 단, 환자의 수축기 혈압은 정규분포를 따른다고 한다.

180 150 178 159 192 161 144 112 179 154 116 156

〈방법 1〉

풀이 SAS 프로그램

```
DATA high; /*자료 세트 생성*/
     INPUT x @@; /*변수 지정*/
     CARDS;
     180 150 178 159 192 161 144 112 179 154 116 156
RUN;
PROC MEANS MEAN STD ALPHA=0.05 CLM; /*추정과 95% 신
    뢰구간*/
    VAR x; /*분석할 변수 지정*/
RUN;
```

결과

평균값	표준편차	평균값의 하한 95% 신뢰한계	평균값의 상한 95% 신뢰한계
156.7500000	24.5546700	141.1487070	172.3512930

결과표로부터 모평균의 추정값 $\hat{\mu}=156.75$이고, 표준편차의 추정값 $\hat{\sigma}=24.55$이다. 또 수축기 혈압의 평균에 대한 95% 신뢰구간은 (141.15, 172.35)임을 알 수 있다.

〈방법 2〉

```
DATA  high; /*자료 세트 생성*/
      INPUT x @@; /*변수 지정*/
      CARDS;
      180 150 178 159 192 161 144 112 179 154 116 156
RUN;
PROC MEANS MEAN STD;
      VAR x;
      OUTPUT OUT=new1 N=n MEAN=mean STD=std;
RUN;
DATA new1(KEEP=n mean std L U);
      SET new1;
      alpha=0.05;
      t=TINV(1-0.5*alpha, n-1); /*t분포*/
      L=mean-t*std/SQRT(n); /*95% 신뢰구간의 신뢰하한*/
      U=mean+t*std/SQRT(n); /*95% 신뢰구간의 신뢰상한*/
RUN;
PROC PRINT DATA=new1;
RUN;
```

여기서 L과 U는 각각 다음과 같다.

$$L=\bar{x}-t_{\frac{\alpha}{2}}(n-1)\cdot\frac{s}{\sqrt{n}}$$

$$U=\bar{x}+t_{\frac{\alpha}{2}}(n-1)\cdot\frac{s}{\sqrt{n}}$$

결과

```
            The MEANS Procedure
               분석변수: x

        평균값            표준편차
     -----------------------------------
      156.7500000       24.5546700
     -----------------------------------
```

Obs	n	mean	std	L	U
1	12	156.75	24.5547	141.149	172.351

OUTPUT OUT문장에 의해 n, mean, std를 출력할 수 있다.

여기서 mean은 평균값, std는 표준편차, L은 신뢰구간의 신뢰하한, U는 신뢰구간의 신뢰상한을 나타낸다.

예제 12 어떤 공장에서 생산하는 비누무게의 평균을 알아보기 위하여 10개를 추출하여 알아본 결과 다음과 같았다. 실제 평균 비누무게 μ에 대한 95% 신뢰구간을 구하라. 단, 비누무게는 정규분포를 따른다고 한다.

94 96 97 85 86 79 93 89 92 78

풀이

```
DATA  soap; /*자료 세트 생성*/
      INPUT x @@; /*변수 지정*/
      CARDS;
      94 96 97 85 86 79 93 89 82 78
RUN;
PROC MEANS MEAN STD;
      VAR x;
      OUTPUT OUT=new N=n MEAN=mean STD=std;
RUN;
DATA new(KEEP=n mean std L U);
      SET new;
      alpha=0.05;
      t=TINV(1-0.5*alpha, n-1); /*t분포*/
      L=mean-t*std/SQRT(n); /*95% 신뢰구간의 신뢰하한*/
      U=mean+t*std/SQRT(n); /*95% 신뢰구간의 신뢰상한*/
RUN;
PROC PRINT DATA=new;
RUN;
```

결과

```
                The MEANS Procedure
                    분석변수: x

            평균값            표준편차
      ---------------------------------
          88.9000000        6.7404253
      ---------------------------------
```

Obs	n	mean	std	L	U
1	10	88.9	6.74043	84.0782	93.7218

실제 평균 비누무게의 95% 신뢰구간은 다음과 같다.

$$84.078 < \mu < 93.722$$

예제 13 어떤 도시에서 A 후보에 대한 지지율을 알아보기 위하여 여론조사를 하였다. 유권자 1000명을 뽑아 조사한 결과 A 후보는 620명의 지지를 받고 있었다. A 후보에 대한 지지율의 99% 신뢰구간을 SAS 프로그램을 이용하여 구하라.

풀이

```
DATA  ratio;
      n=1000;
      x=620;
      phat=x/n;  /*표본비율*/
      alpha=0.01;
      z=PROBIT(1-alpha/2);  /*표준정규분포*/
      L=phat-z*SQRT(phat*(1-phat)/n);  /*99% 신뢰구간의
        신뢰하한*/
      U=phat+z*SQRT(phat*(1-phat)/n);  /*99% 신뢰구간의
        신뢰상한*/
RUN;
PROC PRINT;
RUN;
```

여기서 L과 U는 각각 다음과 같다.

$$L=\hat{p}-z_{\frac{\alpha}{2}}\sqrt{\frac{\hat{p}(1-\hat{p})}{n}},\ U=\hat{p}+z_{\frac{\alpha}{2}}\sqrt{\frac{\hat{p}(1-\hat{p})}{n}}$$

결과

Obs	n	x	phat	alpha	z	L	U
1	1000	620	0.62	0.01	2.57583	0.58046	0.65954

여기서 phat은 표본비율, L은 신뢰구간의 신뢰하한, U는 신뢰구간의 신뢰상한을 나타낸다.

3.5절 예제 5에서 여학생의 비율 p의 점추정값을 구하기 위한 SAS 프로그램은 다음과 같다.

```
PROC  FREQ;
      TABLES sex;
RUN;
```

이 프로그램의 결과 $\hat{p}=0.5$이다.

예제 14 3.5절 예제 5에서 여학생 비율 p에 대한 95% 신뢰구간을 구하는 SAS 프로그램을 작성하라.

풀이

```
DATA  pfood;
      n=30;
      phat=0.5; /*표본비율*/
      alpha=0.05;
      z=PROBIT(1-alpha/2); /*표준정규분포*/
      L=phat-z*SQRT(phat*(1-phat)/n); /*95% 신뢰구간의
         신뢰하한*/
      U=phat+z*SQRT(phat*(1-phat)/n); /*95% 신뢰구간의
         신뢰상한*/
RUN;
PROC PRINT;
RUN;
```

여기서 L과 U는 각각 다음과 같다.

$$L=\hat{p}-z_{\frac{\alpha}{2}}\sqrt{\frac{\hat{p}(1-\hat{p})}{n}},\ U=\hat{p}+z_{\frac{\alpha}{2}}\sqrt{\frac{\hat{p}(1-\hat{p})}{n}}$$

결과

Obs	n	phat	alpha	z	L	U
1	30	0.5	0.05	1.95996	0.32108	0.67892

여학생 비율 p에 대한 95% 신뢰구간은 다음과 같다.

$$0.321 < p < 0.679$$

연습문제 (10)

□ 1. 국내 20개 펀드의 2월 말 2개월 수익률을 조사하였더니 다음과 같았다.

6.06 5.73 5.30 5.11 5.06 4.91 4.89 4.79 4.68 4.67 4.64
4.63 4.52 4.47 4.40 4.35 4.39 5.22 3.60 5.36

수익률에 대한 평균을 추정하고 모표준편차를 추정하라.

□ 2. 어떤 초등학교 5학년 학생 64명의 신장을 조사한 결과 평균 150 cm, 표준편차 5 cm였다. 이 초등학교 5학년 학생들의 평균신장에 대한 95% 신뢰구간을 구하라.

□ 3. 일정한 두께의 철판을 만드는 공장에서 생산한 철판의 두께는 정규분포를 따르며, 과거의 경험으로 표준편차는 $\sigma=0.014$ mm로 알려지고 있다. 이 공장에서 만든 철판 중에서 임의로 100장을 뽑아 두께를 재었더니 평균은 2.011 mm였다. 이 공장에서 생산하는 철판의 평균 두께의 95% 신뢰구간을 구하라.

□ 4. 중학교 3학년 학생 36명의 일주일간 사용하는 컴퓨터시간을 조사한 결과 평균은 2시간 30분이고 표준편차는 1시간이었다. 중학교 3학년 학생들의 평균 컴퓨터시간에 대한 90% 신뢰구간을 구하라.

□ 5. 어떤 회사에서 생산하는 시계의 평균무게를 추정하기 위하여 49개의 제품을 임의로 추출하여 이들 무게를 조사한 결과 평균 3500 g, 표준편차가 120 g이었다. 이 회사에서 생산하는 시계의 평균무게에 대한 95% 신뢰구간을 구하라.

□ 6. 우리나라 A 대학교 대학생의 평균 공부시간을 조사하기 위해 36명에 대해 조사해 보았더니 평균 3시간, 표준편차 1시간 30분이었다. 평균 공부시간에 대한 99% 신뢰구간을 구하라.

□ 7. 16개의 공의 지름을 재어보니 평균 12.7 cm이고 표준편차는 0.178 cm였다. 공의 지름의 평균에 대한 95% 신뢰구간을 구하라. 단, 공의 지름은 정규분포를 따른다고 한다.

□ 8. 컴퓨터정보과 1학년 학생 10명의 월 이동통신 전화요금을 조사하였더니 다음과 같았다.

23,400	32,500	24,500	27,900	35,200
47,200	53,100	23,500	24,700	25,600

학생들의 평균 전화요금의 95% 신뢰구간을 구하라.

□ 9. 정규모집단에서 15개의 표본을 추출해서 표본평균 $\bar{x}=267.5$이고, 표본표준편차 $s=5.76$을 얻었다. 이때 모평균 μ의 95% 신뢰구간을 구하라.

□ 10. 어떤 대학교 아이스하키 선수의 평균신장을 알아보기 위해 35명의 선수를 임의추출하여 조사한 결과가 다음과 같다. 선수의 신장은 정규분포를 따른다고 할 때 평균신장에 대한 99% 신뢰구간을 구하라.

184.0	168.6	188.3	176.5	160.3	179.3	176.2	176.0	168.1	170.9
177.0	165.9	162.4	183.0	163.2	166.4	168.0	176.5	180.9	165.3
178.5	169.9	181.4	176.6	172.5	179.8	180.4	182.5	173.4	173.5
179.7	171.0	180.3	164.8	169.8					

□ 11. 어떤 물건의 무게를 8회 달아서 다음과 같은 측정값을 얻었다. 평균무게 μ를 95% 신뢰구간으로 추정하라. 단, 물건의 무게는 정규분포를 따른다고 한다.

2.78	3.00	2.92	2.99	3.07	2.98	2.75	2.87

□ 12. 어떤 선거구에서 유권자 중 100명을 임의추출하여 모후보에 대한 지지율을 조사하였더니, 찬성이라고 대답한 사람은 60명이고 나머지는 모두 반대였다. 유권자 전체에 대한 찬성자 비율을 95% 신뢰도로 추정하라.

□ 13. 어떤 선거구에서 3,000명의 유권자를 대상으로 한 여론조사 결과 A 후보 지지율이 40%였다. A 후보에 대한 지지율의 95% 신뢰구간을 구하라.

□ 14. 어떤 공장에서 만든 나사못 중 100개의 표본을 조사하니 불량품이 5개였다. 나사못 불량률의 95% 신뢰구간을 구하라.

□ 15. 어떤 도시의 유권자 중에서 임의로 900명을 추출하여 여론조사를 하였다. 이 조사에서 찬성이라고 대답한 사람은 540명이고, 나머지는 모두 반대였다. 유권자 전체에 대한 찬성자 비율을 95%의 신뢰도로 추정하라.

□ 16. 전국 대도시의 평균 먼지 오염도를 알아보기 위해 10개 도시의 오염도를 조사했더니 다음과 같다. 먼지 오염도는 정규분포를 따른다고 할 때 평균 먼지 오염도의 95% 신뢰구간을 구하라.

121 88 85 75.9 87.9 81.9 72 111.4 103 115

□ 17. 다음 자료는 시중에서 판매하는 빵의 단백질 함량이다(단위: mg). 빵의 단백질 함량은 정규분포를 따른다고 할 때 SAS를 이용하여 평균 단백질 함량의 95% 신뢰구간을 구하라.

81 57 62 78 31 65 72

CHAPTER

11 검정

11.1 가설검정의 방법

11.2 모평균의 검정

11.3 모비율의 검정

11.4 SAS 실습

본장의 개요

어떤 우유회사에서 새로운 우유를 개발하였다. 기존 우유의 DHA 함량은 평균 20 mg인데 새로 개발된 우유는 기존 제품보다 DHA 함량이 더 높다고 주장하고 있다. 이러한 주장을 일반 소비자들이 접할 때 어느 정도 믿을 수 있을까? 또 이 주장을 통계적으로 어떻게 입증할 수 있을까?

대부분의 경우 모집단에 대한 표본을 뽑아 자료를 얻어서 어떤 주장의 타당성을 검토하게 된다. 단순한 추측을 지지하거나 기각하고자 할 때는 추정보다는 가설을 검정하는 기법이 적합하다. 이와 같이 모집단의 분포에 대한 가설을 세우고 모집단으로부터 추출한 표본을 토대로 모집단에 대한 가설의 채택(accept)이나 기각(reject)을 판정하는 통계적 기법을 **가설검정**(hypothesis testing)이라 한다.

가설검정은 표본을 토대로 하여 결정하기 때문에 언제나 오류의 가능성이 있다. 그러므로 이와 같은 오류의 가능성을 사전에 관리할 필요가 있다. 즉 검정법에서 오류의 최대 허용확률을 미리 정해 놓고, 그 기준에 따라 가설의 채택이나 기각을 결정하게 된다.

앞의 예에서 새로 개발된 우유의 DHA 함량의 평균이 20 mg보다 높다는 주장을 가설로 세우자. 소비자는 다음 결정 문제에 접하게 된다. 새로 개발된 우유는 기존 제품보다 DHA 함량이 높은가? 그렇지 않은가? 소비자는 어떤 결정을 하든 간에 다음 네 가지 상황 중 한 가지 상황에 접할 것이다. 새로 개발된 우유가 기존 제품보다 DHA 함량이 높고, 소비자는 회사의 주장을 믿는다(옳은 결정). 새로 개발된 우유가 기존 제품보다 DHA 함량이 낮고, 소비자는 회사의 주장을 믿지 않는다(옳은 결정). 새로 개발된 우유가 기존 제품보다 DHA 함량이 높은데, 소비자는 회사의 주장을 믿지 않는다(그릇된 결정). 끝으로, 새로 개발된 우유가 기존 제품보다 DHA 함량이 낮은데, 소비자는 회사의 주장을 믿는다(그릇된 결정). 처음 두 결정 중 하나를 선택하는 것이 이상적이지만 마지막 두 결정과 같은 잘못된 판단을 내리는 오류를 범할 수도 있다. 일반적으로, 검정법에서는 판단을 잘못해서 오류를 범하게 되는 최대 허용확률을 정해 놓고 결정하게 된다.

이 장에서는 이와 같은 문제를 좀더 체계적으로 다루어 모평균, 모비율에 대한 검정법을 알아보고자 한다.

11.1 가설검정의 방법

앞의 예에서 회사가 DHA 함량이 높다고 주장하므로 이 주장을 H_1으로 놓고 기존의 사실을 H_0로 하여 다음과 같은 통계적 가설로 바꾸자.

$$H_0: \mu=20$$
$$H_1: \mu>20$$

여기서 H_1을 **대립가설**(alternative hypothesis)이라 하는데, 이 가설에 더 큰 관심을 가지며 자료로부터의 확실한 근거에 의해서 대립가설이 참임을 입증하기를 원한다. 즉 대립가설은 표본으로부터 확실한 근거에 의해서 입증하고자 하는 가설로서 보통 H_1으로 나타낸다. 일반적으로 연구하는 어떤 새로운 이론이나 주장이 참임을 보이고 싶을 때 대립가설을 이용한다.

이에 대하여, **귀무가설**(null hypothesis)은 대립가설과 상반되는 가설로 대립가설이 참이라는 확실한 근거가 없는 경우에 어쩔 수 없이 받아들이는 가설이며 보통 H_0로 나타낸다. 일반적으로 새로운 연구 결과에서 얻어지는 것이 아닌 현재 현상 그대로 유지되는 가설은 귀무가설을 사용한다.

예제 1 어떤 기존의 위장약의 치유율은 60%인데 어떤 약품회사에서 만든 새로운 위장약의 치유율은 기존의 위장약보다 치유율이 높다고 주장하고 있다. 이것을 검정하기 위한 알맞은 가설을 세워보자.

풀이 새로운 약의 치유율을 p라 하면 기존의 위장약의 치유율은 60%이므로, 새로운 위장약의 치유율이 60%보다 크다면 새로운 위장약을 만들어내야 할 것이고 반면에 새로운 위장약의 치유율이 60%보다 작거나 60%라면 굳이 새로운 위장약을 만들 필요가 없을 것이다. 따라서 이에 맞는 가설은 다음과 같다.

H_0: $p\le 0.6$ (새로운 신약이 더 낫지 않다)
H_1: $p>0.6$ (새로운 신약이 더 낫다)

예제 2 서울의 1997년도 먼지오염도는 평균 72μg/m^{3}라고 알려져 왔는데 어떤 새로운 연구조사에서는 먼지오염도가 72μg/m^{3}이 아니라는 결론을 얻었다. 이것을 검정하기 위해 알맞은 가설을 세워라.

풀이 먼지오염도가 72μg/m^{3}와 같은지 다른지가 관심의 대상이므로 이에 맞는 가설은 다음과 같다.

$$H_0: \mu=72$$
$$H_1: \mu\neq72$$

표본에서 얻어진 평균이 72보다 작거나 커도 모두 대립가설을 선택하게 된다.

귀무가설과 대립가설 중 하나를 선택하는 기준이 되는 통계량이 있는데 이 통계량을 **검정통계량**(test statistic)이라 한다. 이 통계량은 다음과 같이 주어진다.

$$Z=\frac{\overline{X}-\mu_0}{\frac{\sigma}{\sqrt{n}}}$$

이 검정통계량은 귀무가설 H_0가 참일 때 근사적으로 표준정규분포 $N(0,\ 1)$를 따른다. 이 검정통계량을 이용하여 귀무가설과 대립가설 중 하나를 선택하게 된다. 귀무가설 H_0를 기각시키는 검정통계량의 관측값의 영역을 **기각역**(reject region)이라 하며 기각역이 아닌 영역을 **채택역**(acceptance region)이라 한다. 또 기각역과 채택역의 경계가 되는 값을 **임계값**(critical value)이라 한다.

예를 들어, 앞의 우유의 DHA함량의 예에서 표본평균이 15, 16, 18과 같이 20보다 작은 값이면 H_0를 택하려 할 것이다. 반대로 표본평균이 28, 35, 30과 같이 20보다 큰 값이면 H_1을 택하려 할 것이다. 만약 표본평균이 21, 23, 25, 17과 같이 20 주변의 수이면 어떻게 결정할 것인가? H_0나 H_1 중 어느 한 쪽을 쉽게 택하지 못할 것이다. 그러므로 경계점을 정해서 결정 기준을 마련해야 한다. 이 경우에 23을 경계점으로 잡아서 다음과 같은 결정 기준을 세우자. 만약 표본평균 $\bar{x}$가 23보다 크면 H_0를 기각하고, $\bar{x}$가 23보다 작으면 H_0를 채택한다고 하자. 이 때 23을 임계값이라 한다. 23보다 큰 부분을 기각역이라 하고 그렇지 않은 부분을 채택역이라 한다.

모집단 전체를 조사하지 않고 표본을 이용하기 때문에 통계적 가설검정의 결과에 대해서는 오류가 발생할 수 있는데 오류에는 다음과 같은 두 가지 종류가 있다.

귀무가설 H_0가 참임에도 불구하고 이를 기각하고 대립가설 H_1을 채택하는 오류를 **제1종의 오류**(type I error)라 하고, 대립가설 H_1이 참임에도 불구하고 대립가설이 참이라는 확실한 근거가 없기 때문에 귀무가설 H_0을 채택하는 경우가 있는데 이러한 오류를 **제2종의 오류**(type II error)라 한다. 이들을 정리하면 다음과 같다.

검정 결과 \ 실제현상	귀무가설 H_0 참	대립가설 H_1 참
귀무가설 H_0 채택	옳은 결정	제2종의 오류
대립가설 H_1 채택	제1종의 오류	옳은 결정

제1종의 오류와 제2종의 오류를 범할 가능성을 되도록 줄이는 것이 바람직하다. 그러나 표본의 크기가 고정되면 제1종의 오류를 줄이려고 할 때 제2종의 오류가 커지므로 두 종류의 오류를 동시에 줄이는 방법은 존재하지 않는다. 두 종류의 오류를 동시에 줄이는 유일한 방법은 표본의 크기를 증가시키는 것이다. 또한 표본의 크기가 미리 정해진 경우에 제1종의 오류만 관리하게 된다. 이때, 귀무가설 H_0가 참임에도 불구하고 이를 기각하고 대립가설 H_1을 채택하는 오류를 범할 확률의 최대 허용한계를 **유의수준**(significance level)이라 하며 α로 표시한다. 즉 유의수준이란 제1종의 오류를 범할 확률의 최대 허용한계를 뜻한다. 주로 사용하는 α의 값은 0.05, 0.01, 0.1 등이다.

가설검정에서 대립가설이 나타내는 모수의 영역은 한쪽 또는 양쪽에 있게 된다. 대립가설에서 모수의 영역이 한쪽으로만 주어지는 검정을 **한쪽검정**(one-sided test) 또는 **단측검정**이라 하며, 양쪽에 주어지는 검정을 **양쪽검정**(two-sided test) 또는 **양측검정**이라 한다.

모수 θ에 대한 검정에서 귀무가설 H_0: $\theta=\theta_0$에 대하여 대립가설에 나타나는 모수에 대한 영역을 다음과 같이 세 가지 경우로 나눌 수 있다.

(1) H_0: $\theta>\theta_0$(한쪽검정) (2) H_1: $\theta<\theta_0$(한쪽검정) (3) H_1: $\theta\neq\theta_0$(양쪽검정)

특히, (1)의 형태를 **우단측검정**(right-tailed test), (2)의 형태를 **좌단측검정**(left-tailed test)이라 한다.

기각역도 대립가설의 형태와 비슷한 형태를 취하는데 우단측검정일 때는 검정통계량 분포의 우측에, 좌단측검정일 때는 검정통계량 분포의 좌측에, 양측검정일 경우에는 양측에 기각역이 설정되어진다. 각각의 기각역이 그림 11.1에 나타나 있다.

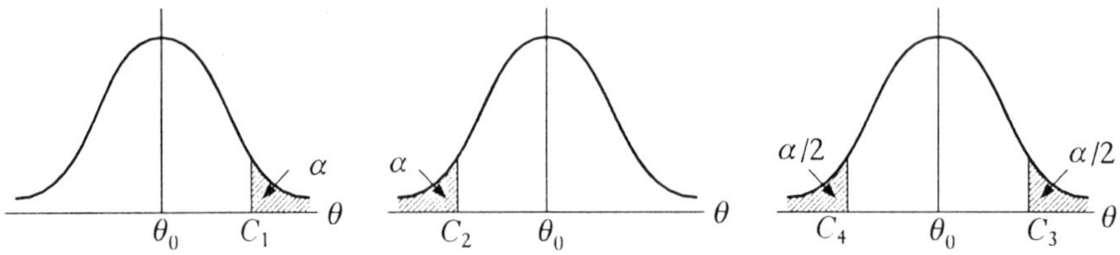

(1) 우단측검정 (2) 좌단측검정 (3) 양측검정

[그림 11.1] 기각역

주어진 자료를 이용하여 통계적 가설검정에 대한 문제를 다룰 때는 다음의 순서에 따라서 생각하면 편리하다.

통계적 가설검정에 대한 순서

1. 대립가설 H_1과 귀무가설 H_0를 설정한다.
2. 유의수준 α를 결정한다.
3. 검정통계량을 계산한다.
4. 기각역을 구한다.
5. 검정통계량의 값이 기각역 속에 들어가면 귀무가설 H_0를 기각하고 그렇지 않으면 귀무가설 H_0를 채택한다.

11.2 모평균의 검정

모집단의 분포가 정규분포 $N(\mu, \sigma^2)$를 따르고 표본의 크기 n이 충분히 크며 모분산 σ^2을 알고 있을 때 모평균 μ의 가설검정에 대하여 알아보자. 모평균 μ에 대한 가설검정은 표본평균 $\overline{X}$를 이용한다. $\overline{X}$는 정규분포 $N\left(\mu, \dfrac{\sigma^2}{n}\right)$을 따르고 표준화된 다음 통계량은 표준정규분포 $N(0, 1)$을 따른다.

$$Z = \frac{\overline{X} - \mu}{\dfrac{\sigma}{\sqrt{n}}}$$

Z 통계량은 모평균을 검정하는 데 사용되는 검정통계량의 표준형태이며, Z 통계

량을 이용하여 시행하는 검정을 **정규검정**(normal test) 또는 **Z 검정**(Z test)이라 한다.

다음과 같은 형태의 한쪽검정을 살펴보자.

$$H_0: \mu \leq \mu_0 \qquad H_1: \mu > \mu_0 \quad (\mu_0\text{는 주어진 상수})$$

표본평균 $\overline{X}$의 분포는 정규분포 $N\left(\mu, \frac{\sigma^2}{n}\right)$를 따르고 μ는 대칭축이다. 대립가설 H_1에서 μ의 값들은 귀무가설 H_0에서 μ의 값들보다 더 큰 값들을 포함한다. 즉 표본평균 $\overline{X}$의 큰 값들 또는 Z 통계량의 꽤 큰 값들은 기각역에 포함되어야 한다. 따라서 기각역은 다음과 같은 형태를 취해야 한다.

$$R: \overline{X} \geq c$$

유의수준 α의 정의로부터 기각역의 경계값 c를 구한다.

두 사상 $[\overline{X} \geq c]$와 $\left[\frac{\overline{X}-\mu_0}{\sigma/\sqrt{n}} \geq \frac{c-\mu_0}{\sigma/\sqrt{n}}\right]$가 같으므로 다음이 성립한다.

$$P[\overline{X} \geq c] = P\left[Z \geq \frac{c-\mu_0}{\sigma/\sqrt{n}}\right]$$

여기서 c는 $\frac{c-\mu_0}{\sigma/\sqrt{n}} = z_\alpha$을 만족해야 한다. 그러므로 다음이 성립한다.

$$c = \mu_0 + z_\alpha(\sigma/\sqrt{n})$$

따라서 기각역은 다음과 같다.

$$R: \overline{X} \geq \mu_0 + z_\alpha \frac{\sigma}{\sqrt{n}}$$

Z 통계량 $Z = \frac{\overline{X}-\mu_0}{\sigma/\sqrt{n}}$ 을 이용하면 기각역은 $R: Z \geq z_\alpha$가 된다.

귀무가설이 $H_0: \mu \geq \mu_0$이고 대립가설이 $H_1: \mu < \mu_0$일 때는 $P[Z \leq -z_\alpha] = \alpha$이기 때문에 앞에서와 마찬가지로 기각역 $R: Z \leq -z_\alpha$을 얻는다.

또, 다음과 같은 형태의 양쪽검정 문제를 살펴보자.

$$H_0: \mu = \mu_0, \qquad H_1: \mu \neq \mu_0$$

표본평균 $\overline{X}$가 어느 쪽 방향으로든 μ_0로부터 너무 멀리 떨어져 있으면 H_0은 기각된다. 즉 Z가 너무 크거나 너무 작으면 H_0은 기각되는데 기각역은 다음과 같다.

$$R: \ |Z| \geq z_{\alpha/2}$$

유의수준을 α라 하고 Z를 가설의 검정통계량이라 하면 각각의 기각역은 다음과 같다.

(1) 우단측검정일 때의 기각역: $Z \geq z_\alpha$

(2) 좌단측검정일 때의 기각역: $Z \leq -z_\alpha$

(3) 양측검정일 때의 기각역: $Z \geq z_{\alpha/2}$ 또는 $Z \leq -z_{\alpha/2}$

이를 그림으로 나타내면 다음과 같다.

(1) 우단측검정일 때의 기각역

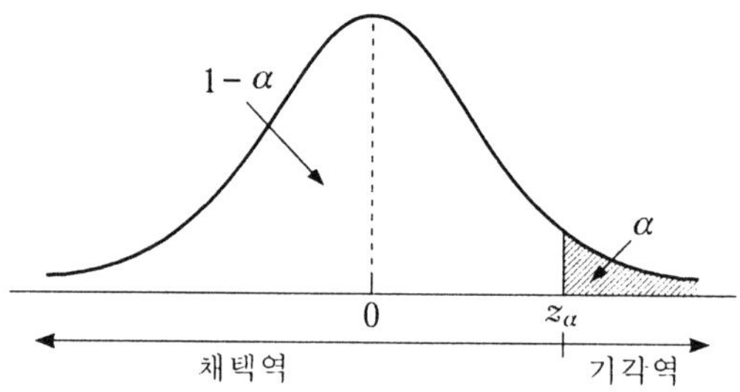

(2) 좌단측검정일 때의 기각역

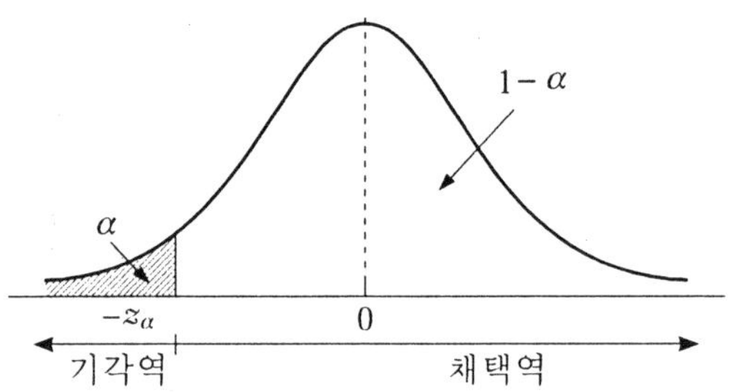

(3) 양측검정일 때의 기각역

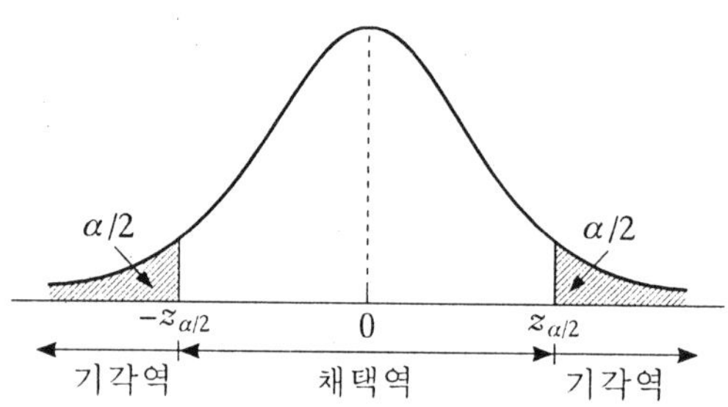

이제, 모집단의 분포가 정규분포 $N(\mu, \sigma^2)$를 따르고 모분산 σ^2을 모르는 경우의 모평균의 가설검정에 대해서 알아보자.

모분산 σ^2을 알고 있을 때의 모평균의 가설검정과 마찬가지 방법으로 유도되며 모평균의 검정통계량 $Z=\dfrac{\overline{X}-\mu_0}{\sigma/\sqrt{n}}$에서 모표준편차 σ 대신 표본표준편차 s를 대입하여 모평균 μ를 검정할 수 있다.

모평균 μ에 대한 검정통계량과 각 가설에 대한 기각역을 정리하면 다음과 같다.

모평균의 검정

1. 검정통계량은 다음과 같다.

   (1) σ^2(모분산)을 알 때 : $Z=\dfrac{\overline{X}-\mu_0}{\sigma/\sqrt{n}}$

   (2) σ^2(모분산)을 모를 때 : $Z=\dfrac{\overline{X}-\mu_0}{s/\sqrt{n}}$

2. 귀무가설과 대립가설, 유의수준 α인 기각역은 각각 다음과 같다.

   (1) H_0: $\mu\leq\mu_0$ H_1: $\mu>\mu_0$ $Z\geq z_\alpha$

   (2) H_0: $\mu\geq\mu_0$ H_1: $\mu<\mu_0$ $Z\leq -z_\alpha$

   (3) H_0: $\mu=\mu_0$ H_1: $\mu\neq\mu_0$ $|Z|\geq z_{\alpha/2}$

검정에서 주로 사용하는 주요한 z_α값은 다음과 같다.

(1) $\alpha=0.05$일 때 $z_\alpha=z_{0.05}=1.645$, $z_{\alpha/2}=z_{0.025}=1.96$

(2) $\alpha=0.01$일 때 $z_\alpha=z_{0.01}=2.326$, $z_{\alpha/2}=z_{0.005}=2.576$

(3) $\alpha=0.1$일 때 $z_\alpha=z_{0.1}=1.282$, $z_{\alpha/2}=z_{0.05}=1.645$

예제 3 어떤 공장에서는 생산하는 전구의 평균수명이 4000시간 이상이라고 주장한다. 이를 조사하기 위하여 81개의 전구를 표본으로 추출하여 수명을 알아본 결과 표본의 평균수명은 $\bar{x}=4020$시간, 표준편차는 $s=60$시간을 얻었다. 전구의 평균수명이 4000시간 이상이라고 확신할 수 있는지를 유의수준 0.05와 0.01에서 각각 검정하라.

풀이 전구의 평균수명을 μ라고 할 때 평균수명이 4000보다 큰지를 알아내기 위하여 다음과 같은 가설을 세운다.

귀무가설 H_0: $\mu<4000$

대립가설 H_1: $\mu \geq 4000$

표본의 크기는 81이고 표본의 평균과 표준편차는 각각 4020과 60이므로 다음과 같이 검정통계량의 관측값을 얻을 수 있다.

$$\frac{\bar{x}-\mu_0}{s/\sqrt{n}} = \frac{4020-4000}{60/\sqrt{81}} = 3$$

유의수준의 값에 따라서 다음과 같이 나눌 수 있다.

(1) 유의수준 $\alpha=0.05$일 때

기각역은 R: $Z \geq z_{0.05}=1.645$이고 검정통계량의 관측값은 1.645보다 크므로 귀무가설 H_0를 기각하고 대립가설 H_1을 채택하여 전구의 평균수명이 4000시간 이상이라는 결론을 내릴 수 있다.

(2) 유의수준 $\alpha=0.01$일 때

기각역은 $Z \geq z_{0.01}=2.326$이고 검정통계량의 관측값은 2.326보다 크므로 귀무가설 H_0를 기각하고 대립가설 H_1을 채택하여 전구의 평균수명이 4000시간 이상이라는 결론을 내릴 수 있다. 즉 유의수준 1%, 5%에서 전구의 평균수명이 4000시간 이상이라는 결론을 내릴 수 있다.

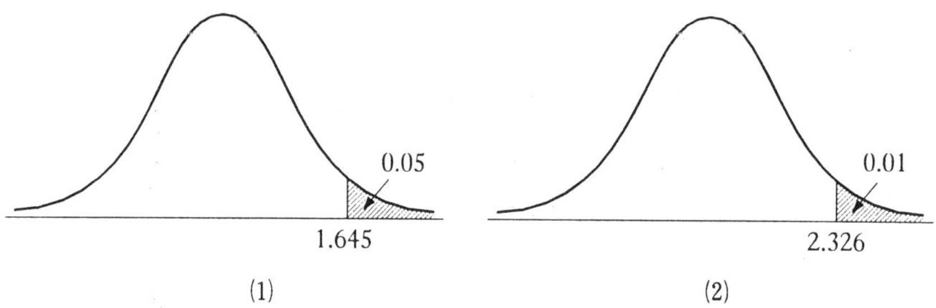

[그림 11.2] (1) $\alpha=0.05$　(2) $\alpha=0.01$일 때의 기각역

예제 4 어떤 설탕부대의 무게는 6 kg이라고 표시되어 있다. 이를 확인하기 위하여 49개의 설탕부대를 조사한 결과 표본평균은 $\bar{x}=5.9$ kg, 표본표준편차는 $s=0.4$ kg이었다. 이 설탕부대의 무게표시는 잘못되었다고 할 수 있는가? 유의수준 5%에서 검정하라.

풀이 무게표시가 잘못되었다는 것은 $\mu \neq 6$ kg임을 뜻한다. 따라서 다음과 같이 양쪽검정을 시행한다.

(1) 귀무가설 H_0: $\mu=6$

대립가설 H_1: $\mu\neq6$

(2) 검정통계량의 관측값 $\dfrac{\bar{x}-\mu_0}{s/\sqrt{n}}=\dfrac{5.9-6}{0.4/\sqrt{49}}=-1.75$

(3) 유의수준 $\alpha=0.05$

(4) 기각역 $|Z|\geq z_{0.025}=1.96$

검정통계량의 관측값의 절대값은 1.96보다 작으므로 유의수준 5%에서 H_0를 기각시키지 못한다. 즉 설탕부대의 무게표시가 잘못되었다는 근거는 없다.

이제, 모집단의 분포가 정규분포 $N(\mu, \sigma^2)$를 따르고 모분산 σ^2이 미지이며 표본의 크기가 작을 때($n<30$)의 모평균 μ의 가설검정에 대하여 알아보자. 이를 위해서 앞에서 사용한 정규검정법에서 모표준편차 σ 대신 표본표준편차 s를 대입하고 자유도 $n-1$인 t분포를 따르는 다음의 ***t* 통계량**을 이용한다.

$$t=\frac{\overline{X}-\mu}{s/\sqrt{n}}$$

기각역의 경계값은 정규분포표보다 t분포표를 이용하여 결정한다. 특히 대립가설이 H_1: $\mu>\mu_0$일 때 기각역은 R: $t\geq t_\alpha(n-1)$이다. 여기서 $t_\alpha(n-1)$는 자유도 $(n-1)$의 t분포에서 오른쪽 끝부분의 넓이가 α가 되게 하는 값이다.

양쪽 검정에서 대립가설이 H_1: $\mu\neq\mu_0$일 때는 기각역은 R: $|t|\geq t_{\alpha/2}(n-1)$이다.

이와 같이 t분포를 따르는 t통계량을 이용해서 하는 검정을 ***t* 검정**(t test)이라 한다. 소표본에서 모평균 μ에 관한 검정법은 다음과 같다.

소표본에서 모평균의 검정

1. 귀무가설 H_0: $\mu=\mu_0$
2. 검정통계량 $t=\dfrac{\overline{X}-\mu_0}{s/\sqrt{n}}$
3. 대립가설과 기각역은 각각 다음과 같다.

(1) H_1: $\mu>\mu_0$ $\quad t\geq t_\alpha(n-1)$

(2) H_1: $\mu<\mu_0$ $\quad t\leq -t_\alpha(n-1)$

(3) H_1: $\mu\neq\mu_0$ $\quad |t|\geq t_{\alpha/2}(n-1)$

예제 5 어떤 회사에서 새로운 캔커피를 개발하였는데, 이 커피에는 기존의 커피에 들어 있는 카페인 30 mg보다 적은 카페인이 들어 있다고 주장한다. 이를 확인하기 위하여 10개의 캔커피를 조사하였더니 카페인이 다음과 같이 들었다(단위 mg).

30, 28, 27, 35, 26, 29, 27, 32, 31, 25

평균 카페인 함량이 30 mg보다 적게 들었다고 할 수 있는지를 유의수준 5%에서 검정하라. 단, 캔커피의 카페인은 정규분포를 따른다고 한다.

풀이 평균 카페인 함량을 μ라 할 때 평균 카페인이 30 mg보다 적게 들었는지를 알아보기 위하여 다음과 같이 가설을 세운다.

귀무가설 H_0: $\mu=30$
대립가설 H_1: $\mu<30$

자료로부터 평균과 표준편차를 구해보자. 그런데

$$\sum x_i=290$$
$$\sum x_i^2=8494$$

이므로

$$\bar{x}=\frac{\sum x_i}{n}=29$$
$$s^2=\frac{\sum x_i^2-(\sum x_i)^2/n}{n-1}=\frac{8494-8400}{9}=9.333$$

이고 $s=3.055$이다. 즉 $\bar{x}=29$, $s=3.055$이다. 표본의 크기 $n=10$이므로 t검정을 이용한다. 구하고자 하는 t통계량의 관측값은 다음과 같다.

$$|t|=\left|\frac{\bar{x}-\mu_0}{s/\sqrt{n}}\right|=\left|\frac{29-30}{3.055/\sqrt{10}}\right|=1.035$$

그러므로 기각역은 다음과 같다.

$$t<-t_{0.05}(9)\approx-1.833$$

$t=\dfrac{\bar{x}-\mu_0}{s/\sqrt{n}}=-1.035>-1.833$이므로 H_0를 기각시키지 못한다. 즉 카페인 함량이 30 mg 보다 적게 들었다는 확실한 근거는 없다.

11.3 모비율의 검정

모비율을 p라 하고 귀무가설 H_0: $p=p_0$과 대립가설 H_1: $p \neq p_0$이 주어져 있을 때 모비율에 대한 검정에 대해서 알아보자.

X를 이항분포에서의 확률변수라 하면 표본비율 $\hat{p}=\dfrac{X}{n}$는 표본의 크기 n이 클 때 근사적으로 평균 p, 표준편차 $\sqrt{p(1-p)}/\sqrt{n}$의 정규분포를 따른다. 즉 귀무가설하에서 p는 p_0의 값을 갖고 $\hat{p}$은 근사적으로 정규분포 $N\left(p_0, \dfrac{p_0(1-p_0)}{n}\right)$를 갖는다. 따라서 다음 검정통계량은 근사적으로 표준정규분포 $N(0, 1)$을 따른다.

$$Z=\frac{\hat{p}-p_0}{\sqrt{p_0(1-p_0)/n}}$$

대립가설은 양쪽검정이며 기각역은 R: $|Z| \geq z_{\alpha/2}$이다. 한쪽검정의 경우도 마찬가지로 기각역을 구할 수 있다. 이를 정리하면 다음과 같은 모비율의 검정을 구할 수 있다.

대표본에서 모비율의 검정

1. 귀무가설 H_0: $p=p_0$
2. 검정통계량 $Z=\dfrac{\hat{p}-p_0}{\sqrt{p_0(1-p_0)/n}}$
3. 대립가설과 기각역은 각각 다음과 같다.
   (1) H_1: $p>p_0$ $\quad Z \geq z_\alpha$
   (2) H_1: $p<p_0$ $\quad Z \leq -z_\alpha$
   (3) H_1: $p \neq p_0$ $\quad |Z| \geq z_{\alpha/2}$

예제 6 정부는 우리 나라의 실업률이 7%라고 주장하고 있다. 어떤 연구소에서는 우리나라 실업률이 정부의 주장과 차이가 있는지를 알아보기 위하여 1000명을 대상으로 조사한 결과 73명이 실업자인 것으로 나타났다. 연구소에서 조사한 실업률은 정부의 주장과 다른지를 유의수준 5%

에서 검정하라.

풀이 p를 실업률이라 하자. p가 0.07인지 아닌지를 판정하기 위하여 다음과 같이 가설을 세우자.

$$H_0 : p=0.07$$
$$H_1 : p\neq 0.07$$

표본비율 $\hat{p}=\frac{73}{1000}$이고 표본의 크기 $n=1000$은 크기 때문에 다음과 같은 검정통계량의 관측값을 이용한다.

$$z=\frac{\frac{73}{1000}-0.07}{\sqrt{0.07\cdot 0.93/1000}}=0.3718$$

유의수준 $\alpha=0.05$에 대응하는 기각역은 R: $|Z|\geq 1.96$이고 검정통계량의 관측값은 $z=0.3718<1.96$이므로 H_0를 기각할 만한 충분한 증거가 되지 못한다. 즉 실업률이 7%라는 정부의 주장을 그대로 채택한다. 이를 그림으로 나타내면 다음과 같다.

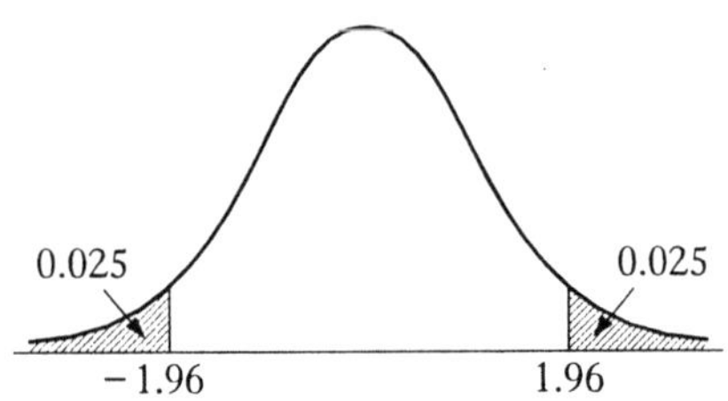

[그림 11.3]

예제 7 어떤 종합병원에서 출생한 여자아이와 남자아이의 비는 같다고 한다. 남자아이와 여자아이의 출생률에 차이가 있는지를 알아보기 위하여 300명의 신생아를 임의로 뽑아 조사한 결과 163명이 남자아이였다. 남자아이와 여자아이의 출생률은 다르다고 할 수 있는지를 유의수준 5%에서 검정하라.

풀이 p를 출생률이라 하자. p가 0.5인지 아닌지를 판정하기 위하여 다음과 같이 가설을 세운다.

H_0 : $p=0.5$
H_1 : $p \neq 0.5$

표본비율은 $\hat{p}=\frac{X}{n}=\frac{163}{300}$이고 검정통계량의 관측값은 다음과 같다.

$$z=\frac{\frac{163}{300}-0.5}{\sqrt{0.5 \cdot 0.5/300}}=1.3856$$

유의수준 $\alpha=0.05$에 대응하는 기각역은 R: $|Z| \geq 1.96$이고 검정통계량의 관측값은 $z=1.3856<1.96$이므로 귀무가설 H_0를 기각하지 못한다. 즉 남자아이와 여자아이의 출생률은 같다고 할 수 있다.

11.4 SAS 실습

11장에서 사용한 SAS 프로시저는 MEANS 프로시저인데 이것은 10장의 SAS 실습에서 이미 설명하였다.

예제 8 어떤 과일 통조림의 당분 함량이 15%라고 표시되어 있다. 이를 확인하기 위하여 10통을 조사한 결과 당분 함량이 다음과 같았다.

14.1 15.7 14.3 15.0 13.9 14.3 15.4 14.6 15.0 13.6

당분 함량의 분포가 정규분포를 따른다고 가정할 때 당분 함량 표시는 정당하다고 할 수 있는 지 SAS를 이용하여 유의수준 5%에서 검정하라.

풀이 SAS 프로그램

```
DATA  sugar; /*자료 세트 생성*/
      INPUT x @@; /*변수 지정*/
      diff=x-15; /*새변수=변수-검정값*/
      CARDS;
        14.1 15.7 14.3 15.0 13.9 14.3 15.4 14.6 15.0 13.6
      RUN;
```

```
PROC MEANS N MEAN STD T PRT; /*검정*/
    VAR diff; /*분석할 변수 지정*/
RUN;
```

결과

분석 변수: diff

N	평균값	표준편차	t값	Pr>|t|
10	−0.4100000	0.6740425	−1.9235193	0.0866

당분 함량평균이 0.15인지 아닌지를 알아내기 위하여 다음과 같은 가설을 세운다.

$$H_0: \mu=0.15 \qquad H_1: \mu\neq 0.15$$

Prob>|T| 아래의 음영으로 나타난 부분은 p값(p-value) 또는 유의확률(significance probability)을 나타낸다. 유의확률(p값)은 검정통계량이 실제 관측된 값보다 대립가설을 지지하는 방향으로 더욱 치우칠 확률로서 귀무가설 H_0 아래에서 계산된 값이며, 유의확률이 유의수준보다 작으면 H_0를 기각하고 유의확률이 유의수준보다 크면 H_0를 기각시키지 못한다. 여기서는 p값이 0.0866으로 유의수준 $\alpha=0.05$보다 큰 값이므로 H_0를 기각시키지 못한다. 즉 당분 함량 표시는 정당하다고 할 수 있다.

위에 나타난 p값은 양쪽검정의 p값을 나타낸다. 한쪽 검정의 경우에는 주어진 p값을 2로 나누어 기각을 결정해야 한다.

예제 9 초등학교 6학년 학생 10명을 임의로 추출하여 수학에 대한 이해도를 알아보려고 한다. 100점 만점의 시험에서 학생들의 성적이 다음과 같았다면 이들의 성적은 예년의 평균 80점보다 향상되었다고 할 수 있는지를 유의수준 5%에서 검정하라.

60　76　96　100　81　75　85　88　98　83

풀이 SAS 프로그램

```
DATA  reading; /*자료 세트 생성*/
      INPUT x @@; /*변수 지정*/
      diff=x-80; /*새변수=변수-검정값*/
      CARDS;
      60  76  96  100  81  75  85  88  98  83
RUN;
PROC MEANS N MEAN STD T PRT;
      VAR diff;
RUN;
```

결과

분석변수: diff

N	평균값	표준편차	t값	Pr>|t|
10	4.2000000	12.2183832	1.0870150	0.3053

학생들의 성적이 80점보다 향상되었는지 알아보기 위하여 다음과 같은 가설을 세운다.

$$H_0: \mu=80 \qquad H_1: \mu>80$$

대립가설이 '$\mu>80$'이므로 한쪽검정이다. 한쪽 검정에서는 $\frac{p\text{값}}{2}<$유의수준이면 H_0를 기각한다. $\frac{p\text{값}}{2}=0.1527>$유의수준$(\alpha=0.05)$이므로 H_0를 기각하지 못한다. 따라서 수학에 대한 이해력이 향상되었다고 볼 수 없다.

예제 10 정부는 우리 나라의 실업률이 7%라고 주장하고 있다. 어떤 연구소에서는 우리나라 실업률이 정부의 주장과 차이가 있는지를 알아보기 위하여 1000명을 대상으로 조사한 결과 73명이 실업자인 것으로 나타났다. 연구소에서 조사한 실업률은 정부의 주장과 다른지를 유의수준 5%에서 검정하라.

풀이 SAS 프로그램은 다음과 같다.

```
DATA  ptest;
      n=1000;
      x=73;
      phat=x/n;  /*표본비율*/
      z=(phat-0.07)/SQRT(0.07*0.93/n);  /*검정통계량의 관측값*/
      pvalue=1-PROBNORM(z);  /*유의확률*/
RUN;
PROC PRINT;
      VAR n x z pvalue;
RUN;
```

여기서 $z=\frac{\hat{p}-p_0}{\sqrt{p_0(1-p_0)/n}}$을 나타낸다.

결과

Obs	n	x	z	pvalue
1	1000	73	0.37182	0.35501

$\frac{p\text{값}}{2}=0.17751$은 유의수준 0.025보다 크므로 실업률이 7%라는 정부의 주장을 그대로 채택한다.

연습문제 (11)

□ 1. 어떤 타이어 공장에서 만든 타이어의 평균수명은 1800시간, 표준편차는 100시간이라고 한다. 새로운 공법으로 만들어진 타이어는 수명시간이 늘어났다고 이 공장에서는 선전하는데 64개의 타이어를 추출하여 조사해본 결과 평균수명 시간이 1850시간으로 나타났다. 이 공장의 주장을 유의수준 5%에서 검정하라.

□ 2. 어떤 설탕부대는 1kg이라고 표시되어 있다. 이를 확인하기 위하여 49개의 설탕부대를 조사한 결과 평균은 0.9kg, 표준편차는 0.4kg이었다. 설탕부대의 무게표시는 잘못되었다고 할 수 있는지 유의수준 5%에서 검정하라.

□ 3. 어떤 회사가 생산하는 형광등의 평균수명과 표준편차를 알아보기 위하여 64개의 형광등을 추출하였다. 추출된 형광등의 평균수명은 $\bar{x}=1970$시간, 표준편차는 $s=100$시간이었다. μ가 그 회사에서 생산하는 모든 형광등의 평균수명이라 할 때 $\mu=2000$시간인지 아닌지를 유의수준 0.05와 0.01에서 검정하라.

□ 4. 다음 자료는 A 회사에서 생산한 환등기 전구의 수명을 조사한 것이다. 이 회사에서는 환등기 전구의 평균수명이 280시간 이상이라고 주장하고 있다. 이 회사의 주장이 맞는지를 유의수준 5%에서 검정하라.

245 278 260 210 242 270 286 285 310 234 300 250 269
270 295 287 285 277 300 254 272 265 245 278 295 296
299 287 300 247 245 282 299 290 278 282

□ 5. 어떤 공장에서 만든 통조림에는 용량이 1kg이라고 표시되어 있다. 이를 확인하기 위하여 통조림 100개를 임의로 추출하여 조사한 결과 평균이 995g, 표준편차가 20g이었다. 이때 통조림의 중량표시를 1kg이라고 한 것은 정당하다고 할 수 있는지를 유의수준 5%에서 검정하라.

□ 6. 어떤 고등학교 신입생의 평균신장은 165 cm이고 표준편차는 6 cm라고 알려져 있다. 금년 신입생 중에서 100명을 임의추출하여 평균신장을 측정하였더니 166 cm이었다. 금년 신입생은 작년 신입생보다 키가 크다고 판정해도 좋은지 유의수준 5%에서 검정하라.

□ 7. 어떤 담배의 1개피당 평균 니코틴 함량은 20mg이라고 한다. 어떤 회사에서 담배를 새로 개발하여 담배 1개피당 니코틴 함량이 20 mg 이하라고 한다. 이를 확인하기 위하여 10개피를 조사한 결과 다음의 자료를 얻었다.

21, 14, 18, 19, 15, 24, 19, 22, 23, 15

평균 니코틴 함량이 20 mg 이하라고 할 수 있는지 유의수준 5%에서 검정하라. 단, 담배속에 들어 있는 니코틴 함량은 정규분포를 따른다고 한다.

□ 8. 어떤 컴퓨터 부품제조 공장에서 생산된 제품은 평균 사용시간이 950시간이라고 한다. 이 공장에서 생산된 제품의 평균 사용시간이 떨어지는지를 알아보기 위하여 15개를 추출하여 사용시간을 조사해 본 결과 평균 사용시간은 930시간, 표준편차는 90시간이었다. 이 공장에서 생산된 제품의 평균 사용시간은 950시간 이하라고 할 수 있는지를 유의수준 5%에서 검정하라. 단, 공장에서 생산된 제품의 사용시간은 정규분포를 따른다.

□ 9. 생후 3개월된 쥐의 평균체중은 70 g이라고 한다. 이를 확인하기 위하여 10마리의 쥐를 길렀더니 생후 3개월후에 평균체중이 69 g, 표준편차가 4 g이었다. 생후 3개월된 쥐의 평균체중이 잘못되었다고 할 수 있는지를 유의수준 5%에서 검정하라. 단, 생후 3개월된 쥐의 체중은 정규분포를 따른다고 한다.

□ 10. 어떤 제약회사에서 만든 무좀약은 80%의 효과가 있다고 선전하고 있다. 이를 확인하기 위하여 200명의 환자에게 이 약을 시험했더니 140명이

효과를 보았다. 이 제약회사의 선전이 믿을 만한 근거가 있는지 유의수준 5%에서 검정하라.

□ 11. 어떤 회사직원들의 평일의 결근율은 10%라고 한다. 연휴 다음 날의 결근상태를 조사해 보았더니 300명 가운에 50명이 결근하였다고 한다. 연휴 다음 날의 결근율은 평일보다 많다고 할 수 있는지를 유의수준 5%에서 검정하라.

□ 12. 시 보건당국은 호수의 단위 부피당 박테리아수가 안전수치 200개를 넘는지 알아보기 위하여 10곳의 호수의 물을 수집하여 단위 부피당 박테리아 수를 조사하였다. 단위 부피당 박테리아 수가 200을 넘지 않는지 SAS를 이용하여 유의수준 5%에서 검정하라.

175 190 215 198 184 207 210 193 196 180

CHAPTER

12 두 모집단의 비교

본장의 개요

이제까지 모집단이 하나인 경우의 모평균과 모비율에 대한 구간추정과 검정을 다루었다. 이 장에서는 두 집단의 모평균과 모비율의 비교에 대해서 알아보려고 한다.

예를 들면 어떤 약품회사에서 새로운 약을 개발했는데 이 새로운 약의 효능을 비교하기 위해서 두 모집단을 다음과 같이 비교한다. 한 모집단에는 새로운 약을 먹이고, 다른 모집단은 어떠한 약도 투여하지 않고 일정기간 지난 후 두 집단을 비교함으로써 새로운 약의 효능을 검토한다.

다음과 같이 두 모집단을 비교하는 방법에는 두 가지가 있다.

(1) 독립인 두 표본: 두 모집단에서 독립적으로 임의표본을 추출하고, 추출된 표본의 평균을 구하여 이를 비교함으로써 두 모평균을 비교한다. 이와 같이 추출된 표본을 **독립표본**이라 한다.

(2) 대응표본: 고혈압에 효과적이라는 어떤 약을 임상실험하기 위해서 고혈압 환자 n명을 추출하였다. i번째 환자에 대해서 약을 투여하기 전의 혈압을 X_i, 약을 투여한 후의 혈압을 Y_i라 한다면 $(X_1, Y_1), (X_2, Y_2), \cdots, (X_n, Y_n)$은 서로 독립인 n쌍의 표본이 되며, 이 n쌍의 표본을 **대응표본**(paired sample)이라 한다.

1절에서는 두 표본이 독립인 경우의 모평균의 차에 대한 추론을 알아보고 2절에서는 대응표본의 모평균의 차에 대한 추론을 알아본다.

12.1 두 표본이 독립인 경우의 비교

12.1.1 모분산을 아는 경우 모평균의 차에 대한 추론

모집단 1은 모평균 μ_1, 모분산 σ_1^2인 정규분포를 따르고, 모집단 2는 모평균 μ_2, 모분산 σ_2^2인 정규분포를 따른다고 하자.

모집단 1에서 크기 n_1의 임의표본을 $X_1, X_2, \cdots, X_{n_1}$이라 하고, 모집단 2에서 크기 n_2의 임의표본을 $Y_1, Y_2, \cdots, Y_{n_2}$라 하자. $X_1, X_2, \cdots, X_{n_1}$과 $Y_1, Y_2, \cdots, Y_{n_2}$은 서로 독립이다.

두 모평균의 차에 대한 추론문제를 연구하기 위하여 먼저 다음과 같은 통계량을 상기하자.

표 본		통계량
모집단 1에서의 임의표본 $X_1, X_2, \cdots, X_{n_1}$	$\overline{X}=\frac{1}{n_1}\sum_{i=1}^{n_1} X_i$	$s_1^2=\frac{\sum_{i=1}^{n_1}(X_i-\overline{X})^2}{n_1-1}$
모집단 2에서의 임의표본 $Y_1, Y_2, \cdots, Y_{n_2}$	$\overline{Y}=\frac{1}{n_2}\sum_{i=1}^{n_2} Y_i$	$s_2^2=\frac{\sum_{i=1}^{n_2}(Y_i-\overline{Y})^2}{n_2-1}$

$\overline{X}$는 정규분포 $N\left(\mu_1, \frac{\sigma_1^2}{n_1}\right)$을 따르고 $\overline{Y}$는 정규분포 $N\left(\mu_2, \frac{\sigma_2^2}{n_2}\right)$를 따른다. $\overline{X}$와 $\overline{Y}$는 독립이므로 $\overline{X}-\overline{Y}$의 기대값과 분산은 다음과 같다.

$$E(\overline{X}-\overline{Y})=E(\overline{X})-E(\overline{Y})=\mu_1-u_2$$

$$\mathrm{Var}(\overline{X}-\overline{Y})=\mathrm{Var}(\overline{X})+\mathrm{Var}(\overline{Y})=\frac{\sigma_1^2}{n_1}+\frac{\sigma_2^2}{n_2}$$

따라서 $\overline{X}-\overline{Y}$는 평균이 $\mu_1-\mu_2$이고 분산이 $\frac{\sigma_1^2}{n_1}+\frac{\sigma_2^2}{n_2}$인 정규분포를 따른다.

표준정규 확률변수 $Z=\frac{(\overline{X}-\overline{Y})-(\mu_1-\mu_2)}{\sqrt{\frac{\sigma_1^2}{n_1}+\frac{\sigma_2^2}{n_2}}}$는 표준정규분포 $N(0, 1)$을 따른다.

10장에서와 마찬가지 방법으로 $\mu_1-\mu_2$의 신뢰구간을 구하면 다음과 같다.

모분산을 알고, 독립인 두 정규모집단의 모평균의 차 $\mu_1-\mu_2$의 100(1−α)% 신뢰구간

$$\left(\overline{X}-\overline{Y}-z_{\alpha/2}\sqrt{\frac{\sigma_1^2}{n_1}+\frac{\sigma_2^2}{n_2}},\ \ \overline{X}-\overline{Y}+z_{\alpha/2}\sqrt{\frac{\sigma_1^2}{n_1}+\frac{\sigma_2^2}{n_2}}\right)$$

그리고 11장에서와 마찬가지로 $\mu_1-\mu_2$의 가설검정법을 구하면 다음과 같다.

$\mu_1-\mu_2$의 가설검정

1. 검정통계량 $Z=\dfrac{(\overline{X}-\overline{Y})-\delta_0}{\sqrt{\dfrac{\sigma_1^2}{n_1}+\dfrac{\sigma_2^2}{n_2}}}$
2. 귀무가설과 대립가설, 유의수준 α인 기각역은 각각 다음과 같다.

(1) H_0: $\mu_1-\mu_2\leq\delta_0$	H_1: $\mu_1-\mu_2>\delta_0$	$Z\geq z_\alpha$
(2) H_0: $\mu_1-\mu_2\geq\delta_0$	H_1: $\mu_1-\mu_2<\delta_0$	$Z\leq -z_\alpha$
(3) H_0: $\mu_1-\mu_2=\delta_0$	H_1: $\mu_1-\mu_2\neq\delta_0$	$\lvert Z\rvert\geq z_{\alpha/2}$

예제 1 두 가지 담배 A와 B의 니코틴 함량을 비교하고 있다. 담배 A, B의 니코틴 함량은 근사적으로 정규분포를 따르며, 분산은 각각 $\sigma_A^2=3$, $\sigma_B^2=4$임이 알려져 있다. 두 가지 담배에 들어 있는 니코틴 함량에 차이가 있는가를 알아보기 위해서 A와 B에서 각각 10개와 15개의 표본을 추출하고 추출한 담배의 니코틴 함량을 알아보았더니 니코틴 평균함량은 각각 $\bar{x}=16.5$와 $\bar{y}=15.5$이었다. μ_A와 μ_B를 각각 담배 A, B에 들어 있는 니코틴 함량의 진짜 평균이라 할 때

(1) $\mu_A-\mu_B$의 95% 신뢰구간을 구하라.

(2) 두 가지 담배의 니코틴 함량은 차이가 있는지를 유의수준 5%에서 검정하라.

풀이 (1) $\mu_A-\mu_B$의 95% 신뢰구간은 다음과 같다.

$$(\bar{x}-\bar{y})\pm z_{\alpha/2}\sqrt{\frac{\sigma_A^2}{n_1}+\frac{\sigma_B^2}{n_2}}=(16.5-15.5)\pm1.96\sqrt{\frac{3}{10}+\frac{4}{15}}$$
$$=1.0\pm1.475$$

즉 $-0.475<\mu_A-\mu_B<2.475$

(2) 두 가지 담배의 니코틴 함량에 차이가 있는지를 검정하기 위하여 다음과 같이 귀무가설과 대립가설을 세운다.

$$H_0: \mu_A=\mu_B, \qquad H_1: \mu_A\neq\mu_B$$

검정통계량의 관측값은 다음과 같다.

$$z=\frac{(\bar{x}-\bar{y})-\delta_0}{\sqrt{\frac{\sigma_A^2}{n_1}+\frac{\sigma_B^2}{n_2}}}=\frac{(16.5-15.5)-0}{\sqrt{\frac{3}{10}+\frac{4}{15}}}=\frac{1}{0.753}=1.328$$

양측검정에서 유의수준 5%에 대한 기각역은 R: $|Z|\geq z_{\alpha/2}=1.96$이고 검정통계량의 계산된 값은 1.96보다 작으므로 H_0를 기각하지 못한다. 즉 두 가지 담배의 니코틴 함량은 차이가 있다고 할 만한 충분한 근거는 없다.

12.1.2 모분산을 모르는 경우 모평균의 차에 대한 추론

두 모분산을 모를 때 모평균의 차에 대한 추론문제는 표본의 크기가 작을 때 특히 유용하다. 두 모집단은 각각 정규분포를 따르고 $X_1, \cdots, X_{n_1}$과 $Y_1, \cdots, Y_{n_2}$는 각 모집단에서 추출한 독립인 두 표본이라 하자. 여기서 추가되는 가정으로 두 모집단은 미지의 동일한 모분산을 가진다는 것이다. 즉 $\sigma_1^2=\sigma_2^2=\sigma^2$이라는 가정이 하나 더 필요하다.

12.1.1절에서 설명했듯이 $\bar{X}-\bar{Y}$는 평균이 $\mu_1-\mu_2$이고, 분산 $\sigma^2\left(\frac{1}{n_1}+\frac{1}{n_2}\right)$인 정규분포를 따른다. 표준정규 확률변수 $Z=\dfrac{(\bar{X}-\bar{Y})-(\mu_1-\mu_2)}{\sigma\sqrt{\frac{1}{n_1}+\frac{1}{n_2}}}$는 표준정규분포를 따른다.

σ^2을 추정할 때는 두 표본을 합병해서 추정하는데, σ^2의 **합동추정량**(pooled estimator)은 $\sum_{i=1}^{n_1}(X_i-\bar{X})^2+\sum_{i=1}^{n_2}(Y_i-\bar{Y})^2$을 각각의 자유도의 합인 $(n_1-1)+(n_2-1)$ (n_1+n_2-2)로 나눈 값으로 정의한다. 그러므로 이 합동추정량을 s_p^2으로 나타내면 다음과 같다.

$$s_p^2=\frac{\sum_{i=1}^{n_1}(X_i-\bar{X})^2+\sum_{i=1}^{n_2}(Y_i-\bar{Y})^2}{n_1+n_2-2}$$

또한

$$\sum_{i=1}^{n_1}(X_i-\overline{X})^2=(n_1-1)s_1^2, \qquad \sum_{i=1}^{n_2}(Y_i-\overline{Y})^2=(n_2-1)s_2^2$$

이므로 s_p^2을 다음과 같이 쓸 수 있다.

$$s_p^2=\frac{(n_1-1)s_1^2+(n_2-1)s_2^2}{n_1+n_2-2}$$

σ^2의 합동추정량

$$s_p^2=\frac{\sum_{i=1}^{n_1}(X_i-\overline{X})^2+\sum_{i=1}^{n_2}(Y_i-\overline{Y})^2}{n_1+n_2-2}=\frac{(n_1-1)s_1^2+(n_2-1)s_2^2}{n_1+n_2-2}$$

표준정규 확률변수 Z에서 σ 대신 합동추정량 s_p를 대입한

$$t=\frac{(\overline{X}-\overline{Y})-(\mu_1-\mu_2)}{s_p\sqrt{\frac{1}{n_1}+\frac{1}{n_2}}}$$

는 자유도 (n_1+n_2-2)인 t분포를 따른다는 것이 알려져 있다. 이 사실을 이용하여 $\mu_1-\mu_2$의 신뢰구간과 가설검정법을 다음과 같이 구할 수 있다.

등분산(미지)이며, 독립인 두 정규모집단의 모평균의 차 $\mu_1-\mu_2$의 $100(1-\alpha)\%$ 신뢰구간

$$\left((\overline{X}-\overline{Y})-t_{\alpha/2}(n_1+n_2-2)\,s_p\sqrt{\frac{1}{n_1}+\frac{1}{n_2}},\ (\overline{X}-\overline{Y})+t_{\alpha/2}(n_1+n_2-2)\,s_p\sqrt{\frac{1}{n_1}+\frac{1}{n_2}}\right)$$

여기서, $t_{\alpha/2}(n_1+n_2-2)$는 자유도 n_1+n_2-2인 t분포에서 오른쪽 꼬리부분의 넓이가 $\alpha/2$가 되는 t의 값이다.

$\mu_1-\mu_2$의 가설검정

1. 검정통계량 $t=\dfrac{(\overline{X}-\overline{Y})-\delta_0}{s_p\sqrt{\frac{1}{n_1}+\frac{1}{n_2}}}$

2. 귀무가설과 대립가설, 유의수준 α인 기각역은 각각 다음과 같다.

(1) H_0: $\mu_1-\mu_2\le\delta_0$ H_1: $\mu_1-\mu_2>\delta_0$ $t\ge t_\alpha(n_1+n_2-2)$

(2) H_0: $\mu_1-\mu_2\geq\delta_0$	H_1: $\mu_1-\mu_2<\delta_0$	$t\leq -t_\alpha(n_1+n_2-2)$
(3) H_0: $\mu_1-\mu_2=\delta_0$	H_1: $\mu_1-\mu_2\neq\delta_0$	$\lvert t\rvert\geq t_{\alpha/2}(n_1+n_2-2)$

예제 2 임의로 뽑은 젖소의 두 집단에 사료 A와 B를 주고 우유생산량에 미치는 영향의 차이를 조사하였다.

사료 A를 13마리의 젖소에게 주고 사료 B를 12마리의 젖소에게 준 결과 다음과 같은 자료를 얻었다.

사료 A	44	44	56	46	47	38	58	53	49	35	46	30	41
사료 B	35	47	55	29	40	39	32	41	42	57	51	39	

단, 사료에 따른 우유 생산량은 각각 정규분포이고 분산은 같다고 가정한다.

(1) 사료에 따른 우유생산량의 차이에 대한 95% 신뢰구간을 구하라.

(2) 사료 A를 먹인 젖소의 우유생산량이 사료 B를 먹인 젖소의 우유생산량보다 많다고 할 수 있는지를 유의수준 5%에서 검정하라.

풀이 주어진 자료로부터 필요한 통계량을 구하면 다음과 같다.

사료 A: $\bar{x}=45.15$, $\sum(x_i-\bar{x})^2=767.69$, $s_1^2=64.0$

사료 B: $\bar{y}=42.25$, $\sum(y_i-\bar{y})^2=840.25$, $s_2^2=76.4$

$$s_p^2=\frac{\sum(x_i-\bar{x})^2+\sum(y_i-\bar{y})^2}{n_1+n_2-2}=\frac{767.69+840.25}{23}=69.9$$

$$s_p=\sqrt{69.9}=8.36$$

(1) 95% 신뢰구간이므로 $\frac{\alpha}{2}=0.025$이고 자유도 $n_1+n_2-2=23$인 t분포표를 이용하면 $t_{0.025}(23)=2.069$이다. 따라서 $\mu_1-\mu_2$의 95% 신뢰구간은 다음과 같다.

$$\bar{x}-\bar{y}\pm t_{0.025}(23)\, s_p\sqrt{\frac{1}{n_1}+\frac{1}{n_2}}=45.15-42.25\pm 2.069\times 8.36\sqrt{\frac{1}{13}+\frac{1}{12}}$$
$$=2.90\pm 6.92$$

즉 $-4.02<\mu_1-\mu_2<9.82$

(2) 먼저 다음과 같이 귀무가설과 대립가설을 세우자.

$$H_0: \mu_1=\mu_2, \qquad H_1: \mu_1>\mu_2$$

검정통계량의 관측값은 다음과 같다.

$$t=\frac{\bar{x}-\bar{y}}{s_p\sqrt{\dfrac{1}{n_1}+\dfrac{1}{n_2}}}=\frac{45.15-42.25}{8.36\sqrt{\dfrac{1}{13}+\dfrac{1}{12}}}=\frac{2.90}{3.34}=0.87$$

자유도 23인 t 분포표를 이용하면 $t_{0.05}(23)=1.714$이므로 기각역은 $R: t>t_{0.05}(23)=1.714$이다.

검정통계량의 계산된 값은 1.714보다 작으므로 H_0를 기각하지 못한다. 즉 사료 A를 먹인 젖소의 우유생산량이 사료 B를 먹인 젖소의 우유생산량보다 많다고 할 만한 충분한 근거가 없다.

12.2 대응비교

이제까지 두 임의표본이 두 모집단으로부터 서로 독립적으로 추출된 경우를 다루었다. 그러나 대부분의 실험에서는 두 처리효과가 거의 종속적인 관계를 가지는 경우가 많다. 이 경우에는 두 모집단의 실험단위들을 가능한한 동질적으로 만들어서 순수한 처리 효과의 차이가 반응측정값의 차이로 나타나게 하는 것이 바람직하다.

그러나 많은 경우에 동질적인 실험단위를 얻기가 어렵다. 이와 같은 문제점을 해결하는 방법으로 대응의 개념을 이용한다. 즉 실험단위를 동질적인 쌍으로 묶은 다음 각 조의 일부에 처리 1을 적용하고 나머지 일부에 처리 2를 적용하여 각 조 내에서 처리효과의 비교를 쉽게 할 수 있다. 이와 같은 방법으로 각 쌍에서 얻은 관측값의 차를 이용하여 두 모평균을 비교하는 방법을 **대응비교**(paired comparison)라 한다. 대응비교에서 자료구조는 다음과 같이 나타낼 수 있으며 X와 Y는 각각 처리 1과 처리 2에 의한 반응값을 뜻한다.

대응비교에서의 자료구조

쌍	처리 1	처리 2	차 이
1	X_1	Y_1	$D_1=X_1-Y_1$

2	X_2	Y_2	$D_2=X_2-Y_2$
⋮	⋮	⋮	⋮
n	X_n	Y_n	$D_n=X_n-Y_n$

여기서 $(X_1, Y_1), (X_2, Y_2), \cdots, (X_n, Y_n)$은 서로 독립이다.

$D_1, D_2, \cdots, D_n$의 표본평균과 표본분산은 각각 다음과 같다.

$$\overline{D}=\frac{1}{n}\sum_{i=1}^{n} D_i, \quad s_D^2=\frac{\sum_{i=1}^{n}(D_i-\overline{D})^2}{n-1}$$

또 다음을 얻는다.

$$E(D_i)=E(X_i-Y_i)=\mu_1-\mu_2$$
$$\text{Var}(D_i)=\text{Var}(X_i-Y_i)=\sigma_D^2 \quad (\sigma_D^2\text{은 미지})$$

이제 $D_1, D_2, \cdots, D_n$을 $N(\mu_1-\mu_2, \sigma_D^2)$를 따르는 모집단에서 뽑은 임의표본이라고 가정하자. 그러면 $\overline{D}=\frac{1}{n}\sum_{i=1}^{n} D_i$의 분포는 $N(\mu_1-\mu_2, \sigma_D^2/n)$이 된다. 또 σ_D^2의 추정량으로 $s_D^2=\frac{1}{n-1}\sum_{i=1}^{n}(D_i-\overline{D})^2$을 쓰면 t 분포의 정의에 의하여

$$t=\frac{\overline{D}-(\mu_1-\mu_2)}{s_D/\sqrt{n}}$$

는 자유도 $(n-1)$인 t 분포를 따른다.

이를 이용하여 $\mu_1-\mu_2$의 신뢰구간과 가설검정법을 다음과 같이 구할 수 있다.

모평균의 차에 대한 추론: 대응비교

$D_i=X_i-Y_i$는 서로 독립이고 $N(\mu_1-\mu_2, \sigma_D^2)$을 따른다고 하자.

1. $\mu_1-\mu_2$의 $100(1-\alpha)\%$ 신뢰구간

$$(\overline{D}-t_{\alpha/2}(n-1)\, s_D/\sqrt{n},\ \overline{D}+t_{\alpha/2}(n-1)\, s_D/\sqrt{n})$$

여기서 $t_{\alpha/2}(n-1)$는 자유도 $n-1$인 t 분포에서 오른쪽 꼬리부분의 넓이가 $\frac{\alpha}{2}$가 되는 t의 값이다.

2. 귀무가설 H_0: $\mu_1-\mu_2=\delta_0$를 검정하기 위한 검정통계량

$$t=\frac{\overline{D}-\delta_0}{s_D/\sqrt{n}}$$

는 H_0가 참일 때 자유도 $n-1$인 t 분포를 따른다.

예제 3 어떤 약품회사에서 고혈압 환자를 위한 약을 개발하였다. 이 약이 고혈압 환자에게 효과가 있는지를 알아보기 위해서 15명에게 임상실험을 하였다. 약을 투여하기 전의 혈압(x)과 6달간 약을 투여한 후의 혈압(y)을 측정하고 이들의 혈압의 차이를 조사한 결과 다음 표와 같았다.

사람 번호	1	2	3	4	5	6	7	8	9	10	11	12	13	14	15
약 투여 이전(x)	95	105	97	101	101	101	97	103	107	89	99	117	99	93	109
약 투여 이후(y)	93	97	87	95	83	91	93	77	89	97	99	85	99	97	99
차이($x-y$)	2	8	10	6	18	10	4	26	18	−8	0	32	0	−4	10

단, 약을 투여하기 이전의 혈압과 이후의 혈압은 각각 정규분포를 따르고 분산은 같다고 가정한다.

(1) 약의 투여에 따른 혈압의 차이에 대한 95% 신뢰구간을 구하라.

(2) 이 약이 혈압감소에 효과적이라고 할 수 있는지를 유의수준 5%에서 검정하라.

풀이 차이 $d_i=x_i-y_i$는 표에 주어져 있고 주어진 자료로부터 필요한 통계량을 구하면 다음과 같다.

$$\bar{d}=\frac{\sum_{i=1}^{15} d_i}{5}=8.80,\quad s_D=\sqrt{\frac{\sum_{i=1}^{15}(d_i-\bar{d})^2}{14}}=10.98$$

(1) 95% 신뢰구간이므로 $\frac{\alpha}{2}=0.025$이고 자유도 $n-1=14$인 t 분포표를 이용하면 $t_{0.025}(14)=2.145$이다. 따라서 $\mu_1-\mu_2$에 대한 95% 신뢰구간은 다음과 같다.

$$\bar{d}\pm t_{0.025}(14)\,\frac{s_D}{\sqrt{15}}=8.80\pm2.145\times\frac{10.98}{\sqrt{15}}=8.80\pm6.08$$

즉 $2.72<\mu_1-\mu_2<14.88$.

(2) 다음과 같이 대응비교에 의한 t 검정을 시행한다.

① 귀무가설 $\mu_1=\mu_2$

대립가설 $\mu_1-\mu_2>0$

② 유의수준 $\alpha=0.05$

③ 검정통계량 $t=\dfrac{\bar{d}}{s_D/\sqrt{n}}$

④ 기각역 $t>t_{0.05}(14)=1.761$

⑤ $t=\dfrac{8.80}{10.98/\sqrt{15}}=\dfrac{8.80}{2.84}=3.10$

계산된 값이 1.761보다 크므로 H_0를 기각한다. 즉 이 약은 혈압감소에 효과적이라고 할 수 있다.

12.3 SAS 실습

12장에서 사용한 SAS 프로시저는 다음과 같다.

(1) TTEST 프로시저: 두 모집단이 정규분포를 따를 때 모평균의 차의 독립 t 검정에 사용한다.

형식

```
PROC TTEST 선택사항;
      CLASS 변수명; /*모집단을 구분하는 분류 변수 지정*/
      VAR 변수명; /*검정할 변수 지정*/
      BY 변수명; /*지정된 변수의 값에 따라 검정 결과 출력*/
```

(2) MEANS 프로시저: 모평균의 차의 대응 t 검정에 사용한다. 형식은 10장의 SAS 실습에서 이미 소개하였다.

예제 4 두 종류의 강의 방식이 중학교 학생들의 수학 성적에 미치는 영향을 조사하기 위하여, 임의로 44명의 학생을 대상으로 실험하였다. 이들 중 21명에게는 새로운 방식으로 수업을 진행하고 나머지 23명의 학생에게는 교육과정은 같지만 기존의 방식으로 수업을 진행하였다. 4주 후에 수학 능력을 측정하는 시험을 치른 결과 다음과 같았다.

새로운 방식: 23 43 58 71 43 49 61 44 67 49 53
56 59 52 62 54 57 33 46 43 57

기존 방식: 42 43 55 26 62 37 33 41 19 54 20
85 46 10 17 60 53 42 37 42 55 28 48

새로운 강의 방식이 기존의 강의방식보다 효과가 있다고 할 수 있는지 SAS를 이용하여 유의수준 5%에서 검정하라.

풀이 SAS 프로그램

```
DATA  math; /*자료 세트 생성*/
  INPUT method x @@; /*두 변수 지정*/
  CARDS;
    1 23 1 43 1 58 1 71 1 43 1 49 1 61 1 44 1 67 1 49 1 53
    1 56 1 59 1 52 1 62 1 54 1 57 1 33 1 46 1 43 1 57
    2 42 2 43 2 55 2 26 2 62 2 37 2 33 2 41 2 19 2 54 2 20
    2 85 2 46 2 10 2 17 2 60 2 53 2 42 2 37 2 42 2 55 2 28 2 48
RUN;
PROC TTEST;
  CLASS method;
  VAR x; /*검정 변수 지정*/
RUN;
```

결과

```
                    TTEST PROCEDURE
                      Variable: x
METHOD    N      Mean          Std Dev         Std Error
----------------------------------------------------------
   1     21   51.42857143    11.13360422      2.42955162
   2     23   41.52173913    17.14873323      3.57575806
```

Variances	t Value	DF	Pr>|t|
Unequal	2.2916	38.1	0.0275
Equal	2.2487	42.0	0.0298

For H0: Variances are equal, F=2.37 DF=(22, 20) Pr>F=0.0567

독립 t 검정에서는 먼저 두 모집단의 분산이 서로 같은지 다른지를 판단해야 한다. Pr>F=0.0567은 등분산에 관한 검정의 p값이다. 유의수준을 0.05라 하면 p값이 유의수준보다 크므로 귀무가설을 기각하지 못한다. 따라서 두 모집단의 분산은 같다고 할 수 있다.

이 예제의 귀무가설은 '$\mu_1=\mu_2$'이고, 대립가설은 '$\mu_1>\mu_2$'이다. 분산이 같을 때의 p값은 음영으로 나타난 부분의 값 0.0298이다. $\frac{p값}{2}$을 유의수준과 비교하면 $\frac{0.0298}{2}<0.05$이므로 귀무가설을 기각한다. 즉 새로운 강의 방식이 효과가 있다고 할 수 있다.

예제 5 어떤 전기적 자극이 혈압에 영향을 미치는지 알아보기 위하여 임의로 12명을 대상으로 실험하였다. 전기적 자극을 주기 전후의 혈압을 측정하였더니 다음과 같았다. 이 전기적 자극이 혈압을 높인다고 할 수 있는지 SAS를 이용하여 유의수준 5%에서 검정하라.

	1	2	3	4	5	6	7	8	9	10	11	12
자극 전	120	124	130	118	140	128	140	135	126	130	126	127
자극 후	128	131	131	127	132	125	141	137	118	132	129	135

풀이 SAS 프로그램

```
DATA  stim; /*자료 세트 형성*/
  INPUT a b @@; /*두 변수 지정*/
  d=a-b; /*두 변수의 차로 새로운 변수 정의*/
  CARDS;
    120 128 124 131 130 131 118 127 140 132 128 125 140 141
    135 137 126 118 130 132 126 129 127 135
RUN;
```

```
PROC MEANS N MEAN STD T PRT; /*차이 변수에 대한 분석*/
      VAR d; /*분석할 변수 지정*/
RUN;
```

결과

The MEANS Procedure: d

N	평균값	표준편차	t값	Pr>|t|
12	−1.8333333	5.8283529	−1.0896480	0.2992

대응표본에서 혈압의 차이를 d라 하면 대립가설은 '$d>0$'이므로 한쪽검정이다. $\frac{p\text{값}}{2}=0.1496>$유의수준($\alpha=0.05$)이므로 귀무가설을 기각하지 않는다. 따라서 전기적 자극이 혈압을 높인다고 할 수 없다.

연습문제 (12)

□ 1. 어떤 산부인과 병원에서 신생아의 남아와 여아의 체중에 차이가 있는지를 알아보기 위하여 다음과 같은 자료를 얻었다.

	표본크기	표본평균	표본표준편차
남 아	$n_1=50$	$\overline{x_1}=3.40$(kg)	$s_1=0.5$(kg)
여 아	$n_2=50$	$\overline{x_2}=3.25$(kg)	$s_2=0.6$(kg)

(1) 남아와 여아의 체중차에 대한 95% 신뢰구간을 구하라.

(2) 남아와 여아의 체중은 다르다고 할 수 있는지를 유의수준 5%에서 검정하라.

□ 2. 핵산을 통해 학습효과가 전달되는지의 여부를 알아보기 위하여 10마리의 쥐에게 미로찾기 훈련을 시켰다. 훈련된 10마리의 쥐로부터 핵산을 추출하여 다른 10마리의 쥐에 주입시켰고, 훈련되지 않은 쥐로부터 핵산을 추출하여 또다른 10마리의 쥐에 주입시켰다. 그 후, 20마리의 쥐에 대해 20번의 미로찾기 시험을 행하여 실패한 횟수를 기록한 것이 다음과 같다.

훈련된 쥐	7	9	6	11	13	8	7	13	12	9
훈련되지 않은 쥐	12	8	9	13	14	9	8	10	7	15

핵산을 통해 학습효과가 전달되는지를 유의수준 $\alpha=0.05$에서 검정하라.

□ 3. 초등학교 학생들의 독해력을 향상시키는데 어떤 새로운 강의방식이 기존에 사용하던 강의방식보다 더 효과적이라고 예측된다. 이를 검사하기 위해 16명의 학생을 대상으로 8명씩 임의추출하여 두 조로 나누어 한 조에는 새로운 강의방식을, 다른 한 조에는 기존의 강의방식을 적용한 후 시험을 치른 결과가 다음과 같다.

독해력 성적

기존의 방법	65	70	76	63	72	71	68	68
새로운 방법	75	80	72	77	69	81	71	78

이 자료를 이용하여 기존의 강의방식과 새로운 강의방식에 따른 독해력 성적에 차가 있다고 할 수 있는지를 유의수준 5%에서 검정하라.

□ 4. 두 대의 차 A, B에 대하여 어떤 차가 주차하기 쉬운지를 비교하고자 한다. 이를 위하여 다음과 같이 각 차에 대해 14명의 사람들이 주차시키는데 걸리는 시간을 측정하였다(단위 : 초).

사 람	1	2	3	4	5	6	7	8	9	10	11	12	13	14
차 A	37.0	25.8	16.2	24.2	22.0	33.4	29.8	58.2	38.6	24.4	23.4	21.2	36.2	29.8
차 B	17.8	20.2	19.8	41.4	21.4	38.4	16.8	32.2	27.8	23.2	33.6	20.6	32.2	53.8

위의 자료를 볼 때, 어떤 차가 다른 차보다 주차하기 쉽다고 말할 수 있는지를 유의수준 $\alpha=0.1$에서 검정하라.

□ 5. 왼손으로 글을 쓰는 사람 10명에 대해 오른손과 왼손의 악력을 측정한 결과가 다음과 같았다.

사 람	1	2	3	4	5	6	7	8	9	10
왼 손	140	90	125	130	95	121	85	97	131	110
오른손	138	87	110	132	96	120	86	90	129	100

(1) 이 자료에 의하면 왼손으로 글을 쓰는 사람은 왼손의 악력이 오른손보다 강하다고 할 수 있는지를 답하라.

(2) 평균의 차에 대한 90% 신뢰구간을 구하라.

□ 6. 수영선수들의 속도를 향상시키기 위해 개발한 프로그램이 실제로 유용한지를 알아보기 위하여 일곱 쌍의 수영선수를 임의로 추출하였다. 각 쌍에 속하는 두 선수들은 속도가 같다고 할 때, 각 쌍에서 한 선수는 개발된 프로그램으로 훈련을 받았고 다른 선수는 기존의 프로그램으로 훈련을 받았다. 다음은 속도가 향상된 정도를 점수로 나타낸 것이다.

쌍	1	2	3	4	5	6	7
기존 프로그램	0.5	1.0	0.1	0.1	0.2	0.1	1.0
개발 프로그램	0.8	1.1	0.5	0.2	0.5	0.5	0.8

개발된 프로그램이 속도를 향상시킨다고 말할 수 있는지를 유의수준 $\alpha=0.05$에서 검정하라.

□ 7. 어떤 남녀 공학 중학교 학생의 수학 성적에 차이가 있는지를 조사하기 위하여 임의로 각각 7명을 뽑아 시험을 치렀다. 시험 결과가 다음과 같았다면 남녀간의 수학 성적에 차이가 있다고 할 수 있는지 SAS를 이용하여 유의수준 5%에서 검하라.

남자	82	80	85	85	78	87	82
여자	75	76	80	77	80	77	73

□ 8. 재해 안전교육이 공장의 노동시간의 손실을 감소하는데 효과가 있는지 알아보기 위하여 임의로 15개 공장을 대상으로 실험하였다. 안전교육 하기 전과 안전 교육한 후의 1주일 간에 손실된 노동시간을 비교하였더니 다음과 같았다(단위:시간).

재해 안전교육이 공장의 노동시간의 손실을 감소하는데 효과가 있는지 SAS를 이용하여 유의수준 5%에서 검정하라.

공장	1	2	3	4	5	6	7	8	9	10	11	12	13	14	15
교육 전	22	11	35	19	22	11	25	40	15	19	25	23	30	26	22
교육 후	20	13	10	10	10	24	15	17	11	18	12	18	10	19	19

참고문헌

1. Abraham, B. and J. Ledolter, Statistical Methods for Forcasting, John Wiley & Sons, Inc., New York, 1983.
2. Bhattacharyya, G.K., and R.A. Johnson, Statistical Concepts and Methods, John Wiley & Sons, Inc., New York, 1977.
3. Hogg R.V., and A.T. Craig, Introduction to Mathematical Statistics, Macmillan Publishing Co., Inc., New York, 1978.
4. Mendenhall, W., Introduction to Probability and Statistics, Fourth Edition, Duxbury Press, North Seltuate, Massachusetts, 1975.
5. 김명호 외 2인, SAS 프로그래밍과 자료분석, 교우사, 2004.
6. 김우철 외 7인, 통계학개론, 영지문화사, 1994.
7. 김우철 외 7인, 현대통계학, 영지문화사, 1994.
8. 김제영 외 4인, SAS를 이용한 전산통계, 교우사, 2004.
9. 최국렬 외 1인, SAS 언어와 데이터분석, 교우사, 2001.
10. 함형범 외 2인, SAS 언어와 프로그래밍, 교우사, 2005.

CHAPTER

부 록

표 1. 누적이항분포표

$$P(X \leqq c) = \sum_{x=0}^{c} \binom{n}{r} p^x (1-p)^{n-x}$$

	c	.05	.10	.20	.30	.40	.50	.60	.70	.80	.90	.95
n=1	0	.950	.900	.800	.700	.600	.500	.400	.300	.200	.100	.050
	1	1.000	1.000	1.000	1.000	1.000	1.000	1.000	1.000	1.000	1.000	1.000
n=2	0	.902	.810	.640	.490	.360	.250	.160	.090	.040	.010	.002
	1	.997	.990	.960	.910	.840	.750	.640	.510	.360	.190	.097
	2	1.000	1.000	1.000	1.000	1.000	1.000	1.000	1.000	1.000	1.000	1.000
n=3	0	.857	.729	.512	.343	.216	.125	.064	.027	.008	.001	.000
	1	.993	.972	.896	.784	.648	.500	.352	.216	.104	.028	.007
	2	1.000	.999	.992	.973	.936	.875	.784	.657	.488	.271	.143
	3	1.000	1.000	1.000	1.000	1.000	1.000	1.000	1.000	1.000	1.000	1.000
n=4	0	.815	.656	.410	.240	.130	.063	.026	.008	.002	.000	.000
	1	.986	.948	.819	.652	.475	.313	.179	.084	.027	.004	.000
	2	1.000	.996	.973	.916	.821	.688	.525	.348	.181	.052	.014
	3	1.000	1.000	.998	.992	.974	.938	.870	.760	.590	.344	.185
	4	1.000	1.000	1.000	1.000	1.000	1.000	1.000	1.000	1.000	1.000	1.000
n=5	0	.774	.590	.328	.168	.078	.031	.010	.002	.000	.000	.000
	1	.977	.919	.737	.528	.337	.188	.087	.031	.007	.000	.000
	2	.999	.991	.942	.837	.683	.500	.317	.163	.058	.009	.001
	3	1.000	1.000	.993	.969	.913	.813	.663	.472	.263	.081	.023
	4	1.000	1.000	1.000	.998	.990	.969	.922	.832	.672	.410	.226
	5	1.000	1.000	1.000	1.000	1.000	1.000	1.000	1.000	1.000	1.000	1.000
n=6	0	.735	.531	.262	.118	.047	.016	.004	.001	.000	.000	.000
	1	.967	.886	.655	.420	.233	.109	.041	.011	.002	.000	.000
	2	.998	.984	.901	.744	.544	.344	.179	.070	.017	.001	.000
	3	1.000	.999	.983	.930	.821	.656	.456	.256	.099	.016	.002
	4	1.000	1.000	.998	.989	.959	.891	.767	.580	.345	.114	.033
	5	1.000	1.000	1.000	.999	.996	.984	.953	.882	.738	.469	.265
	6	1.000	1.000	1.000	1.000	1.000	1.000	1.000	1.000	1.000	1.000	1.000
n=7	0	.698	.478	.210	.082	.028	.008	.002	.000	.000	.000	.000
	1	.956	.850	.577	.329	.159	.063	.019	.004	.000	.000	.000
	2	.996	.974	.852	.647	.420	.227	.096	.029	.005	.000	.000
	3	1.000	.997	.967	.874	.710	.500	.290	.126	.033	.003	.000
	4	1.000	1.000	.995	.971	.904	.773	.580	.353	.148	.026	.004

〈표 1 계속〉

		p										
		.05	.10	.20	.30	.40	.50	.60	.70	.80	.90	.95
	c											
	5	1.000	1.000	1.000	.996	.981	.938	.841	.671	.423	.150	.044
	6	1.000	1.000	1.000	1.000	.998	.992	.972	.918	.790	.522	.302
	7	1.000	1.000	1.000	1.000	1.000	1.000	1.000	1.000	1.000	1.000	1.000
$n=8$	0	.663	.430	.168	.058	.017	.004	.001	.000	.000	.000	.000
	1	.943	.813	.503	.255	.106	.035	.009	.001	.000	.000	.000
	2	.994	.962	.797	.552	.315	.145	.050	.011	.001	.000	.000
	3	1.000	.995	.944	.806	.594	.363	.174	.058	.010	.000	.000
	4	1.000	1.000	.990	.942	.826	.637	.406	.194	.056	.005	.000
	5	1.000	1.000	.999	.989	.950	.855	.685	.448	.203	.038	.006
	6	1.000	1.000	1.000	.999	.991	.965	.894	.745	.497	.187	.057
	7	1.000	1.000	1.000	1.000	.999	.996	.983	.942	.832	.570	.337
	8	1.000	1.000	1.000	1.000	1.000	1.000	1.000	1.000	1.000	1.000	1.000
$n=9$	0	.630	.387	.134	.040	.010	.002	.000	.000	.000	.000	.000
	1	.929	.775	.436	.196	.071	.020	.004	.000	.000	.000	.000
	2	.992	.947	.738	.463	.232	.090	.025	.004	.000	.000	.000
	3	.999	.992	.914	.730	.483	.254	.099	.025	.003	.000	.000
	4	1.000	.999	.980	.901	.733	.500	.267	.099	.020	.001	.000
	5	1.000	1.000	.997	.975	.901	.746	.517	.270	.086	.008	.001
	6	1.000	1.000	1.000	.996	.975	.910	.768	.537	.262	.053	.008
	7	1.000	1.000	1.000	1.000	.996	.980	.929	.804	.564	.225	.071
	8	1.000	1.000	1.000	1.000	1.000	.998	.990	.960	.866	.613	.370
	9	1.000	1.000	1.000	1.000	1.000	1.000	1.000	1.000	1.000	1.000	1.000
$n=10$	0	.599	.349	.107	.028	.006	.001	.000	.000	.000	.000	.000
	1	.914	.736	.376	.149	.046	.011	.002	.000	.000	.000	.000
	2	.988	.930	.678	.383	.167	.055	.012	.002	.000	.000	.000
	3	.999	.987	.879	.650	.382	.172	.055	.011	.001	.000	.000
	4	1.000	.998	.967	.850	.633	.377	.166	.047	.006	.000	.000
	5	1.000	1.000	.994	.953	.834	.623	.367	.150	.033	.002	.000
	6	1.000	1.000	.999	.989	.945	.828	.618	.350	.121	.013	.001
	7	1.000	1.000	1.000	.998	.988	.945	.833	.617	.322	.070	.012
	8	1.000	1.000	1.000	1.000	.998	.989	.954	.851	.624	.264	.086
	9	1.000	1.000	1.000	1.000	1.000	.999	.994	.972	.893	.651	.401
	10	1.000	1.000	1.000	1.000	1.000	1.000	1.000	1.000	1.000	1.000	1.000
$n=11$	0	.569	.314	.086	.020	.004	.000	.000	.000	.000	.000	.000
	1	.898	.697	.322	.113	.030	.006	.001	.000	.000	.000	.000
	2	.985	.910	.617	.313	.119	.033	.006	.001	.000	.000	.000
	3	.998	.981	.839	.570	.296	.113	.029	.004	.000	.000	.000

〈표 1 계속〉

		p										
		.05	.10	.20	.30	.40	.50	.60	.70	.80	.90	.95
	c											
	4	1.000	.97	.950	.790	.533	.274	.099	.022	.002	.000	.000
	5	1.000	1.000	.988	.922	.753	.500	.247	.078	.012	.000	.000
	6	1.000	1.000	.998	.978	.901	.726	.467	.210	.050	.003	.000
	7	1.000	1.000	1.000	.996	.971	.887	.704	.430	.161	.019	.002
	8	1.000	1.000	1.000	.999	.994	.967	.881	.687	.383	.090	.015
	9	1.000	1.000	1.000	1.000	.999	.994	.970	.887	.678	.303	.102
	10	1.000	1.000	1.000	1.000	1.000	1.000	.996	.980	.914	.686	.431
	11	1.000	1.000	1.000	1.000	1.000	1.000	1.000	1.000	1.000	1.000	1.000
$n=12$	0	.540	.282	.069	.014	.002	.000	.000	.000	.000	.000	.000
	1	.882	.659	.275	.085	.020	.003	.000	.000	.000	.000	.000
	2	.980	.889	.558	.253	.083	.019	.003	.000	.000	.000	.000
	3	.998	.974	.795	.493	.225	.073	.015	.002	.000	.000	.000
	4	1.000	.996	.927	.724	.438	.194	.057	.009	.001	.000	.000
	5	1.000	.999	.981	.882	.665	.387	.158	.039	.004	.000	.000
	6	1.000	1.000	.996	.961	.842	.613	.335	.118	.019	.001	.000
	7	1.000	1.000	.999	.991	.943	.806	.562	.276	.073	.004	.000
	8	1.000	1.000	1.000	.998	.985	.927	.775	.507	.205	.026	.002
	9	1.000	1.000	1.000	1.000	.997	.981	.917	.747	.442	.111	.020
	10	1.000	1.000	1.000	1.000	1.000	.997	.980	.915	.725	.341	.118
	11	1.000	1.000	1.000	1.000	1.000	1.000	.998	.986	.931	.718	.460
	12	1.000	1.000	1.000	1.000	1.000	1.000	1.000	1.000	1.000	1.000	1.000
$n=13$	0	.513	.254	.055	.010	.001	.000	.000	.000	.000	.000	.000
	1	.865	.621	.234	.064	.013	.002	.000	.000	.000	.000	.000
	2	.975	.866	.502	.202	.058	.011	.001	.000	.000	.000	.000
	3	.997	.966	.747	.421	.169	.046	.008	.001	.000	.000	.000
	4	1.000	.994	.901	.654	.353	.133	.032	.004	.000	.000	.000
	5	1.000	.999	.970	.835	.574	.291	.098	.018	.001	.000	.000
	6	1.000	1.000	.993	.938	.771	.500	.229	.062	.007	.000	.000
	7	1.000	1.000	.999	.982	.902	.709	.426	.165	.030	.001	.000
	8	1.000	1.000	1.000	.996	.968	.867	.647	.346	.099	.006	.000
	9	1.000	1.000	1.000	.999	.992	.954	.831	.579	.253	.034	.003
	10	1.000	1.000	1.000	1.000	.999	.989	.942	.798	.498	.134	.025
	11	1.000	1.000	1.000	1.000	1.000	.998	.987	.936	.766	.379	.135
	12	1.000	1.000	1.000	1.000	1.000	1.000	.999	.990	.945	.746	.487
	13	1.000	1.000	1.000	1.000	1.000	1.000	1.000	1.000	1.000	1.000	1.000
$n=14$	0	.488	.229	.044	.007	.001	.000	.000	.000	.000	.000	.000
	1	.847	.585	.198	.047	.008	.001	.000	.000	.000	.000	.000
	2	.970	.842	.448	.161	.040	.006	.001	.000	.000	.000	.000

〈표 1 계속〉

						p						
		.05	.10	.20	.30	.40	.50	.60	.70	.80	.90	.95
	c											
	3	.996	.956	.698	.355	.124	.029	.004	.000	.000	.000	.000
	4	1.000	.991	.870	.584	.279	.090	.018	.002	.000	.000	.000
	5	1.000	.999	.956	.781	.486	.212	.058	.008	.000	.000	.000
	6	1.000	1.000	.988	.907	.692	.395	.150	.031	.002	.000	.000
	7	1.000	1.000	.998	.969	.850	.605	.308	.093	.012	.000	.000
	8	1.000	1.000	1.000	.992	.942	.788	.514	.219	.044	.001	.000
	9	1.000	1.000	1.000	.998	.982	.910	.721	.416	.130	.009	.000
	10	1.000	1.000	1.000	1.000	.996	.971	.876	.645	.302	.044	.004
	11	1.000	1.000	1.000	1.000	.999	.994	.960	.839	.552	.158	.030
	12	1.000	1.000	1.000	1.000	1.000	.999	.992	.953	.802	.415	.153
	13	1.000	1.000	1.000	1.000	1.000	1.000	.999	.993	.956	.771	.512
	14	1.000	1.000	1.000	1.000	1.000	1.000	1.000	1.000	1.000	1.000	1.000
$n=15$	0	.463	.206	.035	.005	.000	.000	.000	.000	.000	.000	.000
	1	.829	.549	.167	.035	.005	.000	.000	.000	.000	.000	.000
	2	.964	.816	.398	.127	.027	.004	.000	.000	.000	.000	.000
	3	.995	.944	.648	.297	.091	.018	.002	.000	.000	.000	.000
	4	.999	.987	.836	.515	.217	.059	.009	.001	.000	.000	.000
	5	1.000	.998	.939	.722	.403	.151	.034	.004	.000	.900	.000
	6	1.000	.1000	.982	.869	.610	.304	.095	.015	.001	.000	.000
	7	1.000	1.000	.996	.950	.787	.500	.213	.050	.004	.000	.000
	8	1.000	1.000	.999	.985	.905	.696	.390	.131	.018	.000	.000
	9	1.000	1.000	1.000	.996	.966	.849	.597	.278	.016	.002	.000
	10	1.000	1.000	1.000	.999	.991	.941	.783	.485	.164	.013	.001
	11	1.000	1.000	1.000	1.000	.998	.982	.909	.703	.352	.056	.005
	12	1.000	1.000	1.000	1.000	1.000	.996	.973	.873	.602	.184	.036
	13	1.000	1.000	1.000	1.000	1.000	1.000	.995	.965	.833	.451	.171
	14	1.000	1.000	1.000	1.000	1.000	1.000	1.000	.995	.965	.794	.537
	15	1.000	1.000	1.000	1.000	1.000	1.000	1.000	1.000	1.000	1.000	1.000
$n=16$	0	.440	.185	.028	.003	.000	.000	.000	.000	.000	.000	.000
	1	.811	.515	.141	.026	.003	.000	.000	.000	.000	.000	.000
	2	.957	.789	.352	.099	.018	.002	.000	.000	.000	.000	.000
	3	.993	.932	.598	.246	.065	.011	.001	.000	.000	.000	.000
	4	.999	.983	.798	.450	.167	.038	.005	.000	.000	.000	.000
	5	1.000	.997	.918	.660	.329	.105	.019	.002	.00	.000	.000
	6	1.000	.999	.973	.825	.527	.227	.058	.007	.000	.000	.000
	7	1.000	1.000	.993	.926	.716	.402	.142	.026	.001	.60	.000
	8	1.000	1.000	.999	.974	.858	.598	.284	.074	.007	.000	.000
	9	1.000	1.000	1.000	.993	.942	.773	.473	.175	.027	.001	.000
	10	1.000	1.000	1.000	.998	.981	.895	.671	.340	.082	.003	.000

〈표 1 계속〉

		p										
		.05	.10	.20	.30	.40	.50	.60	.70	.80	.90	.95
	c											
	11	1.000	1.000	1.000	1.000	.995	.962	.833	.550	.202	.017	.001
	12	1.000	1.000	1.000	1.000	.999	.989	.935	.754	.402	.068	.007
	13	1.000	1.000	1.000	1.000	1.000	.998	.982	.901	.648	.211	.043
	14	1.000	1.000	1.000	1.000	1.000	1.000	.997	.974	.859	.485	.189
	15	1.000	1.000	1.000	1.000	1.000	1.000	1.000	.997	.972	.815	.560
	16	1.000	1.000	1.000	1.000	1.000	1.000	1.000	1.000	1.000	1.000	1.000
$n=17$	0	.418	.167	.023	.002	.000	.000	.000	.000	.000	.000	.000
	1	.792	.482	.118	.019	.002	.000	.000	.000	.000	.000	.000
	2	.950	.762	.310	.077	.012	.001	.000	.000	.000	.000	.000
	3	.991	.917	.549	.202	.046	.006	.000	.000	.000	.000	.000
	4	.999	.978	.758	.389	.126	.025	.003	.000	.000	.000	.000
	5	1.000	.995	.894	.597	.264	.072	.011	.001	.000	.000	.000
	6	1.000	.999	.962	.775	.448	.166	.035	.003	.000	.000	.000
	7	1.000	1.000	.989	.895	.641	.315	.092	.013	.000	.000	.000
	8	1.000	1.000	.997	.960	.801	.500	.199	.040	.003	.000	.000
	9	1.000	1.000	1.000	.987	.908	.685	.359	.105	.011	.000	.000
	10	1.000	1.000	1.000	.997	.965	.834	.552	.225	.038	.001	.000
	11	1.000	1.000	1.000	.999	.989	.928	.736	.403	.106	.005	.000
	12	1.000	1.000	1.000	1.000	.997	.975	.874	.611	.242	.022	.001
	13	1.000	1.000	1.000	1.000	1.000	.994	.954	.798	.451	.083	.009
	14	1.000	1.000	1.000	1.000	1.000	.999	.988	.923	.690	.238	.050
	15	1.000	1.000	1.000	1.000	1.000	1.000	.998	.981	.882	.518	.208
	16	1.000	1.000	1.000	1.000	1.000	1.000	1.000	.998	.977	.833	.582
	17	1.000	1.000	1.000	1.000	1.000	1.000	1.000	1.000	1.000	1.000	1.000
$n=18$	0	.397	.150	.018	.002	.000	.000	.000	.000	.000	.000	.000
	1	.774	.450	.099	.014	.001	.000	.000	.000	.000	.000	.000
	2	.942	.734	.271	.060	.008	.001	.000	.000	.000	.000	.000
	3	.989	.902	.501	.165	.033	.004	.000	.000	.000	.000	.000
	4	.998	.972	.716	.333	.094	.015	.001	.000	.000	.000	.000
	5	1.000	.994	.867	.534	.209	.048	.006	.000	.000	.000	.000
	6	1.000	.999	.949	.722	.374	.119	.020	.001	.000	.000	.000
	7	1.000	1.000	.984	.859	.563	.240	.058	.006	.000	.000	.000
	8	1.000	1.000	.996	.940	.737	.407	.135	.021	.001	.000	.000
	9	1.000	1.000	.999	.979	.865	.593	.263	.060	.004	.000	.000
	10	1.000	1.000	1.000	.994	.942	.760	.437	.141	.016	.000	.000
	11	1.000	1.000	1.000	.999	.980	.881	.626	.278	.051	.001	.000
	12	1.000	1.000	1.000	1.000	.994	.952	.791	.466	.133	.006	.000
	13	1.000	1.000	1.000	1.000	.999	.985	.906	.667	.284	.028	.002
	14	1.000	1.000	1.000	1.000	1.000	.996	.967	.835	.499	.098	.011

〈표 1 계속〉

		p										
		.05	.10	.20	.30	.40	.50	.60	.70	.80	.90	.95
	c											
	15	1.000	1.000	1.000	1.000	1.000	.999	.992	.940	.729	.266	.058
	16	1.000	1.000	1.000	1.000	1.000	1.000	.999	.986	.901	.550	.226
	17	1.000	1.000	1.000	1.000	1.000	1.000	1.000	.998	.982	.850	.603
	18	1.000	1.000	1.000	1.000	1.000	1.000	1.000	1.000	1.000	1.000	1.000
$n=19$	0	.377	.135	.014	.001	.000	.000	.000	.000	.000	.000	.000
	1	.755	.420	.083	.010	.001	.000	.000	.000	.000	.000	.000
	2	.933	.705	.237	.046	.005	.000	.000	.000	.000	.000	.000
	3	.987	.885	.455	.133	.023	.002	.000	.000	.000	.000	.000
	4	.998	.965	.673	.282	.070	.010	.001	.000	.000	.000	.000
	5	1.000	.991	.837	.474	.163	.032	.003	.000	.000	.000	.000
	6	1.000	.998	.932	.666	.308	.084	.012	.001	.000	.000	.000
	7	1.000	1.000	.977	.818	.488	.180	.035	.003	.000	.000	.000
	8	1.000	1.000	.993	.916	.667	.324	.088	.011	.000	.000	.000
	9	1.000	1.000	.998	.967	.814	.500	.186	.033	.002	.000	.000
	10	1.000	1.000	1.000	.989	.912	.676	.333	.084	.007	.000	.000
	11	1.000	1.000	1.000	.997	.965	.820	.512	.182	.023	.000	.000
	12	1.000	1.000	1.000	.999	.988	.916	.692	.334	.068	.002	.000
	13	1.000	1.000	1.000	1.000	.997	.968	.837	.526	.163	.009	.000
	14	1.000	1.000	1.000	1.000	.999	.990	.930	.718	.327	.035	.002
	15	1.000	1.000	1.000	1.000	1.000	.998	.977	.867	.545	.115	.013
	16	1.000	1.000	1.000	1.000	1.000	1.000	.995	.954	.763	.295	.067
	17	1.000	1.000	1.000	1.000	1.000	1.000	.999	.990	.917	.580	.245
	18	1.000	1.000	1.000	1.000	1.000	1.000	1.000	.999	.986	.865	.623
	19	1.000	1.000	1.000	1.000	1.000	1.000	1.000	1.000	1.000	1.000	1.000
$n=20$	0	.358	.122	.012	.001	.000	.000	.000	.000	.000	.000	.000
	1	.736	.392	.069	.008	.001	.000	.000	.000	.000	.000	.000
	2	.925	.677	.206	.035	.004	.000	.000	.000	.000	.000	.000
	3	.984	.867	.411	.107	.016	.001	.000	.000	.000	.000	.000
	4	.997	.957	.630	.238	.051	.006	.000	.000	.000	.000	.000
	5	1.000	.989	.804	.416	.126	.021	.002	.000	.000	.000	.000
	6	1.000	.998	.913	.608	.250	.058	.006	.000	.000	.000	.000
	7	1.000	1.000	.968	.772	.416	.132	.021	.001	.000	.000	.000
	8	1.000	1.000	.990	.887	.596	.252	.057	.005	.000	.000	.000
	9	1.000	1.000	.997	.952	.755	.412	.128	.017	.001	.000	.000
	10	1.000	1.000	.999	.983	.872	.588	.245	.048	.003	.000	.000
	11	1.000	1.000	1.000	.995	.943	.748	.404	.113	.010	.000	.000
	12	1.000	1.000	1.000	.999	.979	.868	.584	.228	.032	.000	.000
	13	1.000	1.000	1.000	1.000	.994	.942	.750	.392	.087	.002	.000
	14	1.000	1.000	1.000	1.000	.998	.979	.874	.584	.196	.011	.000

〈표 1 계속〉

		p										
		.05	.10	.20	.30	.40	.50	.60	.70	.80	.90	.95
	c											
	15	1.000	1.000	1.000	1.000	1.000	.994	.949	.762	.370	.043	.003
	16	1.000	1.000	1.000	1.000	1.000	.999	.984	.893	.589	.133	.016
	17	1.000	1.000	1.000	1.000	1.000	1.000	.996	.965	.794	.323	.075
	18	1.000	1.000	1.000	1.000	1.000	1.000	.999	.992	.931	.608	.264
	19	1.000	1.000	1.000	1.000	1.000	1.000	1.000	.999	.988	.878	.642
	20	1.000	1.000	1.000	1.000	1.000	1.000	1.000	1.000	1.000	1.000	1.000
$n=25$	0	.277	.072	.004	.000	.000	.000	.000	.000	.000	.000	.000
	1	.642	.271	.027	.002	.000	.000	.000	.000	.000	.000	.000
	2	.873	.537	.098	.009	.000	.000	.000	.000	.000	.000	.000
	3	.966	.764	.234	.033	.002	.000	.000	.000	.000	.000	.000
	4	.993	.902	.421	.090	.009	.000	.000	.000	.000	.000	.000
	5	.999	.967	.617	.193	.029	.002	.000	.000	.000	.000	.000
	6	1.000	.991	.780	.341	.074	.007	.000	.000	.000	.000	.000
	7	1.000	.998	.891	.512	.154	.022	.001	.000	.000	.000	.000
	8	1.000	1.000	.953	.677	.274	.054	.004	.000	.000	.000	.000
	9	1.000	1.000	.983	.811	.425	.115	.013	.000	.000	.000	.000
	10	1.000	1.000	.994	.902	.586	.212	.034	.002	.000	.000	.000
	11	1.000	1.000	.998	.956	.732	.345	.078	.006	.000	.000	.000
	12	1.000	1.000	1.000	.983	.846	.500	.154	.017	.000	.000	.000
	13	1.000	1.000	1.000	.994	.922	.655	.268	.044	.002	.000	.000
	14	1.000	1.000	1.000	.998	.966	.788	.414	.098	.006	.000	.000
	15	1.000	1.000	1.000	1.000	.987	.885	.575	.189	.017	.000	.000
	16	1.000	1.000	1.000	1.000	.996	.946	.726	.323	.047	.000	.000
	17	1.000	1.000	1.000	1.000	.999	.978	.846	.488	.109	.002	.000
	18	1.000	1.000	1.000	1.000	1.000	.993	.926	.659	.220	.009	.000
	19	1.000	1.000	1.000	1.000	1.000	.998	.971	.807	.383	.033	.001
	20	1.000	1.000	1.000	1.000	1.000	1.00	.991	.910	.579	.098	.007
	21	1.000	1.000	1.000	1.000	1.000	1.000	.998	.967	.766	.236	.034
	22	1.000	1.000	1.000	1.000	1.000	1.000	1.000	.991	.902	.463	.127
	23	1.000	1.000	1.000	1.000	1.000	1.000	1.000	.998	.973	.729	.358
	24	1.000	1.000	1.000	1.000	1.000	1.000	1.000	1.000	.996	.928	.723
	25	1.000	1.000	1.000	1.000	1.000	1.000	1.000	1.000	1.000	1.000	1.000

표 2. 누적 poisson분포표

$$P(X \leqq c) = \sum_{x=0}^{c} \frac{e^{-x} m^2}{x\,!}$$

c	m .10	.20	.30	.40	.50	.60	.70	.80	.90	.100
0	.905	.819	.741	.670	.607	.549	.497	.449	.407	.368
1	.995	.982	.963	.938	.910	.878	.844	.809	.772	.736
2	1.000	.999	.996	.992	.986	.977	.966	.953	.937	.920
3	1.000	1.000	1.000	.999	.998	.997	.994	.991	.987	.981
4	1.000	1.000	1.000	1.000	1.000	1.000	.999	.999	.998	.996
5	1.000	1.000	1.000	1.000	1.000	1.000	1.000	1.000	1.000	.999
6	1.000	1.000	1.000	1.000	1.000	1.000	1.000	1.000	1.000	1.000
7	1.000	1.000	1.000	1.000	1.000	1.000	1.000	1.000	1.000	1.000

c	m 1.10	1.20	1.30	1.40	1.50	1.60	1.70	1.80	1.90	2.00
0	.333	.301	.273	.247	.223	.202	.183	.165	.150	.135
1	.699	.663	.627	.592	.558	.525	.493	.463	.434	.406
2	.900	.879	.857	.833	.809	.783	.757	.731	.704	.677
3	.974	.966	.957	.946	.934	.921	.907	.891	.875	.857
4	.995	.992	.989	.986	.981	.976	.970	.964	.954	[illegible]
5	.999	.998	.998	.997	.996	.994	.992	.990	.987	.983
6	1.000	1.000	1.000	.999	.999	.999	.998	.997	.997	.995
7	1.000	1.000	1.000	1.000	1.000	1.000	1.000	.999	.999	.999
8	1.000	1.000	1.000	1.000	1.000	1.000	1.000	1.000	1.000	1.000
9	1.000	1.000	1.000	1.000	1.000	1.000	1.000	1.000	1.000	1.000

c	m 2.10	2.20	2.30	2.40	2.50	2.60	2.70	2.80	2.90	3.00
0	.122	.111	.100	.091	.082	.074	.067	.061	.055	.050
1	.380	.355	.331	.308	.287	.267	.249	.231	.215	.199
2	.650	.623	.596	.570	.544	.518	.494	.469	.446	.423
3	.839	.819	.799	.779	.758	.736	.714	.692	.670	.647
4	.938	.928	.916	.904	.891	.877	.863	.848	.832	.815
5	.980	.975	.970	.964	.958	.951	.943	.935	.926	.916
6	.994	.993	.991	.988	.986	.983	.979	.976	.971	.966
7	.999	.998	.997	.997	.996	.995	.993	.992	.990	.988
8	1.000	1.000	.999	.999	.999	.999	.998	.998	.997	.996
9	1.000	1.000	1.000	1.000	1.000	1.000	.999	.999	.999	.999
10	1.000	1.000	1.000	1.000	1.000	1.000	1.000	1.000	1.000	1.000
11	1.000	1.000	1.000	1.000	1.000	1.000	1.000	1.000	1.000	1.000
12	1.000	1.000	1.000	1.000	1.000	1.000	1.000	1.000	1.000	1.000

〈표 2 계속〉

c	m 3.10	3.20	3.30	3.40	3.50	3.60	3.70	3.80	3.90	4.00
0	.045	.041	.037	.033	.030	.027	.025	.022	.020	.018
1	.185	.171	.159	.147	.136	.126	.116	.107	.099	.092
2	.401	.380	.359	.340	.321	.303	.285	.269	.253	.238
3	.625	.603	.580	.558	.537	.515	.494	.473	.453	.433
4	.798	.781	.763	.744	.725	.706	.687	.668	.648	.629
5	.906	.895	.883	.871	.858	.844	.830	.816	.801	.785
6	.961	.955	.949	.942	.935	.927	.918	.909	.899	.889
7	.986	.983	.980	.977	.973	.969	.965	.960	.955	.949
8	.995	.994	.993	.992	.990	.988	.986	.984	.981	.979
9	.999	.998	.998	.997	.997	.996	.995	.994	.993	.992
10	1.000	1.000	.999	.999	.999	.999	.998	.998	.998	.997
11	1.000	1.000	1.000	1.000	1.000	1.000	1.000	.999	.999	.999
12	1.000	1.000	1.000	1.000	1.000	1.000	1.000	1.000	1.000	1.000
13	1.000	1.000	1.000	1.000	1.000	1.000	1.000	1.000	1.000	1.000
14	1.000	1.000	1.000	1.000	1.000	1.000	1.000	1.000	1.000	1.000

c	m 4.50	5.00	5.50	6.00	6.50	7.00	7.50	8.00	8.50	9.00
0	.011	.007	.004	.002	.002	.001	.001	.000	.000	.000
1	.061	.040	.027	.017	.011	.007	.005	.003	.002	.001
2	.174	.125	.088	.062	.043	.030	.020	.014	.009	.006
3	.342	.265	.202	.151	.112	.082	.059	.042	.030	.021
4	.532	.440	.358	.285	.224	.173	.132	.100	.074	.055
5	.703	.616	.529	.446	.369	.301	.241	.191	.150	.116
6	.831	.762	.686	.606	.527	.450	.378	.313	.256	.207
7	.913	.867	.809	.744	.673	.599	.525	.453	.386	.324
8	.960	.932	.894	.847	.792	.729	.662	.593	.523	.456
9	.983	.968	.946	.916	.877	.830	.776	.717	.653	.587
10	.993	.986	.975	.957	.933	.901	.862	.816	.763	.706
11	.998	.995	.989	.980	.966	.947	.921	.888	.849	.803
12	.999	.998	.996	.991	.984	.973	.957	.936	.909	.876
13	1.000	.999	.998	.996	.993	.987	.978	.966	.949	.926
14	1.000	1.000	.999	.999	.997	.994	.990	.983	.973	.959
15	1.000	1.000	1.000	.999	.999	.998	.995	.992	.986	.978
16	1.000	1.000	1.000	1.000	1.000	.999	.998	.996	.993	.989
17	1.000	1.000	1.000	1.000	1.000	1.000	.999	.998	.997	.995
18	1.000	1.000	1.000	1.000	1.000	1.000	1.000	.999	.999	.998
19	1.000	1.000	1.000	1.000	1.000	1.000	1.000	1.000	.999	.999
20	1.000	1.000	1.000	1.000	1.000	1.000	1.000	1.000	1.000	1.000
21	1.000	1.000	1.000	1.000	1.000	1.000	1.000	1.000	1.000	1.000
22	1.000	1.000	1.000	1.000	1.000	1.000	1.000	1.000	1.000	1.000

표 3. 표준정규분포표

$$P\{Z \leq z\} = \int_{-\infty}^{z} \frac{1}{\sqrt{2\pi}} e^{-\frac{t^2}{2}} dt$$

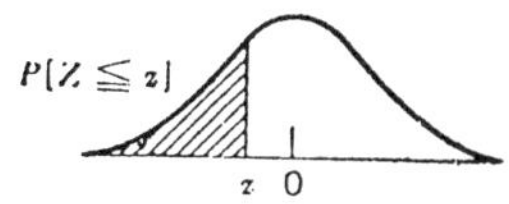

z	.00	.01	.02	.03	.04	.05	.06	.07	.08	.09
.0	.5000	.5040	.5080	.5120	.5160	.5199	.5239	.5279	.5319	.5359
.1	.5398	.5438	.5478	.5517	.5557	.5596	.5636	.5675	.5714	.5753
.2	.5793	.5832	.5871	.5910	.5948	.5987	.6026	.6064	.6103	.6141
.3	.6179	.6217	.6255	.6293	.6331	.6368	.6406	.6443	.6480	.6517
.4	.6554	.6591	.6628	.6664	.6700	.6736	.6772	.6808	.6844	.6879
.5	.6915	.6950	.6985	.7019	.7054	.7088	.7123	.7157	.7190	.7224
.6	.7257	.7291	.7324	.7357	.7389	.7422	.7454	.7486	.7517	.7549
.7	.7580	.7611	.7642	.7673	.7703	.7734	.7764	.7794	.7823	.7852
.8	.7881	.7910	.7939	.7967	.7995	.8023	.8051	.8078	.8106	.8133
.9	.8159	.8186	.8212	.8238	.8264	.8289	.8315	.8340	.8365	.8389
1.0	.8413	.8438	.8461	.8485	.8508	.8531	.8554	.8577	.8599	.8621
1.1	.8643	.8665	.8686	.8708	.8729	.8749	.8770	.8790	.8810	.8830
1.2	.8849	.8869	.8888	.8907	.8925	.8944	.8962	.8980	.8997	.9015
1.3	.9032	.9049	.9066	.9082	.9099	.9115	.9131	.9147	.9162	.9177
1.4	.9192	.9207	.9222	.9236	.9251	.9265	.9279	.9292	.9306	.9319
1.5	.9332	.9345	.9357	.9370	.9382	.9394	.9406	.9418	.9429	.9441
1.6	.9452	.9463	.9474	.9484	.9495	.9505	.9515	.9525	.9535	.9545
1.7	.9554	.9564	.9573	.9582	.9591	.9599	.9608	.9616	.9625	.9633
1.8	.9641	.9649	.9656	.9664	.9671	.9678	.9686	.9693	.9699	.9706
1.9	.9713	.9719	.9726	.9732	.9738	.9744	.9750	.9756	.9761	.9767
2.0	.9772	.9778	.9783	.9788	.9793	.9798	.9803	.9808	.9812	.9817
2.1	.9821	.9826	.9830	.9834	.9838	.9842	.9846	.9850	.9854	.9857
2.2	.9861	.9864	.9868	.9871	.9875	.9878	.9881	.9884	.9887	.9890
2.3	.9893	.9896	.9898	.9901	.9904	.9906	.9909	.9911	.9913	.9916
2.4	.9918	.9920	.9922	.9925	.9927	.9929	.9931	.9932	.9934	.9936
2.5	.9938	.9940	.9941	.9943	.9945	.9946	.9948	.9949	.9951	.9952
2.6	.9953	.9955	.9956	.9957	.9959	.9960	.9961	.9962	.9963	.9964
2.7	.9965	.9966	.9967	.9968	.9969	.9970	.9971	.9972	.9973	.9974
2.8	.9974	.9975	.9976	.9977	.9977	.9978	.9979	.9979	.9980	.9981
2.9	.9981	.9982	.9982	.9983	.9984	.9984	.9985	.9985	.9986	.9986
3.0	.9987	.9987	.9987	.9988	.9988	.9989	.9989	.9989	.9990	.9990
3.1	.9990	.9991	.9991	.9991	.9992	.9992	.9992	.9992	.9993	.9993
3.2	.9993	.9993	.9994	.9994	.9994	.9994	.9994	.9995	.9995	.9995
3.3	.9995	.9995	.9995	.9996	.9996	.9996	.9996	.9996	.9996	.9997
3.4	.9997	.9997	.9997	.9997	.9997	.9997	.9997	.9997	.9997	.9998
3.5	.9998	.9998	.9998	.9998	.9998	.9998	.9998	.9998	.9998	.9998

표 4. t-분포표

$$P(t \geq t_\alpha)=\alpha$$

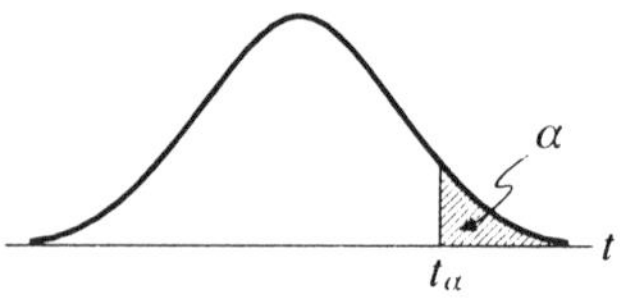

자유도 \ α	.100	.050	.025	.010	.005
1	3.078	6.314	12.706	31.821	63.657
2	1.886	2.920	4.303	6.965	9.925
3	1.638	2.353	3.182	4.541	5.841
4	1.533	2.132	2.776	3.747	4.604
5	1.476	2.015	2.571	3.365	4.032
6	1.440	1.943	2.447	3.143	3.707
7	1.415	1.895	2.365	2.998	3.499
8	1.397	1.860	2.306	2.896	3.355
9	1.383	1.833	2.262	2.821	3.250
10	1.372	1.812	2.228	2.764	3.169
11	1.363	1.796	2.201	2.718	3.106
12	1.356	1.782	2.179	2.681	3.055
13	1.350	1.771	2.160	2.650	3.012
14	1.345	1.761	2.145	2.624	2.977
15	1.341	1.753	2.131	2.602	2.947
16	1.337	1.746	2.120	2.583	2.921
17	1.333	1.740	2.110	2.567	2.898
18	1.330	1.734	2.101	2.552	2.878
19	1.328	1.729	2.093	2.539	2.861
20	1.325	1.725	2.086	2.528	2.845
21	1.323	1.721	2.080	2.518	2.831
22	1.321	1.717	2.074	2.508	2.819
23	1.319	1.714	2.069	2.500	2.807
24	1.318	1.711	2.064	2.492	2.797
25	1.316	1.708	2.060	2.485	2.787
26	1.315	1.706	2.056	2.479	2.779
27	1.314	1.703	2.052	2.473	2.771
28	1.313	1.701	2.048	2.467	2.763
29	1.311	1.699	2.045	2.462	2.756
inf.	1.282	1.645	1.960	2.326	2.576

표 5. χ^2-분포표

$$P(X \geq \chi^2_\alpha) = \alpha$$

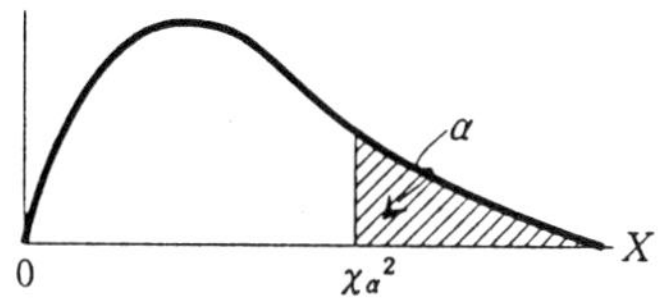

자유도 \ α	.995	.990	.975	.950	.900
1	0.0000393	0.0001571	0.0009821	0.0039321	0.0157908
2	0.0100251	0.0201007	0.0506356	0.102587	0.210720
3	0.0717212	0.114832	0.215795	0.351846	0.584375
4	0.206990	0.297110	0.484419	0.710721	1.063623
5	0.411740	0.554300	0.831211	1.145476	1.61031
6	0.675727	0.872085	1.237347	1.63539	2.20413
7	0.989265	1.239043	1.68987	2.16735	2.83311
8	1.344419	1.646482	2.17973	2.73264	3.48954
9	1.734926	2.087912	2.70039	3.32511	4.16816
10	2.15585	2.55821	3.24697	3.94030	4.86518
11	2.60321	3.05347	3.81575	4.57481	5.57779
12	3.07382	3.57056	4.40379	5.22603	6.30380
13	3.56503	4.10691	5.00874	5.89186	7.04150
14	4.07468	4.66043	5.62872	6.57063	7.78953
15	4.60094	5.22935	6.26214	7.26094	8.54675
16	5.14224	5.81221	6.90766	7.96164	9.31223
17	5.69724	6.40776	7.56418	8.67176	10.0852
18	6.26481	7.01491	8.23075	9.39046	10.8649
19	6.84398	7.63273	8.90655	10.1170	11.6509
20	7.43386	8.26040	9.59083	10.8508	12.4426
21	8.03366	8.89720	10.28293	11.5913	13.2396
22	8.64272	9.54249	10.9823	12.3380	14.0415
23	9.26042	10.19567	11.6885	13.0905	14.8479
24	9.88623	10.8564	12.4011	13.8484	15.6587
25	10.5197	11.5240	13.1197	14.6114	16.4734
26	11.1603	12.1981	13.8439	15.3791	17.2919
27	11.8076	12.8786	14.5733	16.1513	18.1139
28	12.4613	13.5648	15.3079	16.9279	18.9392
29	13.1211	14.2565	16.0471	17.7083	19.7677
30	13.7867	14.9535	16.7908	18.4926	20.5992
40	20.7065	22.1643	24.4331	26.5093	29.0505
50	27.9907	29.7067	32.3574	34.7642	37.6886
60	35.5346	37.4848	40.4817	43.1879	46.4589
70	43.2752	45.4418	48.7576	51.7393	55.3290
80	51.1720	53.5400	57.1532	60.3915	64.2278
90	59.1963	61.7541	65.6466	69.1260	73.2912
100	67.3276	70.0648	74.2219	77.9295	82.3581

자유도 \ α	.100	.050	.025	.010	.005
1	2.70554	3.84146	5.02389	6.63490	7.87944
2	4.60517	5.99147	7.37776	9.21034	10.5966
3	6.25139	7.81473	9.34840	11.3449	12.8381
4	7.77944	9.48773	11.1433	13.2767	14.8602
5	9.23635	11.0705	12.8325	15.0863	16.7496
6	10.6446	12.5916	14.4494	16.8119	18.5476
7	12.0170	14.0671	16.0128	18.4753	20.2777
8	13.3616	15.5073	17.5346	20.0902	21.9550
9	14.6837	16.9190	19.0228	21.6660	23.5893
10	15.9871	18.3070	20.4831	23.2093	25.1882
11	17.2750	19.6751	21.9200	24.7250	26.7569
12	18.5494	21.0261	23.3367	26.2170	28.2995
13	19.8119	22.3621	24.7356	27.6883	29.8194
14	21.0642	23.6848	26.1190	29.1413	31.3193
15	22.3072	24.9958	27.4884	30.5779	32.8013
16	23.5418	26.2962	28.8454	31.9999	34.2672
17	24.7690	27.5871	30.1910	33.4087	35.7185
18	25.9894	28.8693	31.5264	34.8053	37.1564
19	27.2036	30.1435	32.8523	36.1908	38.5822
20	28.4120	31.4104	34.1696	37.5662	39.9968
21	29.6151	32.6705	35.4789	38.9321	41.4010
22	30.9133	33.9244	36.7807	40.2894	42.7956
23	32.0069	35.1725	38.0757	41.2894	44.1813
24	33.1963	36.4151	39.3641	42.9798	45.5585
25	34.3816	37.6525	40.6465	44.3141	46.9278
26	35.5631	38.8852	41.9232	45.6417	48.2898
27	36.7412	40.1133	43.1944	46.9630	49.6449
28	37.9159	41.3372	44.4607	48.2782	50.9933
29	39.0875	42.5569	45.7222	49.5879	52.3356
30	40.2560	43.7729	46.9792	50.8922	53.6720
40	51.8050	55.7585	59.3417	63.6907	66.7659
50	63.1671	67.5048	71.4202	76.1539	79.4900
60	74.3970	79.0819	83.2976	88.3794	91.9517
70	85.5271	90.5312	95.0231	100.425	104.215
80	96.5782	101.879	106.629	112.329	116.321
90	107.565	113.145	118.136	124.116	128.299
100	118.498	124.342	129.561	135.807	140.169

표 6. F - 분포표

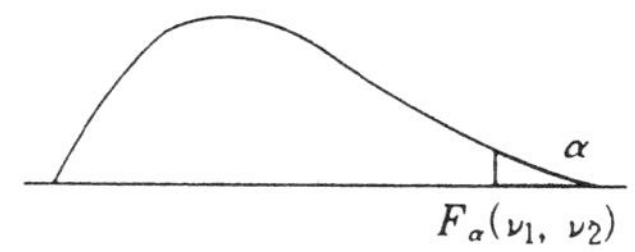

$\alpha = 0.10$

ν_2 \ ν_1	1	2	3	4	5	6	7	8	9	10	12	15	20	24	30	40	60	120	∞
1	39.86	49.50	53.59	55.83	57.24	58.20	58.91	59.44	59.86	60.19	60.71	61.22	61.74	62.00	62.26	62.53	62.79	63.06	63.33
2	8.53	9.00	9.16	9.24	9.29	9.33	9.35	9.37	9.38	9.39	9.41	9.42	9.44	9.45	9.46	9.47	9.47	9.48	9.49
3	5.54	5.46	5.39	5.34	5.31	5.28	5.27	5.25	5.24	5.23	5.22	5.20	5.18	5.18	5.17	5.16	5.15	5.14	5.13
4	4.54	4.32	4.19	4.11	4.05	4.01	3.98	3.95	3.94	3.92	3.90	3.87	3.84	3.83	3.82	3.80	3.79	3.78	3.76
5	4.06	3.78	3.62	3.52	3.45	3.40	3.37	3.34	3.32	3.30	3.27	3.24	3.21	3.19	3.17	3.16	3.14	3.12	3.10
6	3.78	3.46	3.29	3.18	3.11	3.05	3.01	2.98	2.96	2.94	2.90	2.87	2.84	2.82	2.80	2.78	2.76	2.74	2.72
7	3.59	3.26	3.07	2.96	2.88	2.83	2.78	2.75	2.72	2.70	2.67	2.63	2.59	2.58	2.56	2.54	2.51	2.49	2.47
8	3.46	3.11	2.92	2.81	2.73	2.67	2.62	2.59	2.56	2.54	2.50	2.46	2.42	2.40	2.38	2.36	2.34	2.32	2.29
9	3.36	3.01	2.81	2.69	2.61	2.55	2.51	2.47	2.44	2.42	2.38	2.34	2.30	2.28	2.25	2.23	2.21	2.18	2.16
10	3.29	2.92	2.73	2.61	2.52	2.46	2.41	2.38	2.35	2.32	2.28	2.24	2.20	2.18	2.16	2.13	2.11	2.08	2.06
11	3.23	2.86	2.66	2.54	2.45	2.39	2.34	2.30	2.27	2.25	2.21	2.17	2.12	2.10	2.08	2.05	2.03	2.00	1.97
12	3.18	2.81	2.61	2.48	2.39	2.33	2.28	2.24	2.21	2.19	2.15	2.10	2.06	2.04	2.01	1.99	1.96	1.93	1.90
13	3.14	2.76	2.56	2.43	2.35	2.28	2.23	2.20	2.16	2.14	2.10	2.05	2.01	1.98	1.96	1.93	1.90	1.88	1.85
14	3.10	2.73	2.52	2.39	2.31	2.24	2.19	2.15	2.12	2.10	2.05	2.01	1.96	1.94	1.91	1.89	1.86	1.83	1.80
15	3.07	2.70	2.49	2.36	2.27	2.21	2.16	2.12	2.09	2.06	2.02	1.97	1.92	1.90	1.87	1.85	1.82	1.79	1.76
16	3.05	2.67	2.46	2.33	2.24	2.18	2.13	2.09	2.06	2.03	1.99	1.94	1.89	1.87	1.84	1.81	1.78	1.75	1.72
17	3.03	2.64	2.44	2.31	2.22	2.15	2.10	2.06	2.03	2.00	1.96	1.91	1.86	1.84	1.81	1.78	1.75	1.72	1.69
18	3.01	2.62	2.42	2.29	2.20	2.13	2.08	2.04	2.00	1.98	1.93	1.89	1.84	1.81	1.78	1.75	1.72	1.69	1.66
19	2.99	2.61	2.40	2.27	2.18	2.11	2.06	2.02	1.98	1.96	1.91	1.86	1.81	1.79	1.76	1.73	1.70	1.67	1.63
20	2.97	2.59	2.38	2.25	2.16	2.09	2.04	2.00	1.96	1.94	1.89	1.84	1.79	1.77	1.74	1.71	1.68	1.64	1.61
21	2.96	2.57	2.36	2.23	2.14	2.08	2.02	1.98	1.95	1.92	1.87	1.83	1.78	1.75	1.72	1.69	1.66	1.62	1.59
22	2.95	2.56	2.35	2.22	2.13	2.06	2.01	1.97	1.93	1.90	1.86	1.81	1.76	1.73	1.70	1.67	1.64	1.60	1.57
23	2.94	2.55	2.34	2.21	2.11	2.05	1.99	1.95	1.92	1.89	1.84	1.80	1.74	1.72	1.69	1.66	1.62	1.59	1.55
24	2.93	2.54	2.33	2.19	2.10	2.04	1.98	1.94	1.91	1.88	1.83	1.78	1.73	1.70	1.67	1.64	1.61	1.57	1.53
25	2.92	2.53	2.32	2.18	2.09	2.02	1.97	1.93	1.89	1.87	1.82	1.77	1.72	1.69	1.66	1.63	1.59	1.56	1.52
26	2.91	2.52	2.31	2.17	2.08	2.041	1.96	1.92	1.88	1.86	1.81	1.76	1.71	1.68	1.65	1.61	1.58	1.54	1.50
27	2.90	2.51	2.30	2.17	2.07	2.00	1.95	1.91	1.87	1.85	1.80	1.75	1.70	1.67	1.64	1.60	1.57	1.53	1.49
28	2.89	2.50	2.29	2.16	2.06	2.00	1.94	1.90	1.87	1.84	1.79	1.74	1.69	1.66	1.63	1.59	1.56	1.52	1.48
29	2.89	2.50	2.28	2.15	2.06	1.99	1.93	1.89	1.86	1.83	1.78	1.73	1.68	1.65	1.62	1.58	1.55	1.51	1.47
30	2.88	2.49	2.28	2.14	2.05	1.98	1.93	1.88	1.85	1.82	1.77	1.72	1.67	1.64	1.61	1.57	1.54	1.50	1.46
40	2.84	2.44	2.23	2.09	2.00	1.93	1.87	1.83	1.79	1.76	1.71	1.66	1.61	1.57	1.54	1.51	1.47	1.42	1.38
60	2.79	2.39	2.18	2.04	1.95	1.87	1.82	1.77	1.74	1.71	1.66	1.60	1.54	1.51	1.48	1.44	1.40	1.35	1.29
120	2.75	2.35	2.13	1.99	1.90	1.82	1.77	1.72	1.68	1.65	1.60	1.55	1.48	1.45	1.41	1.37	1.32	1.26	1.19
∞	2.71	2.30	2.08	1.94	1.85	1.77	1.72	1.67	1.63	1.60	1.55	1.49	1.42	1.38	1.34	1.30	1.24	1.17	1.00

〈표 6 계속〉

$\alpha = 0.05$

ν_2 \ ν_1	1	2	3	4	5	6	7	8	9	10	12	15	20	24	30	40	60	120	∞
1	161.4	199.5	215.7	224.6	230.2	234.0	236.8	238.9	240.5	241.9	243.9	245.9	248.0	249.1	250.1	251.1	252.2	253.3	254.3
2	18.51	19.00	19.16	19.25	19.30	19.33	19.35	19.37	19.38	19.40	19.41	19.43	19.45	19.45	19.46	19.47	19.48	19.49	19.50
3	10.13	9.55	9.28	9.12	9.01	8.94	8.89	8.85	8.81	8.79	8.74	8.70	8.66	8.64	8.62	8.59	8.57	8.55	8.53
4	7.71	6.94	6.59	6.39	6.26	6.16	6.09	6.04	6.00	5.96	5.91	5.86	5.80	5.77	5.75	5.72	5.69	5.66	5.63
5	6.61	5.79	5.41	5.19	5.05	4.95	4.88	4.82	4.77	4.74	4.68	4.62	4.56	4.53	4.50	4.46	4.43	4.40	4.36
6	5.99	5.14	4.76	4.53	4.39	4.28	4.21	4.15	4.10	4.06	4.00	3.94	3.87	3.84	3.81	3.77	3.74	3.70	3.67
7	5.59	4.74	4.35	4.12	3.97	3.87	3.79	3.73	3.68	3.64	3.57	3.51	3.44	3.41	3.38	3.34	3.30	3.27	3.23
8	5.32	4.46	4.07	3.84	3.69	3.58	3.50	3.44	3.39	3.35	3.28	3.22	3.15	3.12	3.08	3.04	3.01	2.97	2.93
9	5.12	4.26	3.86	3.63	3.48	3.37	3.29	3.23	3.18	3.14	3.07	3.01	2.94	2.90	2.86	2.83	2.79	2.75	2.71
10	4.96	4.10	3.71	3.48	3.33	3.22	3.14	3.07	3.02	2.98	2.91	2.85	2.77	2.74	2.70	2.66	2.62	2.58	2.54
11	4.84	3.98	3.59	3.36	3.20	3.09	3.01	2.95	2.90	2.85	2.79	2.72	2.65	2.61	2.57	2.53	2.49	2.45	2.40
12	4.75	3.89	3.49	3.26	3.11	3.00	2.91	2.85	2.80	2.75	2.69	2.62	2.54	2.51	2.47	2.43	2.38	2.34	2.30
13	4.67	3.81	3.41	3.18	3.03	2.92	2.83	2.77	2.71	2.67	2.60	2.53	2.46	2.42	2.38	2.34	2.30	2.25	2.21
14	4.60	3.74	3.34	3.11	2.96	2.85	2.76	2.70	2.65	2.60	2.53	2.46	2.39	2.35	2.31	2.27	2.22	2.18	2.13
15	4.54	3.68	3.29	3.06	2.90	2.79	2.71	2.64	2.59	2.54	2.48	2.40	2.33	2.29	2.25	2.20	2.16	2.11	2.07
16	4.49	3.63	3.24	3.01	2.85	2.74	2.66	2.59	2.54	2.49	2.42	2.35	2.28	2.24	2.19	2.15	2.11	2.06	2.01
17	4.45	3.59	3.20	2.96	2.81	2.70	2.61	2.55	2.49	2.45	2.38	2.31	2.23	2.19	2.15	2.10	2.06	2.01	1.96
18	4.41	3.55	3.16	2.93	2.77	2.66	2.58	2.51	2.46	2.41	2.34	2.27	2.19	2.15	2.11	2.06	2.02	1.97	1.92
19	4.38	3.52	3.13	2.90	2.74	2.63	2.54	2.48	2.42	2.38	2.31	2.23	2.16	2.11	2.07	2.03	1.98	1.93	1.88
20	4.35	3.49	3.10	2.87	2.71	2.60	2.51	2.45	2.39	2.35	2.28	2.20	2.12	2.08	2.04	1.99	1.95	1.90	1.84
21	4.32	3.47	3.07	2.84	2.68	2.57	2.49	2.42	2.37	2.32	2.25	2.18	2.10	2.05	2.01	1.96	1.92	1.87	1.81
22	4.30	3.44	3.05	2.82	2.66	2.55	2.46	2.40	2.34	2.30	2.23	2.15	2.07	2.03	1.98	1.94	1.89	1.84	1.78
23	4.28	3.42	3.03	2.80	2.64	2.53	2.44	2.37	2.32	2.27	2.20	2.13	2.05	2.01	1.96	1.91	1.86	1.81	1.76
24	4.26	3.40	3.01	2.78	2.62	2.51	2.42	2.36	2.30	2.25	2.18	2.11	2.03	1.98	1.94	1.89	1.84	1.79	1.73
25	4.24	3.39	2.99	2.76	2.60	2.49	2.40	2.34	2.28	2.24	2.16	2.09	2.01	1.96	1.92	1.87	1.82	1.77	1.71
26	4.23	3.37	2.98	2.74	2.59	2.47	2.39	2.32	2.27	2.22	2.15	2.07	1.99	1.95	1.90	1.85	1.80	1.75	1.69
27	4.21	3.35	2.96	2.73	2.57	2.46	2.37	2.31	2.25	2.20	2.13	2.06	1.97	1.93	1.88	1.84	1.79	1.73	1.67
28	4.20	3.34	2.95	2.71	2.56	2.45	2.36	2.29	2.24	2.19	2.12	2.04	1.96	1.91	1.87	1.82	1.77	1.71	1.65
29	4.18	3.33	2.93	2.70	2.55	2.43	2.35	2.28	2.22	2.18	2.10	2.03	1.94	1.90	1.85	1.81	1.75	1.70	1.64
30	4.17	3.32	2.92	2.69	2.53	2.42	2.33	2.27	2.21	2.16	2.09	2.01	1.93	1.89	1.84	1.79	1.74	1.68	1.62
40	4.08	3.23	2.84	2.61	2.45	2.34	2.25	2.18	2.12	2.08	2.00	1.92	1.84	1.79	1.74	1.69	1.64	1.58	1.51
60	4.00	3.15	2.76	2.53	2.37	2.25	2.17	2.10	2.04	1.99	1.92	1.84	1.75	1.70	1.65	1.59	1.53	1.47	1.39
120	3.92	3.07	2.68	2.45	2.29	2.17	2.09	2.02	1.96	1.91	1.83	1.75	1.66	1.61	1.55	1.50	1.43	1.35	1.25
∞	3.84	3.00	2.60	2.37	2.21	2.10	2.01	1.94	1.88	1.83	1.75	1.67	1.57	1.52	1.46	1.39	1.32	1.22	1.00

〈표 6 계속〉

$\alpha = 0.025$

ν_2 \ ν_1	1	2	3	4	5	6	7	8	9	10	12	15	20	24	30	40	60	120	∞
1	647.8	799.5	864.2	899.6	921.8	937.1	948.2	956.7	963.3	968.6	976.7	984.9	993.1	997.2	1001	1006	1010	1014	1018
2	38.51	39.00	39.17	39.25	39.30	39.33	3936	39.37	39.39	39.40	39.41	39.43	39.45	39.46	39.46	39.47	30.48	39.49	39.50
3	17.44	16.04	15.44	15.10	14.88	14.73	14.62	14.51	14.47	14.42	14.34	14.25	14.17	14.12	14.08	14.04	13.99	13.95	13.90
4	12.22	1065	9.98	9.60	9.36	9.20	9.07	8.98	8.90	8.84	8.75	8.68	8.56	8.51	8.46	8.41	8.36	8.31	8.26
5	10.01	8.43	7.76	7.39	7.15	6.98	6.85	6.76	6.68	6.62	6.52	6.43	6.33	6.28	6.23	6.18	6.12	6.07	6.02
6	8.81	7.26	6.60	6.23	5.99	5.82	5.70	5.60	5.52	5.46	5.37	5.27	5.17	5.12	5.07	5.01	4.96	4.90	4.85
7	8.07	6.54	5.89	5.52	5.29	5.12	4.99	4.90	4.82	4.76	4.67	4.57	4.47	4.42	4.36	4.31	4.25	4.20	4.14
8	7.57	6.06	5.42	5.05	4.82	4.65	4.53	4.43	4.36	4.30	4.20	4.10	4.00	3.95	3.89	3.84	3.78	3.73	3.67
9	7.21	5.71	5.08	4.72	4.48	4.32	4.20	4.10	4.03	3.96	3.87	3.77	3.67	3.61	3.56	3.51	3.45	3.39	3.33
10	6.94	5.46	4.83	4.47	4.24	4.07	3.95	3.85	3.78	3.72	3.62	3.52	3.42	3.37	3.31	3.26	3.20	3.14	3.08
11	6.72	5.26	4.63	4.28	4.04	3.88	3.76	3.66	3.59	3.53	3.43	3.33	3.23	3.17	3.12	3.06	3.00	2.94	2.88
12	6.55	5.10	4.47	4.12	3.89	3.73	3.61	3.51	3.44	3.37	3.28	3.18	3.07	3.02	2.96	2.91	2.85	2.79	2.72
13	6.41	4.97	4.35	4.00	3.77	3.60	3.48	3.39	3.31	3.25	3.15	3.05	2.95	2.89	2.84	2.78	2.72	2.66	2.60
14	6.30	4.86	4.24	3.89	3.66	3.50	3.38	3.29	3.21	3.15	3.05	2.95	2.84	2.79	2.73	2.67	2.61	2.55	2.49
15	6.20	4.77	4.15	3.80	3.58	3.41	3.29	3.20	3.12	3.06	2.96	2.86	2.76	2.70	2.64	2.59	2.52	2.46	2.40
16	6.12	4.69	4.08	3.73	3.50	3.34	3.22	3.12	3.05	2.99	2.89	2.79	2.68	2.63	2.57	2.51	2.45	2.38	2.32
17	6.04	4.62	4.01	3.66	3.44	3.28	3.16	3.06	2.98	2.92	2.82	2.72	2.62	2.56	2.50	2.44	2.38	2.32	2.26
18	5.98	4.56	3.95	3.61	3.38	3.22	3.10	3.01	2.93	2.87	2.77	2.67	2.56	2.44	2.38	2.32	2.26	2.19	
19	5.92	4.51	3.90	3.56	3.33	3.17	3.05	2.96	2.88	2.82	2.72	2.62	2.51	2.45	2.39	2.33	2.27	2.20	2.13
20	5.87	4.46	3.86	3.51	3.29	3.13	3.01	2.91	2.84	2.77	2.68	2.57	2.46	2.41	2.35	2.29	2.22	2.16	2.09
21	5.83	4.42	3.82	3.48	3.25	3.09	2.97	2.87	2.80	2.73	2.64	2.53	2.42	2.37	2.31	2.25	2.18	2.11	2.04
22	5.79	4.38	3.78	3.44	3.22	3.05	2.93	2.84	2.76	2.70	2.60	2.50	2.39	2.33	2.27	2.21	2.14	2.08	2.00
23	5.75	4.35	3.75	3.41	3.18	3.02	2.90	2.81	2.73	2.67	2.57	2.47	2.36	2.30	2.24	2.18	2.11	2.04	1.97
24	5.72	4.32	3.72	3.38	3.15	2.99	2.87	2.78	2.70	2.64	2.54	2.44	2.33	2.27	2.21	2.15	2.08	2.01	1.94
25	5.69	4.29	3.69	3.35	3.13	2.97	2.85	2.75	2.68	2.61	2.51	2.41	2.30	2.24	2.18	2.12	2.05	1.98	1.91
26	5.66	4.27	3.67	3.33	3.10	2.94	2.82	2.73	2.65	2.59	2.49	2.39	2.28	2.22	2.16	2.09	2.03	1.95	1.88
27	5.63	4.24	3.65	3.31	3.08	2.92	2.80	2.71	2.63	2.57	2.47	2.36	2.25	2.19	2.13	2.07	2.00	1.93	1.85
28	5.61	4.22	3.63	3.29	3.06	2.90	2.78	2.69	2.61	2.55	2.45	2.34	2.23	2.17	2.11	2.05	1.98	1.91	1.83
29	5.59	4.20	3.61	3.27	3.04	2.88	2.76	2.67	2.59	2.53	2.43	2.32	2.21	2.15	2.09	2.03	1.96	1.89	1.81
30	5.57	4.18	3.59	3.25	3.03	2.87	2.75	2.65	2.57	2.51	2.41	2.31	2.20	2.14	2.07	2.01	1.94	1.87	1.79
40	5.42	4.05	3.46	3.13	2.90	2.74	2.62	2.53	2.45	2.39	2.29	2.18	2.07	2.01	1.94	1.88	1.80	1.72	1.64
60	5.29	3.93	3.34	3.01	2.79	2.63	2.51	2.41	2.33	2.27	2.17	2.06	1.94	1.88	1.82	1.74	1.67	1.58	1.48
120	5.15	3.80	3.23	2.89	2.67	2.52	2.39	2.30	2.22	2.16	2.05	1.94	1.82	1.76	1.69	1.61	1.53	1.43	1.31
∞	5.02	3.69	3.12	2.79	2.57	2.41	2.29	2.19	2.11	2.05	1.94	1.83	1.71	1.64	1.57	1.48	1.39	1.27	1.00

〈표 6 계속〉

$\alpha = 0.01$

ν_2 \ ν_1	1	2	3	4	5	6	7	8	9	10
1	4052	4999.5	5403	5625	5764	5859	5928	5981	6022	6056
2	98.50	99.00	99.17	99.25	99.30	99.33	99.36	99.37	99.39	99.40
3	34.12	30.82	29.46	28.71	28.24	27.91	27.67	27.49	27.35	27.23
4	21.20	18.00	16.69	15.98	15.52	15.21	14.98	14.80	14.66	14.55
5	16.26	13.27	12.06	11.39	10.97	10.67	10.46	10.29	10.16	10.05
6	13.75	10.92	9.78	9.15	8.75	8.47	8.26	8.10	7.98	7.87
7	12.25	9.55	8.45	7.85	7.46	7.19	6.99	6.84	6.72	6.62
8	11.26	8.65	7.59	7.01	6.63	6.37	6.18	6.03	5.91	5.81
9	10.56	8.02	6.99	6.42	6.06	5.80	5.61	5.47	5.35	5.26
10	10.04	7.56	6.55	5.99	5.64	5.39	5.20	5.06	4.94	4.85
11	9.65	7.21	6.22	5.67	5.32	5.07	4.89	4.74	4.63	4.54
12	9.33	6.93	5.95	5.41	5.06	4.82	4.64	4.50	4.39	4.30
13	9.07	6.70	5.74	5.21	4.86	4.62	4.41	4.30	4.19	4.10
14	8.86	6.51	5.56	5.04	4.69	4.46	4.28	4.14	4.03	3.94
15	8.68	6.36	5.42	4.89	4.56	4.32	4.14	4.00	3.89	3.80
16	8.53	6.23	5.29	4.77	4.44	4.20	4.03	3.89	3.78	3.69
17	8.40	6.11	5.18	4.67	4.34	4.10	3.93	3.79	3.68	3.59
18	8.18	5.93	5.01	4.50	4.17	3.94	3.77	3.63	3.52	3.43
20	8.10	5.85	4.94	4.43	4.10	3.87	3.70	3.56	3.46	3.37
21	8.02	5.78	4.87	4.37	4.04	3.81	3.64	3.51	3.40	3.31
22	7.95	5.72	4.82	4.31	3.99	3.76	3.59	3.45	3.35	3.26
23	7.88	5.66	4.76	4.26	3.94	3.71	3.54	3.41	3.30	3.21
24	7.82	5.61	4.72	4.22	3.90	3.67	3.50	3.36	3.26	3.17
25	7.77	5.57	4.68	4.18	3.85	3.63	3.46	3.32	3.22	3.13
26	7.72	5.53	4.64	4.14	3.82	3.59	3.42	3.29	3.18	3.09
27	7.68	5.49	4.60	4.11	3.78	3.56	3.39	3.26	3.15	3.06
28	7.64	5.45	4.57	4.07	3.75	3.53	3.36	3.23	3.12	3.03
29	7.60	5.42	4.54	4.04	3.73	3.50	3.33	3.20	3.09	3.00
30	7.56	5.39	4.51	4.02	3.70	3.47	3.30	3.17	3.07	2.98
40	7.31	5.18	4.31	3.83	3.51	3.29	3.12	2.99	2.89	2.80
60	7.08	4.98	4.13	3.65	3.34	3.12	2.95	2.82	2.72	2.63
120	6.85	4.79	3.95	3.48	3.17	2.96	2.79	2.66	2.56	2.47
∞	6.63	4.61	3.78	3.32	3.02	2.80	2.64	2.51	2.41	2.32

ν_2 \ ν_1	12	15	20	24	30	40	60	120	∞
1	6106	6157	6209	6235	6261	6287	6313	6339	6366
2	99.42	99.43	99.45	99.46	99.47	99.47	99.48	99.49	99.50
3	27.05	26.87	26.69	26.60	26.50	26.41	26.32	26.22	26.13
4	14.37	14.20	14.02	13.93	13.84	13.75	13.65	13.56	13.46
5	9.89	9.72	9.55	9.47	9.38	9.29	9.20	9.11	9.02
6	7.72	7.56	7.40	7.31	7.23	7.14	7.06	6.97	6.88
7	6.47	6.31	6.16	6.07	5.99	5.91	5.82	5.74	5.65
8	5.67	5.52	5.36	5.28	5.20	5.12	5.03	4.95	4.86
9	5.11	4.96	4.81	4.73	4.65	4.57	4.48	4.40	4.31
10	4.71	4.56	4.41	4.33	4.25	4.17	4.08	4.00	3.91
11	4.40	4.25	4.10	4.02	3.94	3.86	3.78	3.69	3.60
12	4.16	4.01	3.86	3.78	3.70	3.62	3.54	3.45	3.36
13	3.96	3.82	3.66	3.59	3.51	3.43	3.34	3.25	3.17
14	3.80	3.66	3.51	3.43	3.35	3.27	3.18	3.09	3.00
15	3.67	3.52	3.37	3.29	3.21	3.13	3.05	2.96	2.87
16	3.55	3.41	3.26	3.18	3.10	3.02	2.93	2.84	2.75
17	3.46	3.31	3.16	3.08	3.00	2.92	2.83	2.75	2.65
18	3.30	3.15	3.00	2.92	2.84	2.76	2.67	2.58	2.49
20	3.23	3.09	2.94	2.86	2.78	2.69	2.61	2.52	2.42
21	3.17	3.03	2.88	2.80	2.72	2.64	2.55	2.46	2.36
22	3.12	2.98	2.83	2.75	2.67	2.58	2.50	2.40	2.31
23	3.07	2.93	2.78	2.70	2.62	2.54	2.45	2.35	2.26
24	3.03	2.89	2.74	2.66	2.58	2.49	2.40	2.31	2.21
25	2.99	2.85	2.70	2.62	2.54	2.45	2.36	2.27	2.17
26	2.96	2.81	2.66	2.58	2.50	2.42	2.33	2.23	2.13
27	2.93	2.78	2.63	2.55	2.47	2.38	2.29	2.20	2.10
28	2.90	2.75	2.60	2.52	2.44	2.35	2.26	2.17	2.06
29	2.87	2.73	2.57	2.49	2.41	2.33	2.23	2.14	2.03
30	2.8	2.70	2.55	2.47	2.39	2.30	2.21	2.11	2.01
40	2.66	2.52	2.37	2.29	2.20	2.11	2.02	1.92	1.80
60	2.50	2.35	2.20	2.12	2.03	1.94	1.84	1.73	1.60
120	2.34	2.19	2.03	1.95	1.86	1.76	1.66	1.53	1.38
∞	2.18	2.04	1.88	1.79	1.70	1.59	1.47	1.32	1.00

표 7. 난수표

00000	10097	32533	76520	13586	34673	54876	80959	09117	39292	74945
00001	37542	04805	64894	74296	24805	24037	20636	10402	00822	91665
00002	08422	68953	19645	09303	23209	02560	15953	34764	35080	33606
00003	99019	02529	09376	70715	38311	31165	88676	74397	04436	27659
00004	12807	99970	80157	36147	64032	36653	98951	16877	12171	76833
00005	66065	74717	34072	76850	36697	36170	65813	39885	11199	29170
00006	31060	10805	45571	82406	35303	42614	86799	07439	23403	09732
00007	85269	77602	02051	65692	68665	74818	73053	85247	18623	88579
00008	63573	32135	05325	47048	90553	57548	28468	28709	83491	25624
00009	73796	45753	03529	64778	35808	34282	60935	20344	35273	88435
00010	98520	17767	14905	68607	22109	40558	60970	93433	50500	73998
00011	11805	05431	39808	27732	50725	68248	29405	24201	52775	67851
00012	83452	99634	06288	98083	13746	70078	18475	40610	68711	77817
00013	88685	40200	86507	58401	36766	67951	90364	76493	29609	11062
00014	99594	67348	87517	64969	91826	08928	93785	61368	23478	34113
00015	65481	17674	17468	50950	58047	76974	73039	57186	40218	16544
00016	80124	35635	17727	08015	45318	22374	21115	78253	14385	53763
00017	74350	99817	77402	77214	43236	00210	45521	64237	96286	02655
00018	69916	26803	66252	29148	36936	87203	76621	13990	94400	56418
00019	09893	20505	14225	68514	46427	56788	96297	78822	54382	14598
00020	91499	14523	68479	27686	46162	83554	94750	89923	37089	20048
00021	80336	94598	26940	36858	70297	34135	53140	33340	42050	82341
00022	44104	81949	85157	47954	32979	26575	57600	40881	22222	06413
00023	12550	73742	11100	02040	12860	74697	96644	89439	28707	25815
00024	63606	49329	16505	34484	40219	52563	43651	77082	07207	31790
00025	61196	90446	26457	47774	51924	33729	65394	59593	42582	60527
00026	15474	45266	95270	79953	59367	83848	82396	10118	33211	59466
00027	94557	28573	67897	54387	54622	44431	91190	42592	92927	45973
00028	42481	16213	97344	08721	16868	48767	03071	12059	25701	46670
00029	23523	78317	73208	89837	68935	91416	26252	29663	05522	82562
00030	04493	52494	75246	33824	45862	51025	61962	79335	65337	12472
00031	00549	97654	64051	88159	96119	63896	54692	82391	23287	29529
00032	35963	15307	26898	09554	33351	35462	77974	50024	90103	39333
00033	59808	08391	45427	26842	83609	49700	13021	24892	78565	20106
00034	46058	85236	01390	92286	77281	44077	93910	83647	70617	42941
00035	32179	00597	87379	25241	05567	07007	96743	17157	85394	11838
00036	69234	61406	20117	45204	15956	60000	18743	92423	97118	96338
00037	19565	41430	01758	75379	40419	21585	66674	36806	84962	85207
00038	45155	14938	19476	07246	43667	94543	59047	90033	20826	69541
00039	94864	31994	36168	10851	34888	81553	01540	35456	05014	51176
00040	98086	24826	45240	28404	44999	08896	39094	73407	35441	31880
00041	33185	16232	41941	50949	89435	48581	88695	41994	37548	73043
00042	80951	00406	96382	70774	20151	23387	25016	25298	94624	61171
00043	79752	49140	71961	28296	69861	02591	74852	20539	00387	59579
00044	18633	32537	98145	06571	31010	24674	05455	61427	77938	91936
00045	74029	43902	77557	32270	97790	17119	52527	58021	80814	51748
00046	54178	45611	80993	37143	05335	12969	56127	19255	36040	90324
00047	11664	49883	52079	84827	59381	71539	09973	33440	88461	23356
00048	48324	77928	31249	64710	02295	36870	32307	57546	15020	09994
00049	69074	94138	87637	91976	35584	04401	10518	21615	01848	76938

〈표 7 계속〉

00050	09188	20097	32825	39527	04220	86304	83389	87374	64278	58044
00051	90045	85497	51981	50654	94938	81997	91870	76150	68476	64659
00052	73189	50207	47677	26269	62290	64464	27124	67018	41361	82760
00053	75768	76490	20971	87749	90429	12272	95375	05871	93823	43178
00054	54016	44056	66281	31003	00682	27398	20714	53295	07706	17813
00055	08358	69910	78542	42785	13661	58873	04618	97553	31223	08420
00056	28306	03264	81333	10591	40510	07893	32604	60475	94119	01840
00057	53840	86233	81594	13628	51215	90290	28466	68795	77762	20791
00058	91757	53741	61613	62269	50263	90212	55781	76514	83483	47055
00059	89415	92694	00397	58391	12607	17646	48949	72306	94541	37408
00060	77513	03820	86864	29901	68414	82774	51908	13980	72893	55507
00061	19502	37174	69979	20288	55210	29773	74287	75251	65344	67415
00062	21818	59313	93278	81757	05686	73156	07082	85046	31853	38452
00063	51474	66499	68107	23621	94049	91345	42836	09191	08007	45449
00064	99559	68331	62535	24170	69777	12830	74819	78142	43860	72834
00065	33713	48007	93584	72869	51926	64721	58303	29822	93174	93972
00066	85274	86893	11303	22970	28834	34137	73515	90400	71148	43643
00067	84133	89640	44035	52166	73852	70091	61222	60561	62327	18423
00068	56732	16234	17395	96131	10123	91622	85496	57560	81604	18880
00069	65138	56806	87648	85261	34313	65861	45875	21069	85644	47277
00070	38001	02176	81719	11711	71602	92937	74219	64049	65584	49698
00071	37402	96397	01304	77586	56271	10086	47324	62605	40030	37438
00072	97125	40348	87083	31417	21815	39250	75237	62047	15501	29578
00073	21826	41134	47143	34072	64638	85902	49139	06441	03856	54552
00074	73135	42742	95719	09035	85794	74296	08789	88156	64691	19202
00075	07638	77929	03061	18072	96207	44156	23821	99538	04713	66994
00076	60528	83441	07954	19814	59175	20695	05533	52139	61212	06455
00077	83596	35655	06958	92983	05128	09719	77433	53783	92301	50498
00078	10850	62746	99599	10507	13499	06319	53075	71839	06410	19362
00079	39820	98952	43622	63147	64421	80814	43800	09351	31024	73167
00080	59580	06478	75569	78800	88835	54486	23768	06156	04111	08408
00081	38508	07341	23793	48763	90822	97022	17719	04207	95954	49953
00082	30692	70668	94688	16127	56196	80091	82067	63400	05462	69200
00083	65443	95659	18288	27437	49632	24041	08337	65676	96299	90836
00084	27267	50264	13192	72294	07477	44606	17985	48911	97341	30358
00085	91307	06991	19072	24210	36699	53728	28825	35793	28976	66252
00086	68434	94688	84473	13622	62126	98408	12843	82590	09815	93146
00087	48908	15877	54745	24591	35700	04754	83824	52692	54130	55160
00088	06913	45197	42672	78601	11883	09528	63011	98901	14974	40344
00089	10455	16019	14210	33712	91342	37821	88325	80851	43667	70883
00090	12883	97343	65027	61184	04285	01392	17974	15077	90712	26769
00091	21778	30976	38807	36961	31649	42096	63281	02023	08816	47449
00092	19523	59515	65122	59659	86283	68258	69572	13798	16435	91529
00093	67245	52670	35583	16563	79246	86686	76463	34222	26655	90802
00094	60584	47377	07500	37992	45134	26529	26760	83637	41326	44344
00095	53853	41377	36066	94850	58838	73859	49364	73331	96240	43642
00096	24637	38736	74384	89342	52623	07992	12369	18601	03742	83873
00097	83080	12451	38992	22815	07759	51777	97377	27585	51972	37867
00098	16444	24334	36151	99073	27493	70939	85130	32552	54846	54759
00099	60790	18157	57178	65762	11161	78576	45819	52979	65130	04860

CHAPTER

연습문제 해답

연습문제 해답

연습문제 해답

연습문제 (3)

1. (1) 질적 자료　(2) 양적 자료　(3) 양적 자료
   (4) 양적 자료　(5) 양적 자료　(6) 질적 자료

3. $k=1+\frac{\log 64}{\log 2}=7$

연습문제 (4)

3. 중앙값 64.5

5. $\frac{23\times10000+5\times50000+1\times100000}{23+5+1}=\frac{580000}{29}=20000$

7. $\bar{x}=\frac{1}{N}\sum_{i=1}^{k}x_i f_i$

   $=\frac{1}{20}(5\times4+15\times3+25\times10+35\times2+45\times1)=\frac{430}{20}=21.5$

8. 범위: 38

   평균은 51.5이므로 평균편차는 다음과 같다.

   $MD=\frac{1}{10}\sum_{i=1}^{10}|x_i-51.5|=10.5$

9.

계급값	도 수
0.5	3
1.5	2
2.5	10
3.5	8
4.5	6
5.5	1

$\bar{x}=\frac{1}{30}(1.5+3+25+28+27+5.5)=3$

$s^2=\frac{1}{30}(0.25\cdot3+2.25\cdot2+6.25\cdot10$
$+12.25\cdot8+20.25\cdot6+30.25\cdot1)-9$
$=1.583$

$s=1.258$

13. 1반의 변이계수: $\frac{4}{80}\times100=5\%$

    2반의 변이계수: $\frac{5}{85}\times100=6\%$

    1반이 2반보다 평균을 중심으로 더 밀집되어 있다.

15. A의 변이계수$=\frac{30}{200}\times100=15\%$

B의 변이계수 $= \dfrac{20}{120} \times 100 = 16.6\%$

집단 A가 집단 B보다 평균 주변에 많이 밀집되어 있다.

17. 변이계수 $= \dfrac{s}{\bar{x}} \times 100 = \dfrac{3}{10} \times 100 = 30\%$

18. $A = \{1, 2, 3, 4, 5\}$의 평균을 $\bar{x}$, 표준편차를 s라 하면

B의 평균은 $2\bar{x}$, 표준편차는 $2s$이고

C의 평균은 $3\bar{x}$, 표준편차는 $3s$이다.

A의 변이계수 $= \dfrac{s}{\bar{x}} \times 100$

B의 변이계수 $= \dfrac{2s}{2\bar{x}} \times 100 = \dfrac{s}{\bar{x}} \times 100$

C의 변이계수 $= \dfrac{3s}{3\bar{x}} \times 100 = \dfrac{s}{\bar{x}} \times 100$

따라서 A의 변이계수=B의 변이계수=C의 변이계수이다.

19. $\bar{x} = 7$

평균에 관한 1차 적률: 0

평균에 관한 2차 적률: $\dfrac{1}{n}\sum x_i^2 - \bar{x}^2$

$$= \frac{1}{6}(4+9+36+64+121+144) - 49 = 14$$

평균에 관한 3차 적률: $\dfrac{1}{n}\sum (x_i - \bar{x})^3$

$$= \frac{1}{6}(-125-64-1+1+64+125) = 0$$

연습문제 (5)

1. 15명 중에서 5명을 뽑는 방법의 수는 ${}_{15}C_5 = 3003$이고, 5명 중에서 특정인 두 명이 뽑히는 방법의 수는 $\begin{pmatrix} 2 \\ 2 \end{pmatrix}\begin{pmatrix} 13 \\ 3 \end{pmatrix} = 286$이다.

따라서 구하는 확률은 $\dfrac{286}{3003}$이다.

3. 12개에서 2개를 꺼내는 경우의 수는 ${}_{12}C_2$이고, 검은공 1개, 노란공 1개를 꺼내는 경우의 수는 ${}_3C_1 \cdot {}_5C_1$이고 빨간공 1개, 노란공 1개를 꺼내는 경우의 수는 ${}_4C_1 \cdot {}_5C_1$이고 노란공 2개를 꺼내는 경우의 수는 ${}_5C_2$이다. 따라서 구하는 확률은 $\dfrac{{}_3C_1 \cdot {}_5C_1 + {}_4C_1 \cdot {}_5C_1 + {}_5C_2}{{}_{12}C_2} = \dfrac{15}{22}$

5. 눈의 합이 3 이하인 사상을 A라 하자. 그러면 $A=\{(1,\ 1),\ (1,\ 2),\ (2,\ 1)\}$이다. 따라서

$$P(A)=\frac{n(A)}{n(\Omega)}=\frac{3}{36}$$

7. 5개의 공을 꺼내는 경우의 수는 ${}_{10}C_5$이고,
백구 3개를 꺼내는 경우의 수는 ${}_6C_3$이고,
흑구 2개를 꺼내는 경우의 수는 ${}_4C_2$이다.
따라서 구하는 확률은 ${}_6C_3\times{}_4C_2/{}_{10}C_5$이다.

8. 구하는 확률은 ${}_6C_2\times\left(\frac{2}{6}\right)^2\times\left(\frac{4}{6}\right)^4=\frac{80}{243}$ 이다.

9. $P(B\,|\,A)=\frac{P(A\cap B)}{P(A)}$, $A\cap B$는 $X_1>X_2$이고, 눈의 합이 10인 사상이므로 $A\cap B=\{(6,4)\}$이다. 그러므로 $P(A\cap B)=\frac{1}{36}$이다. A는 눈의 합이 10인 경우를 나타내므로 $A=\{(6,\ 4),\ (5,\ 5),\ (6,\ 4)\}$이다. 그러므로 $P(A)=\frac{3}{36}$이다. 따라서 $P(B\,|\,A)=\frac{1}{36}\Big/\frac{3}{36}=\frac{1}{3}$이다.

10. $P(A\,|\,B)=\frac{P(A\cap B)}{P(B)}$, $P(A\cap B)=P(A\,|\,B)P(B)=0.7\times0.3=0.21$

$$P(B\,|\,A)=\frac{P(A\cap B)}{P(A)}=\frac{0.21}{0.5}=\frac{21}{50}$$

11. 문제의 조건에 맞는 경우로는 다음의 14가지가 있다.
3 : (3, 5) (3, 6)
4 : (4, 4) (4, 5) (4, 6)
5 : (5, 3) (5, 4) (5, 5) (5, 6)
6 : (6, 2) (6, 3) (6, 4) (6, 5) (6, 6)
A는 노란 주사위가 3 이상의 눈이 나올 사상이고,
B는 두 주사위의 눈의 합이 8 이상이 될 사상이라 하면 다음이 성립한다.

$$P(B\,|\,A)=\frac{P(A\cap B)}{P(A)}=\frac{\frac{14}{36}}{\frac{4}{6}}=\frac{7}{12}$$

12. (1) $P(Q)=\frac{1}{13}$
(2) $P(K\mid Q)=\frac{1}{13}$

(3) $P(Q\cap K)=P(Q)\cdot P(K\mid Q)=\frac{1}{169}$

13. (1) $P(Q)=\frac{1}{13}$

(2) $P(K\mid Q)=\frac{4}{51}$

(3) $P(Q\cap K)=P(Q)\cdot P(K\mid Q)=\frac{4}{663}$

15. B는 노란 구슬일 사상이고, A_1는 A상자를 택할 사상이고, A_2는 B 상자를 택할 사상이라 하자. 그러면 다음이 성립한다.

$$P(A_1\mid B)=\frac{P(B\cap A_1)}{P(B)}=\frac{P(A_1)P(B\mid A_1)}{P(A_1)P(B\mid A_1)+P(A_2)P(B\mid A_2)}$$

$$=\frac{\frac{1}{2}\times\frac{7}{10}}{\frac{1}{2}\times\frac{7}{10}+\frac{1}{2}\times\frac{9}{10}}=\frac{7}{16}$$

17.

x	0	1	2	3
$P[X=x]$	$\frac{1}{8}$	$\frac{3}{8}$	$\frac{3}{8}$	$\frac{1}{8}$

18. 한 개의 주사위를 던질 때 나오는 눈은 1, 2, 3, 4, 5, 6이므로

$E(X)=1\times\frac{1}{6}+2\times\frac{1}{6}+3\times\frac{1}{6}+4\times\frac{1}{6}+5\times\frac{1}{6}+6\times\frac{1}{6}=3.5$

19. (1) $E(X)=3.9$

$E[(2X-3)^2]=\sum(2x_i-3)^2f(x_i)=28.2$

20. $E(X)=1\cdot\frac{1}{4}+2\cdot\frac{1}{2}+3\cdot\frac{1}{8}=\frac{13}{8}$

$\mathrm{Var}(X)=E(X^2)-\mu^2=\frac{47}{64}$

따라서 $E(10X+2)=10\cdot\frac{13}{8}+2=18\frac{1}{4}$

$\mathrm{Vor}(10X+2)=10^2\cdot\mathrm{Var}(X)=42\frac{3}{16}$

21.

x	0	1	2	
$P[X=x]$	$\left(\frac{5}{6}\right)^2$	$2\cdot\frac{1}{6}\cdot\frac{5}{6}$	$\left(\frac{1}{6}\right)^2$	1

$E(X)=0\cdot\left(\frac{5}{6}\right)^2+1\cdot 2\cdot\left(\frac{1}{6}\right)\cdot\frac{5}{6}+2\cdot\left(\frac{1}{6}\right)^2=\frac{1}{3}$

$\mathrm{Var}(X)=E(X^2)-\mu^2=0\cdot\left(\frac{5}{6}\right)^2+1\cdot 2\cdot\frac{1}{6}\cdot\frac{5}{6}+4\cdot\left(\frac{1}{6}\right)^2-\frac{1}{9}=\frac{5}{18}$

22. $F(x)=P[X\le x]=\begin{cases} 0, & x<0 \\ \frac{1}{2}, & 0\le x<1 \\ \frac{5}{6}, & 1\le x<2 \\ 1, & x\ge 2 \end{cases}$

23. (1)

x \ y	0	1	2
0	$\frac{4}{36}$	$\frac{4}{36}$	$\frac{1}{36}$
1	$\frac{8}{36}$	$\frac{8}{36}$	$\frac{2}{36}$
2	$\frac{4}{36}$	$\frac{4}{36}$	$\frac{1}{36}$

(2)

x	0	1	2	y	0	1	2
$P[X=x]$	$\frac{1}{4}$	$\frac{1}{2}$	$\frac{1}{4}$	$P[Y=y]$	$\frac{4}{9}$	$\frac{4}{9}$	$\frac{1}{9}$

(3) 0, 0

연습문제 (6) 1. (1) 0.62223 (2) 0.93934

2. $\sum x_i=1+\cdots+5=15$

$\sum y_i=17+\cdots+9=64$

$\sum x_i^2=1^2+\cdots+5^2=55$

$\sum y_i^2=17^2+\cdots+9^2=885$

$\sum x_iy_i=1\times 17+\cdots+5\times 9=175$

$$r=\frac{\sum x_iy_i-\sum x_i\sum y_i/n}{\sqrt{\{\sum x_i^2-(\sum x_i)^2/n\}\{\sum y_i^2-(\sum y_i)^2/n\}}}$$

$$=\frac{175-(15\cdot 65)/5}{\sqrt{(55-225/5)(885-64^2/5)}}=-0.99044$$

3. $r=1-\frac{6\sum(x_i-y_i)^2}{n(n^2-1)}=1-\frac{6\times 36}{4(4^2-1)}=0.4$

6. $\bar{x}=4.6$, $\bar{y}=1.42$, $\beta=\frac{s_{xy}}{s_x^2}\doteqdot 2.41667$, $\alpha=-0.21667$

그러므로 추정회귀직선은 $\hat{y}=-0.21667x+2.41667$

7. $\beta=r\cdot\frac{s_y}{s_x}$, $2=\frac{8}{3}\times r$, $r=0.75$

8. $\beta = r \cdot \frac{s_y}{s_x}$이므로 $\beta = 0.7 \cdot \frac{4}{5} = 0.56$이다.

$\hat{y} - 60 = 0.56(x - 170)$이 성립하므로 $x = 180$일 때 $\hat{y} = 65.6\,\text{kg}$이다.

연습문제 (7)

1. ${}_5C_3\left(\frac{4}{7}\right)^3\left(\frac{3}{7}\right)^2 = \frac{5760}{16807}$

2. (1)

x	0	1	2	3	4
$P[X=x]$	$\frac{{}_4C_0\,{}_8C_4}{{}_{12}C_4}$	$\frac{{}_4C_1\,{}_8C_3}{{}_{12}C_4}$	$\frac{{}_4C_2\,{}_8C_2}{{}_{12}C_4}$	$\frac{{}_4C_3\,{}_8C_1}{{}_{12}C_4}$	$\frac{{}_4C_4\,{}_8C_0}{{}_{12}C_4}$

즉

x	0	1	2	3	4	합
$P[X=x]$	$\frac{70}{495}$	$\frac{224}{495}$	$\frac{168}{495}$	$\frac{32}{495}$	$\frac{1}{495}$	1

(2) $E(X) = 0 \cdot \frac{70}{495} + 1 \cdot \frac{224}{495} + 2 \cdot \frac{168}{495} + 3 \cdot \frac{32}{495} + 4 \cdot \frac{1}{495}$

$= \frac{660}{495} = \frac{4}{3}$

$\text{Var}(X) = E(X^2) - \mu^2$

$= 0 + 1 \cdot \frac{224}{495} + 4 \cdot \frac{168}{495} + 9 \cdot \frac{32}{495} + 16 \cdot \frac{1}{495} - \frac{16}{9} = \frac{64}{99}$

3. $n=5$, $p = \frac{1}{2}$인 이항분포를 따른다. 평균: $np = 5 \times \frac{1}{2} = 2.5$

분산: $npq = 5 \times \frac{1}{2} \times \frac{1}{2} = 1.25$

4. 이항분포 $b(25,\ 0.1)$를 따른다.

평균: $np = 25 \times 0.1 = 2.5$

표준편차: $\sqrt{npq} = \sqrt{25 \times 0.1 \times 0.9} = 1.5$

5. 초기하분포를 따른다.

$$P[X=1] = \frac{\binom{5}{1}\binom{3}{2}}{\binom{8}{3}} = \frac{15}{56}$$

7. $P[X=3] = e^{-m}\frac{m^x}{x!} = e^{-4}\frac{4^3}{3!} = 0.195$

8. $m=3$인 푸아송분포를 따른다.

$P[X \le 2] = P[X=0] + P[X=1] + P[X=2]$

$$=e^{-3}\frac{3^0}{0!}+e^{-3}\frac{3}{1!}+e^{-3}\frac{3^2}{2!}$$

$$=8.5e^{-3}$$

9. 평균 $m=n\cdot p=400\times 0.01=4$이므로 다음이 성립한다.

$$P[X\geq 3]=1-P[X=0]-P[X=1]-P[X=2]$$

$$=1-e^{-4}\frac{4^0}{0!}-e^{-4}\frac{4^1}{1!}-e^{-4}\frac{4^2}{2!}$$

$$=1-13e^{-4}$$

10. $P[x=0]=e^{-m}\dfrac{m^x}{x!}=e^{-3}\times\dfrac{3^0}{0!}=0.05$

11. 기하분포를 따른다. $P[X=4]=0.25^3\cdot 0.75=0.0117$

12. 음이항분포를 따른다. $P[X=3]=\binom{4}{2}0.6^3\cdot 0.4^2=0.2074$

연습문제 (8)

1. $P[X<a]=\int_0^a x^3dx=\frac{1}{4},\ \frac{a^4}{4}=\frac{1}{4},\ a=1$

3. $E(X)=\int_{-\infty}^{\infty}x\cdot f(x)dx=\int_0^2\frac{1}{4}x^4dx=\frac{8}{5}$

5. $F(2)=P[X\leq 2]=1-e^{-4}$

   $P[X>2]=1-F(2)=e^{-4}$

7. (1) 0.7910 (2) $1-P[Z<0.81]=1-0.7910=0.219$

8. (1) 1.65 (2) 2.54

   (3) $1-P[Z<b]=0.0495$ $P[Z<b]=0.9505$ $b=0.7910$

   (4) $P[Z<b]=0.2190$ $b=0.81$

9. (1) $P\left[Z<\dfrac{220-200}{8}\right]=P[Z<2.5]=0.9938$

11. $P[X<2.5]=P\left[Z<\dfrac{2.5-0.5}{4}\right]=P\left[Z<\dfrac{1}{2}\right]$

$$=0.6915$$

13. $Z=\dfrac{X-\mu}{\sigma}$이므로 다음이 성립한다.

$$P[60\leq X<70]=P\left[\frac{60-65}{5}\leq Z<\frac{70-65}{5}\right]=P[-1\leq Z<1]$$

$$=0.6826$$

그러므로 몸무게가 60 kg 이상 70 kg 사이에 들어갈 학생수는 $500\times 0.6826=341$명이다.

15. $P[X \geq 150] = P\left[Z \geq \frac{150-120}{15}\right] = P[Z \geq 2]$

$= 1 - P[Z < 2] = 1 - 0.9772$

$= 0.0228$

17. 걸린시간이 45분 이내이어야 하므로 구하는 확률은 다음과 같다.

$P[X \leq 45] = P\left[Z \leq \frac{5}{4}\right] = 0.8944$

19. $np > 5$, $nq > 5$를 만족할만큼 n이 상당히 크므로 이항분포는 정규분포로 접근한다.

$X \sim N(np, npq) = N(120, 10^2)$

$P[115 \leq X \leq 135] = P\left[\frac{115-120}{10} < Z < \frac{135-120}{10}\right]$

$= P[-0.5 \leq Z \leq 1.5] = P[Z \leq 1.5] - P[Z \leq -0.5]$

$= 0.9332 - P[Z > 0.5] = 0.9332 - 1 + P[Z < 0.5]$

$= 0.9332 - 1 + 0.6915 = 0.6247$

21. n이 충분히 클 때 이항분포는 정규분포 $N(np, npq)$로 접근한다.

$X \sim N(270, 15^2)$

$P[X \leq 300] = P\left[Z \leq \frac{300-270}{15}\right] = P[Z \leq 2] = 0.9772$

22. X를 1000명 중 규칙적으로 술을 마시는 성인의 수라 하자.

X는 $n = 1000$, $p = 0.3$인 이항분포를 따른다. 그래서

$$np = 300, \quad \sqrt{np(1-p)} = \sqrt{210} = 14.5$$

이므로 X는 근사적으로 $N(300, 14.5^2)$인 정규분포를 따른다.

(1) $P[X \leq 259] \fallingdotseq P\left[Z \leq \frac{259-300}{14.5}\right]$

$= P[Z \leq -2.828]$

$= 0.0023$

(2) $P[X \geq 320] \fallingdotseq P\left[Z \geq \frac{320-300}{14.5}\right]$

$= P[Z \geq 1.379]$

$= 1 - P[Z < 1.379]$

$= 0.0838$

연습문제 (9)

1. $P[1.2<\overline{X}<1.5]=P\left[\dfrac{1.2-1.2}{3/10}<Z<\dfrac{1.5-1.2}{3/10}\right]=P[0<Z<1]$

   $=0.3413$

2. 모집단이 $N(60,\ 16)$을 따르면 표본평균의 분포는 $N\left(60,\ \dfrac{16}{36}\right)$을 따른다.

   $P[\overline{X}\geq 62]=P\left[Z\geq\dfrac{62-60}{\frac{4}{\sqrt{36}}}\right]=P[Z\geq 3]=0.0013$

3. 모집단이 $N(6,\ 2.5^2)$을 따르면 표본평균의 분포는 $N\left(6,\ \dfrac{2.5^2}{49}\right)$을 따른다.

   $P[5.75<\overline{X}<6.25]=P\left[\dfrac{5.75-6}{\frac{2.5}{\sqrt{49}}}<Z<\dfrac{6.25-6}{\frac{2.5}{\sqrt{49}}}\right]$

   $=P[-0.7<Z<0.7]=2\cdot 0.2580=0.516$

5. $E(\overline{X})=167,\ \mathrm{Var}(\overline{X})=\dfrac{16}{64}$일 때

   $P[166.5\leq\overline{X}\leq 168]=P\left[\dfrac{166.5-167}{\frac{4}{\sqrt{64}}}\leq Z\leq\dfrac{168-167}{\frac{4}{\sqrt{64}}}\right]$

   $=P[-1\leq Z\leq 2]$

   $=0.8185$

6. 모집단이 $N(478,\ 88^2)$을 따르면 표본평균의 분포는 $N\left(478,\ \dfrac{88^2}{144}\right)$를 따른다.

   $P[\overline{X}>500]=P\left[Z>\dfrac{500-478}{\frac{88}{\sqrt{144}}}\right]=P[Z>3]=0.0013$

7. 모집단이 $N(50000,\ 6000^2)$을 따르면 표본평균의 분포는 $N\left(50000,\ \dfrac{6000^2}{36}\right)$를 따른다.

   $P[\overline{X}\geq 52000]=P\left[Z\geq\dfrac{52000-50000}{\frac{6000}{\sqrt{36}}}\right]=P[Z\geq 2]$

   $=0.0228$

8. 모집단이 $N(12, 4)$을 따르면 표본평균의 분포는 $N\left(12,\ \dfrac{4}{n}\right)$을 따른다.

$$P\left[\frac{10-12}{\frac{2}{\sqrt{n}}} \le Z \le \frac{14-12}{\frac{2}{\sqrt{n}}}\right]=2\times P\left[0\le Z\le \frac{2}{\frac{2}{\sqrt{n}}}\right]=0.997$$

$P[0\le Z\le \sqrt{n}]=0.4985,\ \sqrt{n}=2.97$

따라서 $n=9$

9. $P[\overline{X}\ge 19]$

$$=P\left[Z\ge \frac{19-18}{\frac{6}{\sqrt{64}}}\right]$$

$=P[Z\ge 1.33]=1-0.9082$

$=0.0918$

11. (1) 자유도 7이고 $P[t>t_0]=-0.01$을 만족하는 t_0를 구하면

$t_0=2.998$

(2) 자유도 9이고 $P[t>t_0]=0.025$를 만족하는 t_0를 구하면

$t_0=2.262$

연습문제 (10)

3. $2.011\pm 1.96\ \dfrac{0.014}{\sqrt{100}}=2.011\pm 0.003$

그러므로 $2.008<\mu<2.014$

5. n이 30 이상이므로 t 분포를 정규분포로 접근시킨다.

$\bar{x}\pm 1.96\dfrac{s}{\sqrt{n}}=3500\pm 1.96\ \dfrac{120}{\sqrt{49}}=3500\pm 1.96\cdot \dfrac{120}{7}$

7. $\bar{x}\pm t_{0.025}(15)\ \dfrac{s}{\sqrt{n}}=12.7\pm 2.131\cdot \dfrac{0.178}{4}$

9. n이 작을 때는 t 분포를 따르고 신뢰구간은 $\bar{x}\pm t_{0.025}(n-1)\ \dfrac{s}{\sqrt{n}}$이며, t의 자유도는 $n-1$이다. 모평균 μ의 95% 신뢰구간은

$\bar{x}\pm t_{0.025}(n-1)\ \dfrac{s}{\sqrt{n}}=267.5\pm 3.19$이다.

11. $\bar{x}=2.92,\ s=0.1124,\ n=8$이고 소표본이므로 모평균 μ의 95% 신뢰간은 다음과 같다.

$\bar{x}\pm t_{0.025}(n-1)\ \dfrac{s}{\sqrt{n}}=2.92\pm t_{0.025}(7)\ \dfrac{0.1124}{\sqrt{8}}\ =2.92\pm 0.09398$

13. n이 클 때 모비율 p의 95% 신뢰구간은 다음과 같다.

$$0.4 \pm 1.96\sqrt{\frac{0.4 \times 0.6}{3000}}$$

15. 모비율 p의 95% 신뢰구간은 다음과 같다.

$$\hat{p} - 1.96\sqrt{\hat{p}\frac{\hat{q}}{n}} \le p \le \hat{p} + 1.96\sqrt{\hat{p}\frac{\hat{q}}{n}}$$

$n=900$, $\hat{p}=\frac{540}{900}=0.6$, $\hat{q}=1-0.6=0.4$이다. 그러므로

$$0.6 - 1.96\sqrt{0.6 \times \frac{0.4}{900}} \le p \le 0.6 + 1.96\sqrt{0.6 \times \frac{0.4}{900}}$$

연습문제 (11) 1. $H_0 : \mu=1800 \quad H_1 : \mu>1800$

검정통계량의 관측값 $z=\frac{\bar{x}-\mu_0}{\frac{s}{\sqrt{n}}}=\frac{1850-1800}{\frac{100}{\sqrt{64}}}=4>z_{0.05}=1.645$

H_0을 기각한다. 즉 평균 수명시간이 늘어났다는 공장의 주장을 믿을 수 있다.

3. 양측검정

$$z=\frac{1970-2000}{100/\sqrt{64}}=-2.4$$

(1) 유의수준 0.05일 때 검정통계량의 관측값 $z<-1.96$이므로 H_0를 기각한다.

(2) 유의수준 0.01일 때 검정통계량의 관측값 $z>-2.576$이므로 H_0를 채택한다.

5. 양측검정

$H_0 : \mu=1 \quad H_1 : \mu\neq 1$

$$z=\left|\frac{995-1000}{20/\sqrt{100}}\right|=2.5>1.96$$

따라서 H_0를 기각한다.

6. 우측검정

$H_0 : \mu=165 \quad H_1 : \mu>165$

$$z=\frac{166-165}{6/\sqrt{100}}=1.67>1.645$$

따라서 H_0를 기각한다.

7. 자료로부터 $\bar{x}=19$, $s=3.528$이므로 다음과 같이 t검정을 시행한다.

$H_0: \mu=20 \quad H_1: \mu \leq 20$

검정통계량의 관측값 $t = \dfrac{\bar{x}-\mu_0}{\dfrac{s}{\sqrt{n}}} = \dfrac{19-20}{\dfrac{3.528}{\sqrt{10}}} = -0.896 > -t_{0.05}(9)$

$= -1.833$

이므로 H_0을 기각시키지 못한다. 즉 평균 니코틴 함량이 20 mg 이하라는 주장은 근거가 없다.

9. $n=10$인 소표본이므로 $t=\dfrac{\bar{x}-\mu_0}{s/\sqrt{n}}$ 의 값을 계산하여 양측검정을 한다.

$H_0: \mu=70 \quad H_1: \mu \neq 70$

$|t| = \left|\dfrac{69-70}{4/\sqrt{10}}\right| = 0.791$ 그리고 $t_{0.025}(9)=2.262$

따라서 $|t| < t_{0.025}(9)$이므로 유의수준 5%에 대하여 H_0를 채택한다. 즉, 평균체중이 70 g이라고 할 수 있다.

11. $H_0: p=0.1 \quad H_1: p>0.1$

$$z=\frac{\left|\dfrac{50}{300}-0.1\right|}{\sqrt{0.1\cdot 0.9/300}}=3.851>1.96$$

H_0를 기각한다. 즉 결근률은 평일보다 많다고 할 수 있다.

연습문제 (12) 1. (1) $\mu_1-\mu_2$의 95% 신뢰구간

$$(\bar{x}_1-\bar{x}_2)\pm z_{\alpha/2}\sqrt{\frac{s_1^2}{n_1}+\frac{s_2^2}{n_2}}=0.15\pm 1.96\sqrt{\frac{0.25+0.36}{50}}=(-0.07,0.37)$$

(2) $H_0: \mu_1=\mu_2 \quad H_1: \mu_1 \neq \mu_2$

$$z=\frac{\bar{x}_1-\bar{x}_2}{\sqrt{\dfrac{s_1^2}{n_1}+\dfrac{s_2^2}{n_2}}}=\frac{0.15}{\sqrt{\dfrac{0.25+0.36}{50}}}=1.358$$

기각역 $|Z| \geq z_{0.025}=1.96$이므로 H_0를 기각하지 못한다.

3. 기존의 방법: $\bar{x}=69.125$, $\quad s_1^2=16.695$

새로운 방법: $\bar{y}=75.375$, $\quad s_2^2=19.123$

$$s_p^2=\frac{(n_1-1)s_1^2+(n_2-1)s_2^2}{n_1+n_2-2}=17.909$$

$H_0: \mu_1=\mu_2 \qquad H_1: \mu_1 \neq \mu_2$

$$|t| = \left| \frac{|\bar{x}-\bar{y}|}{s_p\sqrt{\frac{1}{n_1}+\frac{1}{n_2}}} \right| = 2.954$$

기각역 $|t| \geq t_{0.025}(14) = 2.145$이므로 H_0을 기각한다.

즉 두 강의 방식에 따른 독해력 성적에 차가 있다고 할 수 있다.

5. (1) 왼손의 악력이 오른손보다 강하다고 할 수 없다.
   (2) 왼손의 악력－오른손의 악력에 대한 90% 신뢰구간
   (0.43, 6.77)

6. 각 쌍에서 개발 프로그램과 기존 프로그램의 차는

   0.3 0.1 0.4 0.1 0.3 0.4 −0.2

   이므로 그 평균과 표준편차는 다음과 같다.

   $\bar{d}=0.2, \quad s_D=\sqrt{\sum(d_i-\bar{d})^2/6}=0.216$

   기존 프로그램과 개발 프로그램을 사용할 때의 평균점수의 차를 $\delta=\mu_2-\mu_1$이라 하고, 정규모집단의 가정을 하면 귀무가설과 대립가설은 다음과 같다.

   $H_0 : \delta=0 \quad H_1 : \delta>0$

   기각역 $t=\dfrac{\bar{D}-0}{s_D/\sqrt{n}}>t_{0.05}(6)=1.943$

   그런데 $t=\dfrac{0.2}{0.216/\sqrt{7}}=2.450$

   그러므로 유의수준 $\alpha=0.05$에서 개발 프로그램이 속도를 향상시킨다고 할 수 있다.

찾아보기

ㅈ

ㅊ

기타

SAS를 이용한

통계학의 이해

2008년 8월 5일 초판 인쇄
2008년 8월 11일 초판 발행

저 자 / 오혜영
발행자 / 오판근
발행처 / 교우사

주 소 / 서울 동대문구 제기2동 148-19
전 화 / 925-2861(代), 편집부 / 925-2825
팩 스 / 925-2860
E-mail / kw2861 @ chollian. net
http: // www. kyowoo. co. kr
등록 / 1994. 3. 24 제6-0256호

ISBN 978-89-8172-754-3 (93310)

값 **18,000**원